Katajun Amirpur/Ludwig Ammann (Hg.)

Der Islam am Wendepunkt

HERDER spektrum

Band 5665

Das Buch

Wohin steuert der Islam? Die Anschläge von London und Madrid haben letzte Illusionen unter Trümmern begraben: Radikale Muslime morden auch in Europa. Seither steht der Islam auf dem Prüfstand. Heißt Islam Krieg oder Frieden? Unterdrückt er Frauen und Andersgläubige, fehlt es ihm an Aufklärung und Vernunft, ist er gegen Demokratie und Moderne, ein ewiger Feind des Westens? Sind Islam und Moderne überhaupt vereinbar? Diese Frage bewegt nicht nur im Westen die Öffentlichkeit. In der islamischen Welt selbst wird diese Frage seit Jahren heftig und kontrovers diskutiert. Nicht wenige Denker kommen zu dem Schluss: Eine grundlegende Reform des Islam ist nicht nur nötig, sondern auch möglich. Der Islam steht nicht grundsätzlich zu den Werten der Moderne im Widerspruch. Viele fordern ein neues Islamverständnis. Diese hierzulande wenig bekannten Ansätze stellt dieses Buch vor. Es geht um den Koran und seine Auslegung, um Demokratie und Scharia, Islam in Europa, Frauen- und Menschenrechte. Die führenden Vordenker – konservative und liberale Neuausleger der Tradition – werden in spannenden Porträts lebendig. Von Abu Zaid bis Tariq Ramadan – ein differenziertes Bild des weltweit vielstimmigen zeitgenössischen Islam. Gegen die Schwarzweißmalerei der veröffentlichten Meinung dieser Tage. Wegweisende Vorschläge zur Rückbesinnung und zur Neuauslegung des Glaubens. Ein Buch, das zeigt: Der Islam ist reformierbar. Und er ist dabei, sich zu erneuern.

Die Herausgeber

Katajun Amirpur, Dr. phil., ist Iranistin. Zahlreiche Reisen in den Iran. Publizistische Tätigkeit für überregionale Medien. Bei Herder spektrum: *Gott ist mit den Furchtlosen* – die Biographie der Nobelpreisträgerin Schirin Ebadi; (mit R. Witzke) *Schauplatz Iran*.
Ludwig Ammann, Dr. phil., studierte Literaturwissenschaft, Islamwissenschaft und Völkerkunde in Freiburg und London. Publizist und Filmverleger. Zum Thema Islam veröffentlichte er u. a.: *Die Geburt des Islam; Islam in Sicht; Vorbild und Vernunft; Östliche Spiegel.* Bei Herder spektrum: *Cola und Koran*. Lebt in Freiburg i.Br.

Katajun Amirpur/Ludwig Ammann (Hg.)

Der Islam am Wendepunkt

Liberale und konservative Reformer einer Weltreligion

HERDER

FREIBURG · BASEL · WIEN

Gedruckt auf umweltfreundlichem,
chlorfrei gebleichtem Papier

Originalausgabe

www.herder.de
Herstellung: fgb · freiburger graphische betriebe 2006
www.fgb.de
Umschlaggestaltung und Konzeption:
R·M·E München/Roland Eschlbeck, Liana Tuchel
Umschlagfoto: Mit freundlicher Genehmigung von Architect/Aga Khan
Trust for Culture, Geneva
ISBN 13: 978-3-451-05665-9
ISBN 10: 3-451-05665-8

Inhalt

Vorwort 9
Katajun Amirpur/Ludwig Ammann

I. Gesichter eines europäischen Islam

1. Tariq Ramadan, Schweiz/Frankreich:
Die konservative Reform 23
Ludwig Ammann

2. Soheib Bencheikh, Algerien/Frankreich:
Ein medienwirksamer Intellektueller und liberaler Reformer 34
Moussa Khedimellah

3. Bekir Alboga, Türkei/Deutschland:
Von der „Solidarität aller Monotheisten" 46
Levent Tezcan

4. Fethullah Gülen, Türkei/USA:
Die größte türkisch-islamische Bildungsbewegung . . . 55
Bekim Agai

5. Abdal-Hakim Murad, Großbritannien:
Vielfältige Tradition statt einfältiger Reform 64
Mark Bodenstein

II. Entwürfe einer religiösen Demokratie

6. Mohammed Schabestari, Iran:
Die gottgefällige Freiheit 73
Roman Seidel

7. Abdolkarim Sorusch, Iran:
Viele Wege zur Wahrheit 82
Roman Seidel

8. Nurcholish Madjid, Indonesien:
Ja zum Islam, Nein zum islamischen Staat 91
Farish Noor

III. Spielräume einer Schariareform

9. Muhammad Husain Fadlallah, Libanon:
Im Zweifel für Mensch und Vernunft 100
Stephan Rosiny

10. Yûsuf al-Qaradâwî, Ägypten/Qatar:
Das Erlaubte und das Verbotene im Islam 109
Bettina Gräf

11. Khaled Abou El Fadl, Ägypten/USA:
Mit der Scharia gegen den Puritanismus 118
Birgit Krawietz

IV. Das künftige Verständnis des Koran

12. Nasr Hamid Abu Zaid, Ägypten/Niederlande:
Interpretation – die andere Seite des Textes 127
Thomas Hildebrandt

13. Muhammad Schahrûr, Syrien:
Für ein zeitgenössisches Koran- und Islamverständnis . 136
Loay Mudhoon

14. Farid Esack, Südafrika:
Eine islamische Theologie der Befreiung 146
Stefan Fix

15. Mehmet Paçacı, Türkei:
Der Koran und ich – Geschichte jetzt 155
Felix Körner

V. Islamischer Frauen- und Menschenrechtsaktivismus

16. Gamâl al-Bannâ', Ägypten:
Gerechtigkeit für alle 164
Ivesa Lübben

17. Nadia Yassine, Marokko:
Als Islamaktivistin moderat an die Macht? 173
Sonja Hegasy

18. Gihan al-Halafâwî, Ägypten:
Eine Frau als Kandidatin der Muslimbrüder 182
Julia Gerlach

19. Schirin Ebadi, Iran:
Mit dem Koran für gleiche Rechte 190
Katajun Amirpur

Nachwort:
Der Islam, die Moderne als Zankapfel, die geteilte Welt 199
Patrick Haenni

Autorinnen und Autoren 215

Vorwort: Der Islam am Wendepunkt

Katajun Amirpur/Ludwig Ammann

Die Anschläge von Madrid und London haben letzte Illusionen unter Trümmern begraben: Radikale Muslime morden auch in Europa. Seither steht der Islam auf dem Prüfstand. Heißt Islam Krieg oder Frieden? Unterdrückt er Frauen und Andersgläubige, fehlt es ihm an Aufklärung und Vernunft, ist er gegen Demokratie und Moderne, ein ewiger Feind des Westens? Die Sorgen der Nichtmuslime bestimmen die stürmische Debatte. Doch sind es beileibe nicht nur sie, die sich über Gegenwart und Zukunft des Islam den Kopf zerbrechen. Hören wir, wie eine E-Mail aus Pakistan zu einem neu gegründeten Diskussionsforum im Web einlädt: „Werter Freund, *assalamo alaikum*! Das Haus des Islam steht heute an einem Wendepunkt. Muslime überall auf der Welt fragen sich: Sollen sie sich in der neuen Lage neu erfinden oder aber an den Rändern der Geschichte verenden? [...] Uns war es aufgegeben, die Geschichte bis zum Ende der Zeiten anzuführen, jetzt müssen wir erst ganz erkennen, dass unsere Krise von kosmischem Ausmaß ist. Ohne uns ist die Welt verurteilt zu scheitern. Doch bevor wir wieder die Führung übernehmen können, müssen wir unser Haus in Ordnung bringen. [...] Eine offene, ehrliche und leidenschaftliche Debatte über die Gründe unseres Niedergangs ist das Gebot der Stunde. Wir müssen überlegen, was wir tun sollen, wie, wer und wann. Dazu haben wir ein globales Forum denkender Muslime im Internet eingerichtet, das geographische Grenzen hinfällig macht. Unsere zweimontlich erscheinende internationale Zeitschrift wird auf Englisch mit Übersetzungen ins Urdu, Arabische und andere Sprachen erscheinen. Die Sprache darf keine Hürde sein, sich an dieser größten Debatte in der Geschichte der Menschheit zu beteiligen!"

www.futureislam.com ist eines von vielen Foren, auf denen um die Reform des Islam gestritten wird. Das Bewusstsein der Krise kennt keine Grenzen, gerade wenn die religiöse Sendung ernst genommen wird. Doch die Diagnosen und Rezepte unterscheiden sich seit jeher so gründlich, dass die Debatte an Leidenschaft nichts zu wünschen übrig lässt. Wenn westliche Muslime wie Khaled Abou El Fadl, Abdelwahhab Meddeb und Irshad Manji die Krankheit des Islam beklagen und seine Heilung in einer radikalen Selbstkritik suchen, haben sie gerade jene im Sinn, die ihrerseits als Reformer mit Petrodollarmilliarden einen besonders engstirnigen Islam verbreiten halfen – und damit ideologisch den Boden bestellten, auf dem die dschihadistische Radikalisierung gedieh. Unversöhnlich scheinen die Gegensätze am äußersten Rand der Debatte, die nun seit einem Jahrhundert wogt: wenn entweder *der Islam selbst* oder spiegelbildlich *der Westen an sich* als das Problem gilt, das nur durch eine regelrechte Teufelsaustreibung beseitigt werden kann. Eine echte, nämlich ergebnisoffene Debatte kann nur im Raum zwischen diesen beiden Extremen stattfinden, wenn um das rechte *Islamverständnis* gestritten wird: die Auslegung der wegweisenden heiligen Schriften für gegenwärtige Gesellschaften, den Sinn der Botschaft hier und heute, da und dort.

Dieses Buch möchte bedeutende Stimmen der Debatte in kurzen Porträts vorstellen. Muslimische und nichtmuslimische Islamwissenschaftler, Politologen, Soziologen und Publizisten schreiben über muslimische Reformer aus aller Welt von Indonesien bis zu den USA. Es handelt sich um Männer und Frauen, Denker und Macher, Gelehrte mit religiöser Ausbildung und Intellektuelle mit weltlichem Bildungsgang, Sunniten und Schiiten. Ihre Standpunkte sind denkbar unterschiedlich. Und das kann auch gar nicht anders sein. Denn die Abkehr von der autoritativen Tradition zugunsten je individueller Schriftauslegung durch jeden einzelnen Gläubigen führt im auf die heiligen Schriften fixierten Islam der Moderne (nicht anders als im Reformchristentum der Protestanten) zu einer unendlichen Vervielfältigung der Standpunkte. Der urdemokratische, alle und jeden zur Mitsprache ermächtigende Schlachtruf *sola scriptura* findet sich selbstverständlich auch in der schon genannten Einladung:

„Statt uns auf die Weisheit toter Seelen zu verlassen oder endlos von diesem Gelehrten oder jenem Seher zu zitieren, ist nun die Zeit gekommen, unseren Geist selbst anzustrengen, um im Koran frische Rechtleitung für unsere Zeit zu finden. Manche könnten die Absicht, von neuem an den Koran heranzutreten, ohne sich allein auf die großen Geister der Vergangenheit zu stützen, abscheulich oder fast blasphemisch finden. Aber [...] der Koran verleiht niemandem, wer es auch sei, das alleinige Recht, Gottes Wort zu deuten. In der koranischen Weltanschauung ist jeder Versuch, die Deutungsaktivitäten zu monopolisieren, höchst unerwünscht und nichts anderes als Polytheismus. Wer immer versucht, Gottes Botschaft aufzuhalten oder zwischen Gott und den Menschen zu treten, ist zu verurteilen, nenne er sich Rabbi, Papst oder Scheich. Niemand hat das Recht zu entscheiden, wessen Glauben gültig ist und wer als echter Muslim gelten kann."

Die Pluralisierung erfordert Foren, um die Meinungsverschiedenheiten auszutragen. Wer eine wirklich offene Reformdebatte wünscht, sollte niemanden ausschließen. Das fällt schwer. In der islamischen Welt sind es die liberalen Stimmen, die häufig kein Gehör finden und im schlimmsten Fall von ihren Gegnern durch Exkommunikation und sogar Mord vom Diskurs ausgeschlossen werden, wie Nasr Hamid Abu Zaid und Farag Foda (gest. 1992). In der westlichen Welt ist es genau umgekehrt. Hier hört die nichtmuslimische Mehrheitsgesellschaft am liebsten liberale Denker, die für eine weitgehende Privatisierung der Religion nach europäischem Vorbild eintreten, und brandmarkt konservative Wortführer wie Tariq Ramadan als Islamisten. Damit wird unterstellt, es könne, wer für eine öffentliche Rolle von Religion eintritt, nur radikal sein – als gäbe es nicht auch moderate islamische Aktivisten. Auch dies ist eine Form der Exkommunikation, nunmehr aus der weltlichen Diskursgemeinschaft, betrieben von antiklerikalen Eliten, die das Menschenrecht der Religionsfreiheit bis heute als größtmögliche Freiheit *von* Religion missverstehen.

Dieses Buch verfährt anders. Es berücksichtigt das gesamte Reformspektrum und stellt liberale und konservative Standpunkte einander gegenüber. Dennoch gibt es Grenzen. Ausgeschlossen werden erstens antipluralistisch-totalitäre und revolutionäre Positionen, zweitens rein weltlich begründete Standpunkte und drittens Vertreter eines bornierten Buchstabenglaubens, der die Notwendigkeit jeglicher und insbesondere historischer Auslegung bestreitet. Doch was heißt hier Reform, liberal und konservativ?

„Reform" wird heute meist so verstanden, als ginge es um verbesserndes Umformen des Bestehenden, das Altes stückweise durch Neues ersetzt: Der Geist des Fortschritts blickt allein nach vorn und träumt von sich überbietenden Innovationen. Das unterschlägt den Gedanken der Wiederherstellung von Früherem nach Verfall, den das *re–* zum Ausdruck bringt: die heilsame Rückverwandlung. Die Reformation rechtfertigte sich selbstverständlich aus dem Geist der Rückkehr zum Urchristentum – was nicht heißt, das sie nichts Neues hervorbrachte, im Gegenteil. Das deutsche Wort „erneuern" bringt die religiösen Reformbewegungen eigentümliche Doppeldeutigkeit auf den Punkt: Was sich zeit- und traditionskritisch als Erneuerung versteht, verbindet restaurative und innovative Tendenzen. Das Ergebnis hängt davon ab, wie imitativ oder kreativ der Rekurs auf die Vergangenheitsnorm verfährt, ob der Buchstabe oder der Geist des Gesetzten den Ausschlag gibt.

Das gilt auch für Muslime, die den stürmischen Wandel ihrer Gesellschaften nicht ohne Rückbesinnung auf den Koran, oft auch das Vorbild des Propheten und der frommen Altvorderen *(as-salaf as-sâlih)* gestalten wollen. (Konservative Reformer bezeichnen sich darum gern als Salafî.) Die Ausrichtung schwankt zwischen zwei Polen: den Islam zu modernisieren und die Moderne zu islamisieren. Modernisierung ist die Formel von Reformern, die sich erklärtermaßen auch am westlichen Prototyp von Moderne orientieren, Islamisierung die Formel derer, die sich vom Westen abkehren, um möglichst eigene Modelle zu entwerfen. Damit wechseln die Akzente im Reformdiskurs, er endet aber nicht: Selbstverständlich führte auch der Ahnherr des Islamismus Hasan al-Bannâ' (1906–1949) das Wort Reform *(islâh* – Besserung) im Munde, als er für die Wiedereinführung der Scharia stritt!

Das sprengt den verengten weltlichen Reform-Begriff, dem der Rückgriff auf religiöse Normen fremd geworden ist. Rückbesinnung auf Fundamente ist ein Wesenszug der islamischen Reformation, den auch vom Vorwurf des Fundamentalismus unbetroffene Flügel teilen. Porträts von Gamâl al-Bannâ', dem jüngsten Bruder Hasans, Yûsuf al-Qaradâwî, einem seiner Schüler, und Tariq Ramadan, einem Enkel, wiederum führen vor Augen, wie verschieden die Diskurse des islamischen Aktivismus sind, die dem Hause al-Bannâ's entstammen.

Dies zum Begriff der Reform. Wie liberal oder konservativ ein Reformer urteilt, ist somit vor allem eine Frage der Hermeneutik: Wie sehr fühlt er sich bei der Auslegung durch den Wortlaut der fundierenden Texte gebunden – oder wie frei, sich seines eigenen Verstandes zu bedienen? Dies bestimmt unter anderem den Grad der möglichen Depotenzialisierung der Scharia vom sanktionsbedürftigen Gottesrecht zur religiösen Ethik ohne Zwang, mit anderen Worten: das Maß der Privatisierung von Religion. Dazu jedoch mehr in den einzelnen Beiträgen. Hier ist zu erläutern, warum dem Begriff „liberal" der Vorzug vor „progressiv" gegeben wurde, obwohl letzteres sich als Gegenbegriff zu „konservativ" anböte. Dass „liberal" und „konservativ" zwei gesellschaftliche Strömungen erfassen, zeigen die amerikanischen Verhältnisse. Wichtiger ist, dass die Begriffe auf eine eigentümliche Doppelbewegung der Moderne verweisen: Die *Emanzipation* von gottgewollten Ordnungen durch gesteigerte Reflexivität gibt alsbald Anlass zum Zweifel an menschgemachten Ordnungen und sinnt auf Selbstbegrenzung durch *Bewahrung* des Bewährten; wobei auch konservative Muslime dem Bonmot des Fürsten Falconeri zustimmen können: *„Se vogliamo che tutto rimanga come è, bisogna che tutto cambi – Wenn wir wollen, dass alles bleibt, wie es ist, dann ist es nötig, dass alles sich verändert"* (Giuseppe Tomasi di Lampedusa, *Il Gattopardo – Der Leopard*, 1958).

Zweifel weckten vor allem die totalitären Utopien des Moderne, das revolutionäre Jakobinertum, die Terreur der Tugenddiktatur im Zeichen der Vernunft (MM 7–13, 18–20). Ausgerechnet diese Pathologien der entfesselten Vernunft wurden von den Vordenkern des revolutionären Islamismus im Rückgriff auf eigene Potentiale der Radikalisierung islamisiert – und somit der Islam nach schlechtem Vorbild teilmodernisiert. Die *family values* des Dschihad-Islam mögen konservativ sein; ihre politischen Mittel, der Sturz für ungläubig erklärter Herrscher und als „Märtyreroperationen" verbrämte Selbstmordattentate auf Zivilisten, sind es hingegen nicht. Sie verdanken sich vielmehr einer höchst innovativen Auslegung der Quellen, einem rücksichtslosen Primat der Vernunft gegenüber dem Text. Das erklärt, warum eine der hier vertretenen Stimmen den Reichtum einer pluralistischen Tradition gegen jedweden Reformeifer in Stellung bringt. Es ist in der Tat ein großer Irrtum zu glauben, die Emanzipation vom Buchstabenglauben durch *idschtihâd* verbürge bereits eine liberale Auslegung; denn wo die Freiheit des Andersgläubigen und -denkenden nicht gewünscht wird, ist das Gegenteil der Fall.

Wo sie hingegen gewünscht wird, geschieht dies auch aus religiösen Gründen; verschiedene Porträts legen davon Zeugnis ab: Bemerkenswerterweise argumentieren gerade aus dem angeblichen Gottesstaat stammende Denker wie Abdolkarim Sorusch und Mohammad Modschtahed Schabestari am dezidiertesten für die vollkommene Religionsfreiheit. Doch vielleicht ist dies nahe liegend angesichts der Tatsache, dass sie und die Nobelpreisträgerin Schirin Ebadi – als einzige all der in diesem Band versammelten Denker und Denkerinnen – die Erfahrung des „real existierenden Islamismus" gemacht haben: „Nur ein frei gewählter Glaube ist ein gottgewollter Glaube", schreibt Schabestari nach über zwanzig Jahren Erfahrung mit einem Staat, der sich religiös legitimiert. Und sein Mitstreiter im Kampf für die „islamische Aufklärung" – wie sie sie selbst nennen –, Abdolkarim Sorusch, spricht in Abwandlung der koranischen Sure „und weise uns den rechten Weg" von den rechten Wegen im Plural, die zu Gott führen können. Laut Sorusch ist der Glaube mit der vollständigen Erneuerung von religiösen Konzepten vereinbar: Er meint, jedes menschliche Verständnis der Religion sei von den Zeitumständen abhängig und dementsprechend in einem permanenten Prozess der Verwandlung begriffen. Zur Reformierung der herrschenden restriktiven Islam-Deutung will Sorusch aus den alten Texten neue Interpretationen herausarbeiten, „wenn die menschliche Vernunft zu der Überzeugung gelangt, dass diese oder jene Bestimmung des Koran mit der Menschenwürde unvereinbar ist". Obwohl Autoren wie Sorusch oder auch wie die Nobelpreisträgerin Schirin Ebadi oft Positionen von Säkularisten einnehmen, haben ihre Argumente immer ein religiöses Motiv. Ihnen liegt etwas an ihrem Glauben. Deshalb schreibt Sorusch: „Freie Gesellschaften, ob religiös oder areligiös, sind göttlich und menschlich zugleich. In totalitären Gesellschaften aber bleibt weder die Menschheit noch die Gottheit übrig."

Wenn dies angesichts anderslautender schariarechtlicher Einzelbestimmungen wie des Apostasieverbots erstaunt, dann sei daran erinnert, welche herausragende Rolle protestantische Sekten bei der Durchsetzung der allgemeinen Menschenrechte gespielt haben. Die Begründung der Religions- und Gewissensfreiheit als gottgegebenes Recht und Grundlage aller modernen Rechte und Freiheiten kann als wichtigster Beitrag der Religion zur Demokratisierung gelten (CG 206). So könnte auch die Suche wiedergeborener Muslime nach koranischen Grundwerten wie Gerechtigkeit, Freiheit und Gleichheit, die zeitbedingte Einzelregeln ausstechen, von Erfolg gekrönt sein (WW). Dann wäre Rückbindung einmal mehr das, was Freiheit entbindet: *re-ligio*, Religion. Diese Zweideutigkeit spiegelt sich auch im Verbreitungsmuster liberaler und konservativer Einstellungen. Es ist nämlich keineswegs so, dass dem idealtypischen Gegensatz scharf abgegrenzte Lager entsprächen. Eine empirische Untersuchung zur Religiosität in vier muslimischen Nationen machte im Gegenteil die überraschende Entdeckung, dass liberale und konservative Einstellungen häufig koexistieren. So bekräftigten beispielsweise 86 % der befragten Pakistaner die Endgültigkeit der im Koran und in der Sunna niedergelegten Regeln und Gesetze, da die menschliche Natur sich nicht wandle – und zugleich forderten 90 %, dass die Botschaft des Koran gemäß den Bedürfnissen und Bedingungen unserer Zeit zu deuten sei (F 124, 129). Das entspricht einer Überschneidung von mindestes drei Vierteln. Die Mehrheit der Muslime schwankt offenbar zwischen den widerstreitenden Bedürfnissen nach Rückhalt und Fortschritt, Freiheit und Bindung.

Immer wieder wird der Islam als demokratieresistent beschrieben. Die meisten, die so argumentieren, suchen die Gründe für diese angebliche Resistenz im Sakralen, also in dem Text, der diese Religion stiftete, dem Koran. Doch verschließt die Fixierung auf den Koran nicht den Blick für die eigentlichen Hintergründe und Ursachen des „Stillstands der islamischen Welt", der zu Recht konstatiert wird? So könnte man sich fragen, so haben wir uns als Herausgeber gefragt. Seit dem Jahre 2002 haben die Vereinten Nationen dreimal den so genannten *Arab Human Development Report* in Auftrag gegeben. Arabische Wissenschaftler untersuchen darin, welche Faktoren zum „Stillstand der islamischen Welt", den sie durchaus nicht leugnen, beitragen. Sie kommen zu dem Schluss, dass in der arabischen Welt erhebliche Defizite in den Bereichen Freiheit, Rechte für Frauen und Bildung herrschen. In all diesen Bereichen wird die arabische Welt nur noch von Schwarzafrika unterboten. In Ägypten liegt die Analphabetenquote bei Männern um 40 Prozent, bei Frauen um 60 Prozent. Von tausend Arabern verfügen lediglich zwei über einen Internet-Zugang.

Könnten diese Zahlen nicht weit mehr für den „Stillstand der islamischen Welt" verantwortlich sein als das geschriebene, im Koran festgehaltene Wort Gottes? Entgegnen könnte man, dass all diese Defizite im Grunde auf den Koran zurückgehen: weil er Unfreiheit zementiert und Frauenunterdrückung und Entwicklung verhindert. Aber würde sich all dies tatsächlich eins zu eins aus dem Wortlaut des Koran ableiten lassen, wie hat dann diese Gesellschaft, die sich auf den Koran als konstituierendes Element beruft, eine Hochkultur hervorbringen können? Ganz logisch klingt das nicht.

Weiter stellt der Bericht fest, dass die Hälfte aller Araber unter 25 auswandern möchte – und zwar bevorzugt in die USA und nach Großbritannien! Das scheint dann doch ein bisschen viel für eine Gesellschaft, die unsere westlichen Werte angeblich ablehnt, weil sie der eigenen Kultur so wesensfremd seien. „Why do they hate us?", hat George W. Bush seit dem 11. September immer wieder gefragt. Doch „sie" hassen uns nicht, und wenn doch, dann nicht für das, wofür wir behaupten zu stehen: für Demokratie, für Menschenrechte, für Freiheit. Sie hassen uns, wenn überhaupt, dafür, dass wir für das, wofür wir stehen wollen, nicht einstehen – und diese Rechte allenfalls nur für uns selber beanspruchen: die Unterstützung der Taliban und des saudi-arabischen Regimes sind dafür die besten Beispiele. Hinzu kommt: Zu glauben, ein Iraner würde sich gerne foltern lassen, ein Türke sage nicht gerne seine Meinung und ein Araber lasse sich am liebsten von Diktatoren regieren, ist schlicht rassistisch. Gerade in den letzten Jahren haben die Menschen der islamischen Welt dort, wo sie frei wählen konnten, sich immer für ein demokratischeres, offeneres System entschieden: In Iran wählten sie viermal hintereinander Reformer (bis sie dann 2005 ihrem Frust über den Stillstand der politischen Reformen Ausdruck gaben und in einer Protestwahl einen Mann wählten, der versprach, für soziale Gerechtigkeit zu sorgen), in Indonesien kam ein Moderater an die Macht, und ebenso haben sich Afghanen und Iraker gegen die Diktatur entschieden. Demokratieresistent sind diese Menschen also offensichtlich nicht: nur hatten sie nicht allzu oft die Möglichkeit, frei über ihr politisches Schicksal zu entscheiden – unter anderem durch unsere Schützenhilfe, zum Beispiel die westliche Unterstützung für Saddam Hussein, für das Afghanistan der Taliban, das autoritäre Regime Saudi-Arabiens usw. Und auch unsere Freunde unter den Mittelmeeranrainerstaaten, die wir so prächtig hofieren, damit sie uns ihre Flüchtlinge, unsere Einwanderer vom Halse halten, bestechen nicht durch ihre Aufgeschlossenheit gegenüber der Demokratie und den Menschenrechten.

In einer bemerkenswerten Studie haben Pippa Norris und Ronald Inglehart herausgearbeitet, dass es im Gegensatz zu der von Samuel Huntington so populär wie skandalheischend vertretenen These vom bevorstehenden *clash of civilizations* „zwischen den westlichen Gesellschaften und den muslimischen religiösen Gesellschaften keine signifikanten Unterschiede hinsichtlich der Akzeptanz dessen bestehen, wie Demokratie in der Praxis gelebt werden soll, ebenso wenig wie in der Akzeptanz demokratischer Werte". Weit weniger als in der islamischen Welt stießen demokratische Werte dagegen in Ländern Osteuropas und Lateinamerikas auf Akzeptanz. Die höchste Akzeptanz demokratischer Werte verzeichnet diese Studie in Dänemark, Island und Schweden, unmittelbar gefolgt von Deutschland und Österreich, aber eben auch von Bangladesh, Ägypten und Azerbaidschan. Im Mittelfeld dagegen liegen die USA – neben der Türkei und Jordanien. Einzuwenden mag sein, dass die genannten islamischen Gesellschaften etwas anderes unter Demokratie verstehen als die in den westlichen Gesellschaften gängige Definition. Aber erstens existieren auch in den westlichen Gesellschaften unterschiedliche Formen von Demokratie. Und es ist nicht eindeutig festzustellen, wie demokratiefeindlich die Aussage tatsächlich ist, die Riaz Hassan in seiner spannenden Studie *Faithlines* herausarbeitet und mit der man behaupten könnte, Muslime könnten ein Wesensprinzip der Demokratie einfach aufgrund ihrer religiösen Verfasstheit nicht akzeptieren: den Mehrheitsbeschluss – denn der mag sich möglicherweise gegen Gottes Gebot richten. 93 Prozent aller von ihm befragten Indonesier, Pakistanis und Ägypter erklärten, dass eine islamische Gesellschaft auf dem Koran und der Scharia fußen müsse (F 124). Unklar ist, wie diese Aussage zu deuten ist: Ist damit tatsächlich gemeint, dass sich das demokratische Verfahren nur auf das Wählen beziehen soll und nicht auf die Gesetzgebung? Denn hier käme ein demokratisch verfasster Staat am ehesten mit dem religiösen Recht in Konflikt. Die Frage also ist: Kann der Mensch Gesetze machen, die denen Gottes widersprechen? Vielleicht ist die oben erwähnte Antwort in dem Sinne zu deuten, dass er das nicht dürfe. Und damit steht einem wirklich demokratisch organisierten und verfassten Staat sehr viel im Wege. Vielleicht ist aber auch nur die Frage falsch gestellt. Vielleicht kann ein Moslem auf die Frage: „Muss eine Gesellschaft auf dem Koran und der Scharia fußen" nicht einfach mit Nein antworten. Es gehört zu dem Verständnis, das er von sich selbst und das er von seiner Religion hat, dass seine Gesellschaft auf dem Koran und der Scharia fußen muss. Dies braucht aber für einen Moslem nicht unbedingt zu heißen, dass der Koran und das aus ihm entwickelte Gesetz buchstabengetreu angewendet wird. Denn hier kommt dic Interpretation ins Spiel. Scharia ist nicht gleich Scharia, und Islam ist nicht gleich Islam. Und damit wären wir bei den unterschiedlichen „Islamen", dic dieser Band versammelt. Die Palette an Lesarten des Islam, die er vorstellt, will mit einem klassischen Vorurteil aufräumen: das es *den einen* Islam gibt. Den Islam als unverrückbares, starr gedachtes Gebilde, unveränderlich und immerwährend. Denn tatsächlich gibt es viele Ansätze, den Islam neu zu interpretieren. Und die Einsicht, dass diese Neuinterpretation Not tut, ist durchaus weit verbreitet – das belegt die eingangs zitierte Webseite. „Wir brauchen eine andere Interpretation des Islam, eine Interpretation, die Raum lässt für Menschenrechte und Frauenrechte." Diesen Satz hat Schirin Ebadi, die Friedensnobelpreisträgerin des Jahres 2003, wieder und wieder gesagt, als sie von westlichen Medien auf die vermeintliche Unvereinbarkeit von Islam und Menschenrechten angesprochen wurde. Zudem ist es hilfreich, die Debatte um seine Interpretation zu betrachten, um dem denkfaulen Standardargument vieler Muslime und Islamkritiker entgegentreten zu können, der Koran schreibe dies und jenes nun mal so vor. Denker und Denkerinnen konservativer und liberaler Couleur interpretieren den Islam mal buchstabengetreu, mal revolutionär, mal äußerst progressiv. Das soll dieser Band zeigen. Und noch ein Weiteres: Wie der Koran gelesen wird, sagt meist mehr aus über die Weltsicht des Interpreten als über den Text selbst. Im Laufe der Jahrhunderte haben die Exegeten das eine und ebenso sein genaues Gegenteil in den Koran hineininterpretiert.

Außerdem soll das Buch mit einem weiteren gängigen Vorurteil aufräumen: dass dem Islam die Exegese völlig fremd sei. Ein ganzer Zweig der islamischen Theologie beschäftigt sich schon seit Jahrhunderten mit den so genannten „Gründen für die Offenbarung". Auch die klassische Islamwissenschaft ging also von einer dialektischen Beziehung zwischen Text und Adressat aus. Dass es diese Wissenschaft, die Wissenschaft von den „Gründen für die Offenbarung", schon so lange gibt, zeigt, wie widersinnig das Argument vieler radikaler Islamisten ist, man müsse jede Aussage des Koran wörtlich nehmen, und eine jede von ihnen sei allzeit gültig.

„Der Koran ist eine Schrift zwischen zwei Buchdeckeln. Sie spricht nicht. Es sind die Menschen, die mit ihr sprechen", lautet ein Wort von Ali, dem ersten Imam der Schia. Die Offenbarung schweigt, erst die Menschen bringen sie zum Sprechen, so setzten die ersten Interpreten des Islam diese Aussage in Exegese um. Was wir heute als Wissenschaft der Hermeneutik verinnerlicht haben, war der klassischen Islamwissenschaft also durchaus nicht unbekannt. Der Text, der Korantext, so folgt aus dieser Haltung, ist wie jeder andere Text ein offener Text, der zu Interpretationen einlädt. Und dementsprechend ist die starre Auslegung des Koran, wie sie von vielen radikalen Islamisten praktiziert wird, eher ein Phänomen der Moderne. Die Vielfalt zu zeigen, die es immer gab und noch immer gibt, ist Anliegen dieses Buches.

Benutzungshinweise

Einige Beiträge bieten kürzere Abschnitte zur Vertiefung einzelner Fragen. Die Gesamtheit dieser Ergänzungen steht unter www.ludwigammann.de zum Download bereit. Die Zuordnung zum Text erfolgt über fortlaufend numerierte Fußnotenziffern.

Die vereinfachte Umschrift von Namen und Begriffen respektiert, soweit vorhanden, bereits eingedeutschte Formen, also Scharia statt scharî'a und Nasr Hamid Abu Zaid statt Nasr Hâmid Abû Zaid.

Die Herausgeber danken den Autorinnen und Autoren für die außerordentliche Geduld, mit der sie unsere widersprüchlichsten Wünsche erfüllt haben.

Wolgast, Eike (1984): Reform, Reformation. In: Brunner, Otto/Conze, Werner/Koselleck, Reinhart (Hgg.): Geschichtliche Grundbegriffe: Historisches Lexikon zur politisch-sozialen Sprache in Deutschland, Bd. 5: 313–360. Stuttgart.

Merad, A. u. a. (1978): ISLÂH, reform, reformism. In: The Encyclopaedia of Islam, Bd. 4: 141a–171b (The Arab World: A. Merad; Iran: Hamid Algar; Turkey: N. Berkes; India-Pakistan: Aziz Ahmad). Leiden.

Jansen, J. J. G. (2000): TADJDÎD. In: The Encyclopaedia of Islam, Bd. 10: 61b–62a. Leiden.

Arkoun, Mohammed (2002): The Unthought in Contemporary Islamic Thought. London.

Benzine, Rachid (2004): Les nouveaux penseurs de l'islam. Paris.

Casanova, José (1996): Chancen und Gefahren öffentlicher Religion. In: Kallscheuer, Otto (Hg.): Das Europa der Religionen: Ein Kontinent zwischen Säkularisierung und Fundamentalismus, Frankfurt a. M.: 181–210 (= CG).

Eisenstadt, Shmuel (2000): Multiple Modernities. In: Daedalus 129/1: 1–29 (= MM).

Hassan, Riaz (2002): Faithlines: Muslim Conceptions of Islam and Society. Karachi (= F).

Inglehart, Ronald/Norris, Pippa (2004): Sacred and Secular: Religion and Politics Worldwide. Cambridge.

Krämer, Gudrun (2005): Wettstreit der Werte: Anmerkungen zum zeitgenössischen islamischen Diskurs. In: Joas, Hans/Wiegandt, Klaus: Die kulturellen Werte Europas. Frankfurt a. M.: 469–493 (= WW).

Kurzman, Charles (Hg.) (1998): Liberal Islam: A Sourcebook. Oxford.

Liebsch, Burkhard (2005): Gastlichkeit und Freiheit. Polemische Konturen europäischer Kultur. Berlin. [Zu Formen exzessiver Freiheit in Moderne].

Loimeier, Roman (2005): Is there something like „Protestant Islam"? In: Die Welt des Islam 45/2: 216–254.

Peters, Rudolph: Erneuerungsbewegungen im Islam vom 18. bis zum 20. Jahrhundert und die Rolle des Islams in der neueren Geschichte: Antikolonialismus und Nationalismus. In: Ende, Werner/Steinbach, Udo (Hgg.): Der Islam in der Gegenwart, 5., aktualisierte und erweiterte Auflage. München: 90–127.

Na'im, Abdullahi an- (1990): Towards an Islamic Reformation: Civil Liberties, Human Rights, and International Law. Syracuse.

Roy, Olivier (2004): Globalized Islam: The Search for a New Ummah. London. (Neufassung von: L'islam mondialisé, Paris 2002).

Safi, Omid (Hg.) (2003): Progressive Muslims: On Justice, Gender and Pluralism. Oxford.

Steinberg, Guido/Hartung, Jan-Peter (2005): Islamistische Gruppen und Bewegungen. In: Ende, Werner/Steinbach, Udo (Hgg.): Der Islam in der Gegenwart, 5., aktualisierte und erweiterte Auflage. München: 681–695.

Demnächst erscheinen neue Werke von Soheib Bencheikh und Abdullahi an-Na'im zum Verständnis der Scharia.

www.progressivemuslims.com
www.islamfortoday.com
www.futureislam.com
www.targama.de/Foda.htm
www.islamonline.com
www.islam.de

Tariq Ramadan: Die konservative Reform

Ludwig Ammann

Der westliche muslimische Intellektuelle Tariq Ramadan ist zutiefst umstritten. Manche halten ihn für einen großen Reformer, andere für einen Wolf im Schafspelz, dessen „Doppelzüngigkeit" es zu entlarven gilt. Ein Strategiepapier der britischen Regierung schlug ihn als Anführer einer „islamischen Reformation" in Europa vor, und nach dem Anschlag auf London wurde er in Blairs muslimische Taskforce zur Bekämpfung des islamischen Extremismus in Großbritannien berufen. Andererseits wurde ihm zeitweise unter dem – abwegigen (MT) – Verdacht, er befürworte Terrorismus, die Einreise in die USA und nach Frankreich verweigert – während ein Araber es auf seiner Webseite es für nötig befand, Ramadan von dem Verdacht reinzuwaschen, er verkünde einen „Islam light" und betreibe damit den „Ausverkauf" des Islam an den Westen. Wer ist dieser Mann, dessen bloßer Name hitzige Debatten auslöst?

Ein Enkel des Gründers der Muslimbrüder

Tariq Ramadan ist ein Enkel Hasan al-Bannâ's, des Gründers der Muslimbrüder, nämlich der jüngste Sohn seines Lieblingsschülers Said Ramadan, der aus Ägypten ins Exil in die Schweiz floh und in Genf ein Islamisches Zentrum gründete. Dort wurde Tariq Ramadan 1962 geboren. Seine politische Karriere begann im Kreis von engagierten Christen und Menschenrechtsaktivisten. 1993 erfolgte die Wende hin zum islamischen Aktivismus, nach einem Jahr in Kairo mit religiösen Studien (ohne Abschluss) u. a. beim heutigen Mufti von Ägypten.[1] In der Schweiz hatte Tariq Ramadan zuvor einen Magistertitel in Philosophie und französischer Literatur und einen Doktortitel in Islamwissenschaft erworben; derzeit ist er Gastprofessor am St. Anthony College in Oxford. Ramadan ist in den letzten zehn Jahren durch zahllose Vorträge, Debatten und Bücher zu einer führenden Stimme des französischen Islam geworden – als unabhängiger Intellektueller, der weder den Muslimbrüdern angehört noch ihnen hörig ist, wie seine Kritiker unterstellen. Er sucht sein Publikum bei der stark verweltlichten muslimischen Jugend in den Vorstädten von Lyon, Paris usw., bei linksliberalen Intellektuellen, Globalisierungsgegnern usw. und nicht zuletzt in der frommen und konservativen arabischen Welt und darüber hinaus. Es ist dieser extreme Spagat, der sein Brücken bauendes Denken kennzeichnet und ihm eine schillernde Note gibt. Die Teilnahme am Europäischen Sozialforum 2003, eine von ihm angezettelte Kontroverse mit jüdischen Intellektuellen in Frankreich, denen er „Kommunitarismus“, also Parteilichkeit – nämlich für Israel – vorwarf, und schließlich am 20. November 2003 seine TV-Debatte mit dem französischen Innenminister Nicolas Sarkozy über das Kopftuch haben ihn endgültig zum internationalen Medienstar gemacht. Gilles Kepel nennt Tariq Ramadan in *Die neuen Kreuzzüge* (2004) einen Prediger, der sich nur als universalistischer Intellektueller ausgebe. Daraus spricht der Neid eines anderen Star-Intellektuellen, der sich seine Deutungshoheit über den Islam nicht streitig machen lassen will – und eine weit verbreitete Auffassung davon, wie ein Frankreich genehmer Reformislam auszusehen hätte: Akzeptabel ist für Kepel und viele andere religionsferne Franzosen nur ein laizistisch weichgespülter, gänzlich privater Islam im stillen Kämmerlein.

Konservativer und liberaler Reformismus

Tatsächlich stellt uns der Streit um Tariq Ramadan, stellen uns die denkbar gegensätzlichen Urteile von „Reformator“ bis „Softcore-Islamist“ und sogar „Salon-Dschihadist“ *(Jüdische Allgemeine)* vor die Frage, was wir unter Reformislam verstehen wollen? Beginnen wir mit einer Skizze dessen, was Tariq Ramadan darunter versteht. In seinem letzten großen

Buch *Les musulmans d'occident et l'avenir de l'islam* (2003) entwirft er eine Typologie der Denkschulen im zeitgenössischen Islam (MO 49ff.). Zum Schlüsselkriterium wird hier das Verhältnis von fundierendem Text und auslegender Vernunft, also Koran und Sunna einerseits und *idschtihâd* (HR) andererseits. Die Skala reicht dementsprechend von literalistischer Beschränkung auf den schlicht anzuwendenden Text bis zum Primat der Vernunft, das die Schrift nurmehr als Quelle spiritueller und moralischer Inspiration fürs autonome Individuum gelten lässt. Dem *auslegungsfeindlichen* Buchstabenglauben ordnet er erstens den Rechtsschulen verpflichtete *Traditionalisten* wie die Tablîghîs, zweitens den Altvorderen ohne vermittelnde Rechtsschule verpflichtete *Salafî-Gelehrte* wie Ibn Bâz und drittens die politisierte und *radikalisierte Salafîya*, also etwa die revolutionäre Hizb at-Tahrîr, zu. Letzteres verkennt m. E. die *Idschtihâd*-Freude der Radikalen. Dem *Vernunftglauben* ordnet er den *liberalen* Reformismus zu, nämlich Verfechter einer radikalen Laizität à la Kemal Atatürk, also eines vollständigen Ausschlusses der Religion von jeder Mitgestaltung des öffentlichen und politischen Lebens, also ihre Beschränkung auf private Spiritualität. Das ist die Art von Reformislam, wie ihn sich hierzulande viele wünschen: Christ- und Islamdemokraten, also Parteien, die sich auf christliche oder islamische Werte berufen, sind aus dieser Sicht ein Gräuel, allerdings misst man hier mit zweierlei Maß. Der Mittelweg zischen diesen Extremen ist ein ausgewogenes Verhältnis von Schrift und Vernunft.[2]

Gegen die Abschottung von Muslimen in Europa

Reformismus beginnt für Tariq Ramadan also da, wo die Notwendigkeit erkannt wird, den Text mit Vernunft auszulegen, um seinem Geist treu zu bleiben. Man müsse den Text in seinem historischen Kontext betrachten, um die Grundsätze zu erschließen, die eine Anwendung auf andere Zeiten und Räume möglich machen. Zwar tendiere der Spielraum der auslegenden Vernunft bei den *'ibâdât*, den kultischen Pflichten, gegen Null; sie gelten als überzeitlich. Dafür sei der Spielraum umso größer bei den *muʿâmalât*, den gesellschaftlichen Angelegenheiten. Hier gelte der klassische (GR 55) Grundsatz: Alles ist erlaubt, was der Text nicht ausdrücklich verbietet! Das eröffne, weil der Text *nur selten* durch Verbote Grenzen setze (MO 246), ein weites Betätigungsfeld für die schöpferische Vernunft, für Reform, für Rechtsfortbildung, die mit der Zeit geht und die lokalen Umstände berücksichtigt. Treue zur Offenbarung heißt bei den *muʿâmalât* nicht sklavische Nachahmung historisch zufälliger Details, etwa der Kleidung des Propheten. Das ist für Tariq Ramadan vielmehr ein Beispiel für die Selbstinfantilisierung muslimischer Gemeinschaften (IQ 268), er selber trägt heute übliche Kleidung und nicht wie manche Traditionalisten oder Osama bin Laden folklorisierendes Kostüm. Für die besondere Situation von Muslimen in der westlichen Diaspora fügt Tariq Ramadan hinzu: Bei den *muʿâmalât* sind alle hiesigen Gegebenheiten, die nicht im Widerspruch zu Verboten stehen, „nicht nur akzeptabel, sondern *per definitionem* islamisch"! Das zielt auf Aneignung der europäischen Kultur durch kritische Auswahl. „Muslimsein in Europa" (so in einem Buchtitel von 1999, dt. 2001) heische einen schöpferischen Selbstentwurf als europäischer Muslim, der weder türkischer, arabischer, pakistanischer Muslim „in Europa" bleiben soll noch zu einem „Muslim ohne Islam" werden darf. Dadurch wird das Reformdenken auf der Grundlage islamischer Bezüge im europäischen Kontext als ergebnisoffener Prozess mit hohem Konvergenzpotential konzipiert. „Ergebnisoffen" heißt, dass nicht schon vor Abschluss der innerislamischen Debatten feststeht, was dabei in jedem einzelnen Punkt herauskommen wird. Das ist ein Moment des Widerstands gegen den verbreiteten Wunsch nach vollständiger Assimilation seitens der Aufnahmegesellschaft. Aber es ist gegen antiwestliche Abschottungstendenzen kommunitaristischer Verfechter eines arabischen, türkischen oder pakistanischen Ghetto-Islam erwünscht, dass im wohlverstandenen eigenen Interesse die Anpassung an die selbstgewählte neue Umwelt der Zuwanderer Vorrang genießt.

Das „Haus des Bezeugens"

Welche Innovationen hat Tariq Ramadans Reformdenken zu bieten? In rechtlich-moralischen Einzelproblemen vertritt er in der Regel aus den Debatten arabischer Gelehrter bekannte Standpunkte behutsam dynamisierenden Typs. Sein vielleicht wichtigster eigenständiger Beitrag betrifft den Status Europas und des Westens im Denken der Muslime. Hier lehnt er den traditionellen Gegensatz von *dâr al-islâm* und *dâr al-harb* vehement ab: Europa sei selbstverständlich nicht „Haus des Krieges", und es ist auch nicht *dâr al-ʿahd*, also „Haus des Vertrags" mit Waffenstillstands-Abkommen, weil das in der Substanz nicht über Konfrontations-Szenarien hinausführe und bedeuten würde, dass sich Muslime in Europa nicht als Bürger zu Hause fühlen könnten. Stattdessen macht er sich dafür stark, den Westen, in dem Muslime ihren Glauben ja frei ausüben können, als *dâr asch-schahâda,* also „Haus des Bezeugens", aufzufassen: als einen Raum, in dem Muslime von ihrem Glauben Zeugnis ablegen.[3]

Demokratie und Scharia

Wie steht es um die Loyalität muslimischer Bürger zu westlichen säkularen Demokratien, die ja nicht auf der Grundlage islamischer Bezüge entstanden sind? Ramadan behilft sich mit der verbreiteten Annahme, dass die Präsenz in Europa nach schariarechtlichen Vorstellungen einen Pakt impliziere, der die Muslime dazu verpflichte, die je geltende Verfassung und Rechtsordnung zu respektieren (PV 233, MO 164ff.). Das ist das Mindeste, immerhin – und lässt zu wünschen übrig: Denn zu den hiesigen Gegebenheiten zählt der Geltungsvorrang von säkularem, also von Menschen in Parlamenten gemachtem Recht vor Gottesrecht. Das ist ein heikler Punkt. Denn genau dieses Zugeständnis möchten Vertreter der konservativen Reform in der arabischen Welt nicht machen: Für sie ist, bei aller Einsicht in die Notwendigkeit von Rechtsfortbildung, auch in einer Demokratie die Scharia die wichtigste Quelle des Rechts. Man findet darum bei Tariq Ramadan keine prinzipielle Herabstufung der Scharia zum bloßen Moralkodex; es ist dies vielmehr einstweilen ein lokales Zugeständnis an den Geltungsvorrang säkularen Rechts in der Diaspora. Dennoch zeigen seine Ausführungen, dass und warum eine solche Depotenzialisierung rechtens sein kann: Schließlich stelle es die permissive Gesellschaft dem muslimischen Individuum frei, von der Scharia verbotene Dinge wie Alkohol zu meiden. Da Ramadan den Muslimen des Westens eine „entscheidende Rolle in der Entwicklung des weltweiten Islam" zubilligt (MO 373), hat sein für die Diaspora ersonnener Lösungsvorschlag darum unter der Hand auch Vorbildcharakter für die islamische Welt: Sie weisen einen alternativen Weg in eine islamische Moderne. Vorerst jedoch fordert er muslimische Mehrheitsgesellschaften auf, ihr je eigenes schriftinspiriertes Modell von pluralistischer Demokratie zu ersinnen.[4]

Gegen das Deutungsmonopol der Gelehrten, für das Gewissen des Einzelnen

Die Machtfrage schlechthin ist: Wer ist zur Deutung des Textes für die Gegenwart berechtigt? Die Welt, antwortet Ramadan, sei zu komplex geworden, um dieses Geschäft allein den Spezialisten des religiösen Rechts zu überlassen. Er fordert darum wie weiland Muhammad Iqbal (MI) „paritätische Räte, die ʿUlamâʾ und Spezialisten der verschiedenen Gebiete (Menschen- und Naturwissenschaften) vereinen, um juristische Ausführungen in Übereinstimmung mit unserer Epoche zu ermöglichen." Jedes Land solle eine Debatte eröffnen, die ʿUlamâʾ, Intellektuelle, Verbandskader und Bürger zur Entscheidung darüber zusammenführt, wie Treue zu islamischen Grundsätzen in der Politik zu gewährleisten sei (MO 275). Mit anderen Worten: Der weltliche Intellektuelle – denn nichts anderes ist der Halbgelehrte Tariq Ramadan aus der Sicht von Azhar-Gelehrten! – bestreitet das Deutungsmonopol der Religionsgelehrten.[5]

Natürlich können Muslime in der Diaspora trotz allem in einen Loyalitätskonflikt geraten, etwa durch einen Angriff auf ein muslimisches Land. Hier gilt im Fall eines ungerechten Kriegs – und nur dann! – ein Gewissensvorbehalt, der zur Kriegsdienstverweigerung berechtigt. Auf sein Gewissen kann sich der einzelne europäische Muslim aber nicht nur bei – für den Alltag bestrittenen (PV 233)! – Konflikten mit dem säkularen Rechtsstaat berufen, sondern ebenso überall da, wo seine Auffassung von Islam von der eines Tariq Ramadan oder Yûsuf al-Qaradâwî abweicht. Das scheint uns die zweite bedeutsame Innovation seines Denkens. So gesteht er es Muslimen zu, ihren Glauben nicht auszuüben, wenn sie das mit ihrem Gewissen vereinbaren können (PV 92). Ähnliches gilt für die Heiratsbeschränkungen. Zwar begründet Ramadan stockkonservativ wie der letzte Papst, warum Musliminnen keine Nichtmuslime heiraten sollen (PV 148). Er weiß aber auch, dass längst ein stattliches Viertel der Maghrebinerinnen in Frankreich genau das tut, und fügt darum hinzu: Die Freiheit des Einzelnen müsse respektiert werden (IQ 282). Gleiches gilt für Alkoholkonsum im privaten Raum (PV 104).[6]

Die Kampagne gegen Ramadan

Soweit die Eckpunkte dieses Reformdenkens. Tariq Ramadan ist erklärtermaßen kein liberaler Reformer. Er ist aber ebenso wenig der reaktionäre Islamist, als den ihn linksliberale Stimmen seit 2004 abstempeln. Er ist schlicht und ergreifend ein Konservativer. Wenn die lesbische Abtreibungs- und Pacs-Aktivistin Caroline Fourest erst jetzt entdeckt, dass er ihre politischen Standpunkte nicht teilt (FT), ist das nicht seine Schuld: Er hat zu jedem einzelnen kontroversen Punkt, den sie in ihrem vorgeblichen Enthüllungsbuch anspricht, schon 1999 im Gespräch mit Jacques Neirynck eindeutig Stellung bezogen (PV). Entlarvt wird darum nicht etwa seine „Doppelzüngigkeit“, sondern die Ahnungslosigkeit paternalistischer Linksliberaler: Zuwanderer mögen als Arbeiter eine willkommene Klientel von Linksparteien sein. Sie stehen diesen aber als Muslime aus traditionellen bäuerlichen Milieus in ihren Grundwerten denkbar fern. Dieser Widerspruch bricht gegenwärtig auf und dürfte über kurz oder lang zu neuen politischen Bündnissen führen. Dabei sollte sich die Öffentlichkeit von Fourest & Co nicht hinters Licht führen lassen. Die Autorin hat keine Skrupel, ihren politischen Gegner mit Unterstellungen zu diffamieren. Wenn liberale Reformer das Recht auf Glaubensabfall mit Verweis auf den koranischen „Kein-Zwang"-Vers begründen, sind sie willkommen. Ein konservativer Reformer wie Ramadan ist es nicht, obwohl er dieses Recht mit Verweis auf die Gewissensfreiheit fordert und dann zutreffend ausführt, dass die Mehrheit der Rechtsgelehrten traditionell mit Verweis auf einen Prophetenhadith die Todesstrafe forderte, dieser Hadith aber zweifelhaft sei und eine Minderheit darum seit dem 8. Jahrhundert das Urteil Gott überlassen möchte – welcher Meinung er sich anschließe, weil sie die Gewissensfreiheit respektiere (IQ 276ff.). Diese Argumentation gibt Fourest so verkürzt und ohne Verweis wieder, dass sie ungefährdet behaupten kann, es handle sich nur um ein „Lippenbekenntnis" (FT 159ff.)

Eine Brücke für konservative Muslime

Nein, es handelt sich um etwas völlig anderes: nämlich die einzige Möglichkeit, die Mehrheit der Muslime da abzuholen, wo sie steht! Wer so argumentiert, wie es Liberale tun, findet bei den arabischen Massen kein Gehör.[7] Tariq Ramadan weiß, anders als Fourest in ihrer Arroganz der Macht, was er tut. Seine Diskursstrategie des „Mind the gap!" baut eine glaubhafte Brücke vom bornierten defensiven Denken der konservativen Mehrheit in unsere Gegenwart – glaubhaft nicht zuletzt aufgrund seiner Abstammung vom Gründer der Muslimbrüder als einer, der den überfälligen Generationswechsel charismatisch verkörpert. Er formuliert Anschlussmöglichkeiten an zeitgenössische Diskurse für eine autoritätsbedürftige Klientel; und er führt unter der Hand die Instanz des Gewissens ein, welche die Dissensfreiheit des

Einzelnen begründet, das lutherische „Hier stehe ich, ich kann nicht anders!" als Urszene jeder Reform. „Was Freiheit schafft", so Ramadan über islamischen Feminismus, „ist die tatsächliche Existenz der Prinzipien, die sie begründen: ein autonomes Gewissen, das seine Wahl im Namen seiner Überzeugungen trifft„ – also Freiheit durch Bindung (MO 243). Ramadan möchte das islamische Denken dynamisieren, aber er beharrt auf einer „endogenen Entwicklung im Rhythmus der Denk- und Mentalitätsfortschritte im Inneren" der islamischen Zivilisation (IQ 181 f.). Damit schlägt er sich im innerislamischen Kulturkampf der zwei Reformgeschwindigkeiten auf die Seite des vom Wandel überforderten Volks. Das macht ihn zum konservativen Reformer, aber nicht zum Reaktionär. Er selbst sagt es so: „Was sollen wir tun, um auf eine Veränderung des Denkens hinzuwirken? Die schriftlichen Quellen verdammen – und von der islamischen Welt nicht mehr angehört werden? Eine so genannte moderne Meinung aufzwingen – und dafür als „verwestlicht" im Handeln oder, schlimmer noch, Überläufer zur Sache des „Feindes" angesehen werden? Vom Westen gehört werden um den Preis, das Gehör der islamischen Welt zu verlieren? Sich in seiner angenommenen Modernität gefallen um den Preis, keine Rolle mehr in einem Universum zu spielen, das in Unterdrückung und scheinheiligster religiöser Rechtfertigung versinkt?" (PV 22).

Anmerkung zum Grundsatz: Alles ist erlaubt, was der Text nicht ausdrücklich verbietet!

Natürlich stellt sich hier die Frage danach, *was* die Texte im Einzelnen *ausdrücklich* ge- und verbieten – und *wer* dazu berechtigt ist, diese Einteilung vorzunehmen. Entscheidend ist hier die Unterscheidung zwischen definitiven (*qat'î*) und präsumtiven (*zannî*) Bestimmungen (HR 110, MO 84). Interpretationsfähig sind nämlich nur die Letzteren, für die Ersteren gilt der eherne Satz: *lâ idschtihâd ma'a nass* – bei Vorliegen eines *eindeutigen* Textes gibt es keine Rechtsfortbildung (MO 83 ff., vgl. HR 353 ff.)! Als eindeutig gelten vielen traditionellen Rechtsgelehrten aber unter anderem die Koranverse Q 4:11 zum Frauen benachteiligenden Erbrecht und Q 24:2 zum Auspeitschen für Unzucht, um nur zwei entsprechend anstößige *idschtihâd*-resistente

Texte zu nennen. Und es sind nach Ramadan allein die Rechtsgelehrten, die die Einteilung vornehmen. Dabei geht es nicht allein um koranische Verse, sondern weit mehr noch um Hadithe. Der Koran bietet nämlich insgesamt nur etwa 500 Gesetzesverse mit Schwerpunkt auf Familien- (70 Verse) und Zivilrecht (70; Strafrecht 30, Prozessrecht 13, Völkerrecht 25, Staats- und Verfassungsrecht 10, Wirtschaftsrecht 10 Verse; vgl. HR 113 f.) Zum *Idschtihâd*-Monopol der Gelehrten und dies betreffenden Reformvorschlägen, darunter dem Streit darum, ob das *Idschtihâd*-Vermögen von einzelnen Rechtsschulenvertretern auf eine muslimische legislative Versammlung übertragen werden könne, vgl. HR 353–372, besonders 370 f.) Welcher Handlungsspielraum bei Vorliegen eines vermeintlich „eindeutigen" Textes noch bleibt, wenn man nicht wagt, die traditionelle Rechtsmethodik anzutasten, zeigt exemplarisch Ramadans spektakulärer internationaler Aufruf zu einem Moratorium der Körperstrafen, der Steinigung und der Todesstrafe in der islamischen Welt. Zur vom Aufruf ausgelösten Kontroverse vgl. www.islamonline.net/English/Views/2005/04/article 01.SHTML.

Literaturhinweise und Webseiten

Englische und arabische Fassungen des Beitrags in: Art & Thought – Fikrun wa Fann 81 (2005), Bezug über www.goethe.de/fikrun; englische Kurzfassung demnächst auf der Webseite der American University of Beirut, Anis Makdisi Program in Literature.

Ammann, Ludwig: Muhammad Iqbal – ein konservativer Reformer [Rezension von „Muhammad Iqbal: Die Wiederbelebung des religiösen Denkens im Islam" (1928/2004)]. Gekürzte Version auf www.qantara.de/webcom/show_article.php/_c-469/_nr-400/i.html (= MI).

Fourest, Caroline (2004): Frère Tariq. Discours, stratégie et méthode de Tariq Ramadan. Paris (= FT).

Ghadban, Ralph (2006): Der Euro-Islam von Tariq Ramadan. Berlin.

Gresh, Alain/Ramadan, Tariq (2002): L'islam en questions. Débat animé et présenté par Françoise Germain-Robin. 2., veränderte Auflage. Arles (= IQ).

Kamali, Muhammad Hashim (2002): Freedom, Equality and Justice in Islam. Cambridge.

Krämer, Gudrun (1999): Gottes Staat als Republik: Reflexionen zeitgenössischer Muslime zu Islam, Menschenrechten und Demokratie. Baden-Baden (= GR).

Krawietz, Birgit (2002): Hierarchie der Rechtsquellen im sunnitischen Islam. Berlin (= HR).

Ramadan, Tariq (2003): Les musulmans d'occident et l'avenir de l'islam. Paris (= MO).

Ramadan, Tariq (2004): Peut-on vivre avec l'islam? Entretien avec Jacques Neirynck. 2., veränderte Auflage. Lausanne (= PV; 1. Auflage 1999).
Ramadan, Tariq (2001): Muslimsein in Europa. Köln (= ME; engl. Original 1999).
Ramadan, Tariq (2005): Appel international à un moratoire sur les châtiments corporels, la lapidation et la peine de mort dans le monde musulman. 30. März 2005 auf www.tariqramadan.com, 4. April 2005 in Le Monde, Übersetzungen ins Englische, Arabische, Spanische, Holländische und Deutsche auf der Webseite; dort auch Auseinandersetzung mit Einwänden der Azhar-Rechtsforschungs-Kommission, der Stellungnahme des Mufti von Ägypten und einfachen Gläubigen.
Ramadan, Tariq (2005): [Manifest gegen den Terror in der liberalen panarabischen Zeitung Asch-Scharq al-Ausat vom 21. Juli 2005], gekürzte Übersetzung auf www.memri.de/uebersetzungen_analysen/themen/europa_und_der_nahe_osten/eu_londonattack_ramadan_04_08_05.html] (= MT).
Zemouri, Aziz (2005): Faut-il faire taire Tariq Ramadan? Suivi d'un entretien avec Tariq Ramadan. Paris.

www.tariqramadan.com (offizielle Website in Englisch und Französisch und bemerkenswerterweise nicht in Arabisch; dokumentiert auch Debatten und Kontroversen).

Soheib Bencheikh: Ein medienwirksamer Intellektueller und liberaler Reformer

Moussa Khedimellah

A. Biographie

Soheib Bencheikh ist einer der bekanntesten und in den Medien präsentesten muslimischen Intellektuellen seiner Generation in Frankreich. Der Sohn von Scheich Abbas Bencheikh Lhoussine, der von 1982 bis 1989 Rektor der Moschee von Paris war, wurde 1961 in Dschidda in Saudi-Arabien in einer Familie geboren, die in Algerien für ihre Verdienste um das Amt des Imams anerkannt ist. Er selbst sagt: „Ich wurde in eine sehr islamisch geprägte Familie hineingeboren. Schon in jungen Jahren habe ich etwas Wichtiges entdeckt, nämlich dass es zahlreiche Schulen im Islam gibt, in denen man alles und jedes finden kann. Dabei hat mich eines besonders beeindruckt: der konstruktive und reiche Dialog, der zwischen diesen Rechtsschulen und ihren unterschiedlichen Lesarten stattfand" (KU 19). Sein Diplom in islamischer Theologie machte er an der Azhar-Universität in Kairo, dazu promovierte er an der École Pratique des Hautes Études in Paris in Religionswissenschaft. Dieser doppelte Bildungsgang hat ihn in den Rang jener muslimischen Intellektuellen erhoben, die vermitteln zwischen einer angesichts der internationalen Ereignisse von Islamophobie bedrohten französischen Gesellschaft und einer muslimischen Gesellschaft, die von diesen leidenschaftlichen Debatten über den Islam in Frankreich zermürbt ist.

Dank einiger Artikel zur Charta des muslimischen Kultus (1994), die zur Ernennung regionaler Muftis aufriefen, erhielt Bencheikh 1995 von Dalil Boubakeur, dem Rektor der Moschee von Paris, den Ehrentitel „Großmufti" für die Stadt Marseille. Als Imam und Mitglied des Conseil Francais du

Culte Musulman (CFCM) seit dessen Gründung 2003 ist Bencheikh eine charismatische Persönlichkeit, deren lokale wie nationale Legitimation allerdings vielfach bestritten wird. Die Medien betrachten ihn als anti-fundamentalistischen religiösen Führer, und tatsächlich unterscheidet es ihn von der Mehrheit der religiösen muslimischen Führer in Frankreich, dass er sich dafür ausgesprochen hat, den Fundamentalismus und Terrorismus, die sich auf den Islam berufen, eindeutig und radikal zu verurteilen. Er gehört zu den muslimischen Rechtsgelehrten, die zu einem selbstkritischen „modernen Islam" ermuntern, der mit Republik und Laizismus zu vereinbaren ist. Nach Bencheikh können allein Integration und die Anerkennung der islamischen Kultur durch den französischen Staat die „extremistische und kommunitaristische Versuchung" vermeiden, die von den weltweiten Frustrationen der Muslime in Palästina, Bosnien, Tschetschenien, Afghanistan, im Irak usw. genährt werden. Als Vorkämpfer eines Islam, der sich an die Umstände der modernen Welt anzupassen sucht, haben ihn sein Eintreten für einen laizistischen und staatsbürgerlichen Islam und sein unablässiges Plädoyer in den Medien dafür, dass sich die Muslime Europas durch vorbehaltlose Annahme der säkularen Gesetze „ganz" in die europäischen Gesellschaften einfügen, berühmt gemacht; und die französischen Medien bewundern ihn. So etablierte er sich nach und nach als unumgängliche Figur in der Elite des französischen Islam und sogar als „reformistischer muslimischer Theologe" schlechthin, ein Titel, den ihm manche seiner Widersacher absprechen. Soheib Bencheikh und seine Familie stehen der Familie Hamza Boubekeurs nahe, des früheren Rektors der großen Moschee von Paris, und haben die privilegierten Verbindungen zu Algerien und dessen politischen, kulturellen und intellektuellen Eliten bewahrt. Sein Bruder Ghaleb Bencheikh, der Starmoderator einer Sendung im französischen Fernsehen, die dem Islam gewidmet ist und sonntags ausgestrahlt wird, ist Präsident der „Weltweiten Bewegung der Religionen für Frieden" (WMRP). Auch Soheib Bencheikh ist wie sein Bruder im interreligiösen Dialog tätig. Er hat zahlreiche Artikel und insbesondere ein Buch verfasst, das nach 1998 seinen Ruf begründet hat: *Marianne et le Prophète. L'islam dans la France laïque*. Welches sind die Wurzeln seines seitherigen Ruhms?

B. Die Quellen wachsender Berühmtheit: Medien, Engagement und Netzwerke (1995–2003)

Mediale Doppelwirkung? Von Ramadan zu Bencheikh

Seit seiner Ernennung zum Mufti von Marseille war Soheib Bencheikh bei den nationalen französischen Medien und besonders im Fensehen sehr gefragt, wo er oft auftrat und als nunmehriges Gegengewicht eine bisher vorherrschende Figur des intellektuellen Islam aus der frankophonen Schweiz entthronte: Tariq Ramadan. Auch wenn man nicht der Versuchung nachgibt, die Unterschiede übertrieben zuzuspitzen, fällt doch auf, wie asymmetrisch sich Legitimation und Bekanntheit von Bencheikh und Ramadan entwickelt haben. Tariq Ramadan, ein Enkel Hasan al-Bannâ's, des Gründers der Muslimbrüder in Ägypten, ist Autor zahlreicher Werke und Vorträge über die Minderheitensituation des westlichen Islam in der religiösen Landschaft. Obwohl er unter der tatsächlichen oder angenommenen geistigen Abkunft zu leiden hatte, die stets mit seinem Namen verbunden wird, war er doch bis 2001 in den Medien sehr präsent. Ist es eine Folge des Anschlags vom 11. September 2001 oder die direkte Konsequenz eines sehr polemischen Aufsatzes mit dem Titel „Critique des (nouveaux) intellectuels communautaires" aus dem Jahr 2003? Auf jeden Fall hat Ramadan, der von der Unterstützung und seinem unfehlbaren Charisma bei jungen und einfachen muslimischen Massen und sogar bei jungen muslimischen Intellektuellen profitiert, einen anhaltenden Rückgang der medialen Aufmerksamkeit erfahren, der sich nach wie vor fortsetzt. Soheib Bencheikh gibt dagegen die Figur des „soften" muslimischen Führers mit dem richtigen Geschmack und Chic, als eine Art Dandy fern von den Wechselfällen des schwierigen Lebens der einfachen Volksmassen, an die sich keine seiner Hervorbringungen (Vorträge, Kassetten, Seminare usw.) direkt wendet. Soheib Bencheikh ist kein

Wanderprediger und will es auch nicht sein; er kann oder will auch kein weitschweifiger Schriftsteller sein, aber seine Präsenz in den Medien hat nie abgenommen. Böse Zungen behaupten, sein Glück bei den Medien verdanke sich seinem Eintreten für eine „entislamisierende Assimilation", wie es Sadek Sellam ausdrückt. Wiewohl er verschiedene Artikel verfasst hat, ist es vor allem die Veröffentlichung von *Marianne et le Prophète* im Jahr 1998, die ihm eine verstärkte und anhaltende Aufmerksamkeit der Medien zuteil werden ließ. Dieses Werk, eine interessante Betrachtung über die Wechselbeziehungen zwischen Islam und Moderne, sollte seinen Einfluss auf die muslimischen Massen verringern. Dennoch machen die Eleganz seiner Analyse und die Fülle der kulturellen Querverweise die Auseinandersetzung mit diesem noch nicht ausgeschöpften Werk fruchtbar. Auf jeden Fall hat sein feinsinniger kartesianischer Geist einige grundsätzliche und berechtigte Fragen aufgeworfen.

Soheib Bencheikh als engagierter Intellektueller

Soheib Bencheikh hat sich durch starke und eindeutige Stellungsnahmen zugunsten der muslimischen Gemeinschaft Frankreichs als engagierter Intellektueller hervorgetan, ohne dass jene immer das Gewicht dieser mutigen Verteidigung im politisch-medialen Feld erfasst hätte, gleich ob es um Islamophobie oder um die Attentate vom 11. September 2001 ging. In der Zeitschrift *Lire* erklärte der Schriftsteller Michel Houellebecq, dessen Buch *Plateforme* am 24. August 2001 erschienen war, er habe anlässlich einer Reise auf dem Sinai „plötzlich eine totale Ablehnung der Monotheismen" verspürt, und er fügte hinzu, dass „die bescheuertste Religion aber der Islam" sei. Soheib Bencheikh trat darauf im Fernsehen auf, um „diese Unkenntnis des Islam, der Frankreich anheim gefallen" sei, öffentlich anzuprangern. Der Autor dieses Buchs habe „das Recht zu denken, was er mag, auch wenn es falsch ist, aber seine Einlassungen offenbaren eine tiefe Ignoranz".

Über die Attentate vom 11. September 2001 sagte Bencheikh am 17. September: „Meine erste Reaktion war es, mich vor den Opfern dieses Massenmords an Unschuldigen zu verneigen. Ich verdamme mit Nachdruck diese barbarischen Akte, die zu nichts dienen, und ich verurteile sie doppelt, wenn ihre Urheber wirklich Muslime sind, die sich auf den Islam berufen. Doch wenn dann die Aufwallung der Gefühle vorüber ist, gilt es das Geschehen zu analysieren. Das Ereignis wird die Welt dazu bewegen, gründlicher nachzudenken. Dieser schändliche Akt verrät die Frustration angesichts der ungerechten und ungleichen Behandlung durch einen Staat, der sich vor den Erschütterungen der Welt, die er lenkt, geschützt wähnte. [...] Das amerikanische Volk, das im Vergleich zu den Europäern ganz unpolitisch ist, ist unschuldig. Aber die amerikanische Außenpolitik hat während des Kampfes gegen die Sowjetunion die gefährlichsten und extremistischsten Ideologien unterstützt. Osama bin Laden, der ein beduinisches und finsteres Islamverständnis hat, war einer ihrer Schützlinge während des Kriegs in Afghanistan, und die Vereinigten Staaten haben nicht nur die Taliban in diesem Land bewaffnet und finanziert, sondern auch die islamistische FIS und die militante GIA in Algerien. Wir, die Muslime, haben diese Politik immer als Verachtung erlebt. Die eklatante Ungleichbehandlung der beiden Kontrahenten im israelisch-palästinensischen Konflikt hat die Sache nur noch verschlimmert. Aber es stimmt, dass mich die Zerstörung des Mythos von einem unantastbaren Staat nachdenklich und besorgt macht" (DP).

Was den Kampf gegen die Verquickung von Islam und Islamismen betrifft, so predigt er die Notwendigkeit, sich um eine gründliche Wiederentdeckung des spirituellen und zivilisatorischen Erbes des Islam zu bemühen. So sagt er: „Ich beklage sehr die Verquickung der Begriffe in den Medien dieser Tage nach den Anschlägen (vom 11. September). Dieser Manichäismus hilft uns nicht zu verstehen, was geschehen ist, denn der politische Islamismus ist das Gegenteil von Islam! [...] Wie man dieser Spirale der Gewalt entkommen kann? Der Traum jedes Muslim ist es, dass sein Vermächtnis, seine Geschichte, seine so reiche und einst so strahlende Kultur ihren Platz in der Weltordnung finden. Nur durch diese Anerkennung kommen wir voran. In unserer heutigen Welt entsprechen die Grenzen der Religionen nicht mehr den Grenzen von Staaten. Frankreich, wo Harmonie zwischen den verschiedenen Gemeinschaften herrscht, kann als Beispiel dienen und diesen Erfolg exportieren. Die französischen Muslime haben ihre Doppelzugehörigkeit, die nationale und spirituelle, im Griff" (DP).

Die Quellen von Erneuerung und Reform

Wie Abdelwahhab Meddeb mit seinem Buch *Les maladies de l'islam* (2002) beklagt Bencheikh die islamistische Plage im Herzen des Islam: Die Politisierung der Religion zu strategischen oder wahltaktischen Zwecken führe zu nichts. Er hat sich den Titel von Muhammad Said al-Ashmawys Buch *L'islam contre l'islamisme* (2002) fast ganz zu Eigen gemacht. Den Ausgangspunkt für das Nachdenken über eine Reform des zeitgenössischen Islam sieht er in einer Desakralisierung der theologischen Quellen. Der Islam sei nicht auf der Höhe der Zeit. Indem Bencheikh daran erinnert, dass nur der Koran eine heilige Quelle ist, schließt er sich den Denkern des Islam an, die sagen, dass die Hadithe, also die Berichte über Worte und Taten des Propheten, die zwei Jahrhunderte nach dem Tod Muhammads zusammengestellt wurden, keinen absoluten heiligen Wert haben können. Die prophetische Sunna dürfe nicht mehr Dinge wie die Weise sich zu kleiden bestimmen, da sich die überlieferten Texte auf das von unserer Epoche sehr verschiedene Arabien des 7. Jahrhunderts bezögen. „Man muss mit seinem Jahrhundert gehen!", so Bencheikh. Die eifernde Ideologie derer, die das muslimische Recht in verschiedenen muslimischen Ländern weiter in intransigenten Rechtsschulen einsperren wollen, so im Maghreb in der malekitischen Schule, nennt er „Beduinisierung". Bencheikh ruft wie Abdou Filali Ansari (*Réformer l'islam*, 2003) zu einer gründlichen Reform des Islam auf. Gerade in der Kritik dieser den Islam gängelnden Theologen formuliert er seine Vorbehalte gegen einen „rückständigen Islam der Vorfahren", der nicht bietet, was die heutige Welt erfordert. Diese Rückständigkeit stigmatisiere die unter Bann gestellten Muslime und verkompliziere die Beziehungen zwischen dem Westen und den Muslimen. Die Rechtsgelehrten seien in ihren Analysen nicht mutig genug und ihr Blick auf den Islam und die Moderne archaisch. In diesem Punkt schließt sich Bencheikh Abu Zaids „Kritik des religiösen Diskurses" an: Bei den heutigen Instanzen des Islam seien Innovation, Reflexion und Reform durch *idschtihâd* auf der Strecke geblieben. Dagegen seien die Auslegungen der Rechtsschulen und Theologen schnellstmöglich zu entstauben und dabei dem Geist der Vielfalt die Treue zu halten, welcher die islamische Geistesgeschichte auszeichnete. Mithin müssten unbedingt die strengen und ultrastrengen Lesarten vermieden werden, die heute im Schwange seien.

C. Grundlagen der Kritik an seinem Ruhm und seiner Legitimation (2003–2005)

Ein religiöser Führer der Gemeinde oder ein Imam ohne Moschee?

Marseille ist der Ort, an dem sich Soheib Bencheikh seit 1995 etabliert hat. Trotz der Unterstützung durch die Moschee von Paris, die Stadtverwaltung von Marseille und das algerische Konsulat ist es ihm immer schwer gefallen, sich Autorität zu verschaffen. Der Islam von Marseille hat eine einigermaßen komplexe Konfiguration, und manch einer zögert nicht zu sagen, man habe Bencheikh „mit dem Fallschirm" über Marseille abgeworfen, ohne Rücksicht auf die gewachsenen Strukturen in dieser Stadt Rücksicht zu nehmen[8].

Im Panorama der dortigen Moscheen und der ihnen verbundenen Persönlichkeiten fällt ihm objektiv die Rolle des „Führers ohne Moschee" zu. Es ist für ihn schwierig, als Teil der Elite oder muslimischer Führer auf der lokalen Ebene Anerkennung zu finden, da er „von oben" durch die Moschee von Paris unterstützt wird. Es ist die laizistische politische Elite, die Soheib Bencheikh uneingeschränkt unterstützt, durch Mohamed Lacillat als Mittler, einen Experten für Buchhaltung und Aktivisten der ökologischen Partei. Zum Riss (OC), um nicht zu sagen Bruch zwischen den Bestandteilen der muslimischen Gemeinschaft von Marseille und Soheib Bencheikh sollte es durch seine Äußerungen in der regionalen Presse kommen. In einem Artikel mit dem Titel „Le mufti de Marseille veut un autre Islam de France" [Der Mufti von Marseille möchte einen anderen, französischen Islam] in der Zeitung *La Provence* vom 19. Juni 2003 erklärte Bencheikh: „Man beginnt zu praktizieren, zu viel zu praktizieren, dann urteilt man über das Gewissen anderer, und eines Tages geht man zu Taten über. Man braucht nur den 11. September oder die täglichen Verhaftungen in Frankreich anzusehen, um zu begreifen, dass die Grenze zwischen dem Praktizieren und dem Terrorismus flexibel ist. Ich habe noch nie einen Terroristen aus dem Nichts kommen sehen!" Dieser Artikel, der verdächtigt wurde, die Muslime vor Ort in Verruf zu bringen, indem er verschiedene Verquickungen und vor allem die Verbindung zwischen Islam und Islamismus karikierte, wurde von der „Coordination des Musulmans de Marseille", die den „Conseil régional du culte musulman" (CRCM) erobert hatte, mit Macht an den Pranger gestellt. Nur die politischen und medialen Autoritäten und eine Minderheit der muslimischen Elite von Marseille halten weiterhin zu Soheib Bencheikh. Aber seine symbolische Bedeutung bei der lokalen muslimischen Gemeinschaft scheint heute durch seine Kritik an einem unaufgeklärten Islam, die als zu streng empfunden wird, und seine theologischen Vorstöße in Form von Rechtsgutachten, die als zu liberal erscheinen, stark vermindert.

Groll über den Erfolg in den Medien oder zu gewagte theologische Standpunkte?

Die lokale Kritik an Bencheikh nimmt derart zu, dass sie die nationale Ebene erreicht. Seine kritische Haltung gegenüber bei den Muslimen fortbestehenden Archaismen, seine liberalen Standpunkte hinsichtlich Schleier (veraltet) und Heirat zwischen Muslimin und Nichtmuslim (möglich, obwohl von den kanonischen Texten verboten) haben dem Klatsch Nahrung gegeben. Dass ihn die Zeitschrift *Marianne*, vertreten durch Jean-François Kahn und die Journalistin Martine Gozlan, uneingeschränkt unterstützte, hat seinem Ruf geschadet. Tatsächlich gilt diese Wochenzeitschrift, die ein Forum für aktuelle gesellschaftliche und politische Debatten sein will, bei vielen Muslimen als Gegnerin eines traditionalistisch verkörperten Islam im öffentlichen Raum (Frauen mit Kopftuch, Halâl-Geschäfte usw.). Da sie im Verdacht stehen, den Verdacht gegen Muslime und muslimische Eliten zu schüren, schätzt man diese polemische Zeitschrift und ihren freimütigen Chef Jean-François Kahn in den volkstümlichen muslimischen Kreisen Frankreichs wenig. In einer von mehreren Affären ergriff Bencheikh Partei für diese Zeitschrift und gegen einen seinerseits sehr bekannten muslimischen Führer, Larbi Kechat, den Rektor der Moschee Adda'wa in Paris. Ende Juli 2001 klagten Larbi Kechat und die „Association Culturelle Islamique" nach einem Beitrag von Martine Gozlan mit dem Titel „Religion: une nouvelle mosquée à Paris. Mais pour quel islam?" [Eine neue Moschee in Paris, aber für welchen Islam?] vor Gericht gegen Kahn, Martine Gozlan und die Zeitschrifte *Marianne* wegen Verleumdung und übler Nachrede an. Bei der öffentlichen Verhandlung tat Bencheikh seine uneingeschränkte Unterstützung für *Marianne* und seine Freundin Martine Gozlan gegen seinen Glaubensbruder kund, was in der muslimischen Gemeinschafts ein starkes Echo fand. Die ihm entgegengebrachte Sympathie hatte darunter zu leiden, auch in Anbetracht seines Zeugnisses gegen den Intellektuellen Tariq Ramadan bei einer ähnlichen Verleumdungsklage. Seine prinzipiellen Einwände gegen starke und anerkannte Persönlichkeiten der muslimischen Gemeinschaft haben ihm Vorurteile und Misstrauen eingebracht; und eine Strömung des Misskredits auf nationaler Ebene ist ein Widerhall seiner antikommunitaristischen Stellungnahmen, die sein Prestige bei den Muslimen volkstümlicher Schichten vermindert haben, eine Strömung, die unterhalten wird durch ein Netzwerk einflussreicher Vereine, Verbände und Webseiten, die über seine Äußerungen gegen Figuren des französischen oder frankophonen Islam berichtet haben. Infolge seiner zahlreichen Erklärungen in französischen und ausländischen Medien (MG) vergleicht man Soheib Bencheikh in vielen Kreisen muslimischer Denker oder diesen Milieus Nahestehender oft mit Malek Boutih, dem Ex-Präsidenten von „SOS Rassismus" und Mitglied der Führungsebene der Sozialistischen Partei. Beide sind Lieblinge der Medien und der französischen politischen Eliten ohne Basis oder wirklichem volkstümlichen Rückhalt in ihren Herkunftsmilieus (also bei den französischen Bürgern muslimischen Glaubens bzw. maghrebinischer Herkunft). Dennoch wirft man ihnen beiden vor dem Hintergrund der brennenden Aktualität einer häufigen Verwechslung von Islam und Islamismus vor, die zerbrechlichen Gemeinschaften, denen sie angehören, nutzlos zu stigmatisieren und dadurch leidenschaftliche Debatten über die Integration der Minderheiten und insbesondere der Muslime oder Franzosen „jungen Datums" (nach einer Formulierung des Soziologen Ahmed Boubeker) unnötig anzuheizen. Das gipfelte in einer Karikatur Soheib Bencheikhs, die ihn mit der paradoxen Wendung eines „islamophoben Muslims" (P) auf mehreren islamischen Webseiten (O) verspottete – so wie man auch Malek Boutih nach einem sicherheitspolitischen Bericht über die Einwanderung nach Frankreich für die sozialistische Partei als „arabophoben Araber" abgestempelt hat. Die heftigste Kritik bezeichnet Soheib Bencheikh also als einen Feind seiner eigenen religiösen Gemeinschaft, während seine Fürsprecher in ihm einen freien, heilsamen und kritischen islamischen Geist sehen.

D. Schluss

Soheib Bencheikh, ein Führer und Imam ohne wirkliche Anbindung administrativer, geographischer oder politischer Natur, der kaum publiziert hat, ist eine bilderstürmerische Figur von fast virtueller Präsenz im islamischen Panorama Frankreichs. Als Nutznießer nie versagender Unterstützung durch die politische Klasse Frankreichs, durch die intellektuellen Eliten und viele Medien für seine deutlich formulierten Stellungsnahmen gegen den Integrismus und für einen laizistischen und staatsbürgerlichen Islam leidet Bencheikh darunter, dass ihm die Mehrheit der französischen Muslime nicht folgt, die in ihm einen Handlanger der Macht sieht, der die von ihm erwartete Solidarität mit der Gemeinde verweigert. Seine gewagten theologischen Standpunkte zum Schleier, zur Heirat außerhalb der (muslimischen) Gemeinschaft usw. haben ihn von einem mehrheitlich traditionalistischen und konservativen Islam abgeschnitten. Seine Ansichten, wiewohl liberal, werfen bedeutsame Fragen an den Islam im Minderheitskontext und hinsichtlich ultraorthodoxer religiöser Doktrinen wie des Wahhabismus auf, die in den letzten Jahren hervorgetreten ist. Seine Stellungnahmen haben vermutlich sein Denken oft überholt, und übertriebene Urteile haben vielleicht dazu beigetragen, die muslimische Gemeinschaft hier und da zu stigmatisieren. Anders als lokal stark verhaftete Imame, die wie Tareq Oubrou über einen Reformislam im Zeichen des Konzepts einer „Minderheiten-Scharia" nachdenken, ist Bencheikh eher der Imam einer virtuellen Moschee. Es ist vor allem der muslimische Intellektuelle, dem die Medien einen Platz eingeräumt haben, womit sie halfen, ihn über die Grenzen Frankreichs hinaus bekannt zu machen. Trotz seiner theologischen Ausbildung wird Soheib Bencheikh in den Medien sehr selten als muslimischer Theologe oder Gelehrter vorgestellt. Ist es eine Eigentümlichkeit des französischen Denkens, die ihn eher als Intellektuellen denn als Religionsgelehrten wahrnimmt? Der französische Intellektuelle, dessen erstes Vorbild Zola mit seiner Rolle in der Dreyfus-Affäre ist, ist jemand, der durch seine Ideen und seine Feder zu den Debatten seiner Gesellschaft und seines Jahrhunderts in der Öffentlichkeit beiträgt. Aus dieser Perspektive ist das Charisma Bencheikhs vor allem ein mediales Charisma, das aus ihm einen herausragenden Kommunikator macht. Sein populärer Rückhalt als Volkstribun scheint schwach im Vergleich mit Führern wie Tariq Ramadan, Larbi Kechat oder Tareq Oubrou, die von einem effizienten Netzwerk muslimischer Verbände profitieren. Nichtsdestoweniger möchte er als wirkungsvoller Verteidiger der muslimischen Gemeinschaft gegen Verquickungen und rassistische und islamophobe Angriffe dazu beitragen, die Verständigungsschwierigkeiten mit den Franzosen abzubauen, deren Kenntnisse vom Islam und den Muslimen dürftig bleiben. Aus dieser Sicht ist er eine herausragende Vermittlerfigur, die Beziehungen und Austausch zwischen allen Schichten und Instanzen der französischen Gesellschaft ermöglichen kann. Seine Rolle in Frankreich dürfte in Anbetracht dieser erfolgreichen Vermittlungstätigkeit an Bedeutung gewinnen. Des Weiteren zeichnet ihn aus, dass er ein exzellenter Kommunikator ist, auf den die Medien umstandslos zurückgreifen, wenn es um Debatten und Ereignisse geht, die den Islam betreffen. Sein doppelter Rang als intellektueller Vermittler und Kommunikator ist vermutlich die beste Definition, die man für diesen Mann des Glaubens und der Vernunft finden kann. Seine Abweichung von der muslimischen Gemeinschaft macht ihm nach Auskunft derer, die ihm nahe stehen, zu schaffen, und sein öffentliches Engagement hat letzthin stark nachgelassen. Seine kritische und konstruktive Präsenz scheint uns dennoch – so es nicht zum Exzess kommt – eine unverzichtbare Notwendigkeit in der Stunde von Radikalismen aller Art, um schlussendlich die muslimische Gemeinschaft von Frankreich vom Widerstreit zur Anerkennung der eigenen Vielfalt fortschreiten zu lassen.

Aus dem Französischen von Ludwig Ammann

Literaturhinweise und Webseiten

Bencheikh, Soheib (1998): Marianne et le Prophète. L'islam dans la France laïque. Paris.

Bencheikh, Soheib (2001): Déjouer le piège que nous tendent les terroristes. In: Le Monde vom 17. September 2001.

Interview mit Soheib Bencheikh in der arabischen Wochenzeitung Al-Khabar al-'Usbû' 61 vom 3. Mai 2000 (= KU)

www.oumma.com/article.php3?id_article=686 (= OC)
www.danielpipes.org/article/623 (= DP)
www.mejliss.net/printthread.php?t=175498 (= P)
www.oulala.net/Portail/article.php3?id_article=1118 (= O)

Bekir Alboga: Von der „Solidarität aller Monotheisten"

Levent Tezcan

Prolog

Bekir Alboga erlebte ich zum ersten Mal auf einer interdisziplinären Tagung des Instituts für Konflikt- und Gewaltforschung an der Universität Bielefeld. Er fiel auf mit seinem pathetischen Ruf: „Es lebe die internationale Solidarität aller Monotheisten", der beim Publikum damals außer Befremden bestenfalls Gelächter ernten konnte. Über die abrahamitische Solidarität, die den Kern seines Engagements ausmacht, hat er zur gleichen Zeit einen kurzen Text geschrieben (WS). Das war 1996; noch war die gewaltige Welle der entprivatisierten Religion als *Gefahr* und zugleich *Hoffnungsträgerin* für den Weltfrieden nicht über uns zusammengeschlagen. Religion bildete in den Migrationsdebatten zwar einen immer bedeutsamer werdenden Aspekt im Hinblick auf Integration – meist einen problematischen. Dass sie bald den gesamten Integrationsdiskurs und gar die geopolitischen Koordinaten der künftigen populären Weltwahrnehmung weitgehend bestimmen würde, daran dachte damals kaum einer von uns anwesenden Sozialwissenschaftlern. Zwar war der paradigmatische Aufsatz von Huntington schon 1993 erschienen. 1996 kam auch sein darauf fußendes Buch auf den Markt. Die Kulturperspektive wurde immer bedeutsamer. Auch rollte unlängst eine Lawine sozialwissenschaftlicher Projekte heran, die sich des Themas „religiöse Identitäten bei den Einwanderern" angenommen hatten. Die paradigmatische Wende schien dennoch an diesem Tage von dem sozialwissenschaftlichen Laien besser erspürt worden zu sein als von den Fachleuten. Es ist die gleiche kräftige Unterströmung, die den weltbekannten Vordenker der amerikanischen Außenpolitik und Harvard-Professor einerseits und das Gastarbeiterkind, den Imam Bekir Alboga aus Deutschland, andererseits an die Oberfläche der öffentlichen Aufmerksamkeit getragen hat.

Der Vergleich zwischen Huntington und Alboga mag nicht gleich überzeugen, doch ist er hier nicht allein aus stilistischen Gründen gewählt worden. Was der eine, also der Harvard-Professor, als Paradigma künftiger Beziehungen in globaler Reichweite verkündete, das praktiziert der aus der Türkei stammende frühere Imam der größten Moschee Deutschlands – der „gläsernen Moschee" in Mannheim – tagtäglich lokal. Dass Huntington vom *Konflikt* der Kulturen sprach, während Alboga im Gegenteil den *Dialog* der Kulturen bzw. Religionen auf die Fahne seiner Basisarbeit schrieb, widerspricht sich keineswegs. *Konflikt* und *Dialog* sind hier die zwei Seiten ein und derselben Weltwahrnehmung, die sich zwischenmenschliche Beziehungen vornehmlich in der (Inter-)Kultur (d. h. interreligiös) *institutionalisiert* vorstellen kann. Ohne diesen Kontext wird man nicht nur die Suche der Wissenschaft nach muslimischen Reformern im Allgemeinen nicht verstehen können. Man wird auch die Karriere Albogas als exemplarischen Fall nicht nachvollziehen können.

Konflikt und öffentliche Karriere

Der 1963 in der türkischen Stadt Konya geborene Bekir Alboga kam 1980 zu seinen Eltern nach Deutschland. Er studierte Islamwissenschaft und Publizistik in Göttingen. Alboga ist kein führender Theologe. Er hat keine Reformbewegung ausgelöst, besticht auch nicht durch exklusive theologische Arbeit. Zwar hat er kurze Abhandlungen für interreligiöse Foren verfasst, zum Beispiel über Muhammads Himmelfahrt (ND). Eine Studie über ihn muss sich dennoch vornehmlich mit Medienberichten und kurzen, praxisorientierten Beiträgen von ihm bescheiden. Von ihm gibt es eben keine Traktate, die sich mit Grundfragen des Glaubens befassen. Auch führt ihn keine Genealogie auf die Prophetenfamilie zurück. Was ihn auszeichnet, ist praktische Arbeit an „kleinen Dingen", die das Zusammenleben der Menschen mit unterschiedlicher Religionszugehörigkeit im multikulturellen Alltag betreffen.

Im Jahre 1984 entwickelte sich in Mannheim ein Konflikt, wie er sich später nahezu in jeder deutschen Stadt wiederholen sollte: Der islamische Bund stellte den Antrag, eine sichtbare Moschee bauen zu dürfen. Auf dem Grundstück am Luisenring 28 in dem von vielen türkischen Einwanderern bewohnten Stadtteil Jungbusch entstand, begleitet von der Gründung der Christlich-Islamischen Gesellschaft, „die gläserne Moschee", die so stark mit dem Namen Alboga verbunden ist. Diese erst 1995 fertig gestellte Yavuz-Sultan-Selim-Moschee ist auch wegen des angegliederten *Instituts für Deutsch-Türkische Integrationsstudien* ein Unikum. Trotz der bald ausgebrochenen internen Auseinandersetzungen hat sich das Institut fest etabliert und präsentiert sich stolz als Hauptpreisträger der Karl-Kübel-Stiftung 1997.[9]

Was macht Alboga zum Ansprechpartner für Behörden, Nachbarschaft, Schulklassen und Kirchen? Er hat Tausende durch die Räumlichkeiten der Moschee geführt, christlich-islamische Trauungen geschlossen, zusammen mit christlichen Kirchen eine „interreligiöse Morgenfeier" kreiert, die abwechselnd in der Kirche und in der Moschee stattfindet und als regelrechte Unterrichtshilfe Eingang in Curricula gefunden hat (MM). Das Institut unterhält zwecks Etablierung interreligiösen Austauschs auch eine „Mitfeierzentrale", die die Kirchen und Schulen bei der Gestaltung gemeinsamer Feierlichkeiten berät. Zwei Bedingungen möchte ich nennen, die der eben knapp umschriebenen Kleinarbeit eine öffentliche Aufwertung angedeihen ließen.

1) In der deutschen Gesellschaft besteht seit längerem ein praktischer Bedarf an muslimischen Ansprechpartnern. Religionsunterricht, Bestattungen, Seelsorge in öffentlichen Einrichtungen wie Krankenhäusern, Gefängnissen und der Bundeswehr sind dringende Fragen, die der Staat bzw. die

Kommunen nicht ohne muslimische Vertreter von sich aus regeln können (dazu IA). Dieser Bedarf wurde allerdings nach dem 11. September sowie nach dem Mord an Theo van Gogh noch unmittelbar mit der Sorge verbunden, durch religiöse Mandatsträgerer unter den muslimischen Migranten transparente Strukturen zu schaffen. Qua Mitgliedschaft soll die Moscheegemeinde übersichtlich wie eine Kirche sein und der Imam soll priesterähnlich im Namen der Gemeinde sprechen: ob damit die politischen Erwartungen erfüllt werden können, bleibt jedoch eine spannende Frage.

2) Alboga ist Imam der DITIB (*Türkisch-Islamische Union der Anstalt für Religion*; dazu DO), die 1984 vom türkischen *Präsidium für Religionsangelegenheiten* (Diyanet Isleri Baskanligi; dazu PR; TIU; RS) im europäischen Ausland ins Leben gerufen wurde, um bei der Befriedigung religiöser Bedürfnisse das Feld nicht den radikalen Organisationen zu überlassen. Das Präsidium bekennt sich entsprechend dem türkischen Gesetz von 1963 zur „Diyanet". Diese umfasst ausschließlich die drei Dimensionen der islamischen Religiosität: *ibadet* (Ritus), *itikat* (Glaubensüberzeugungen) und *ahlak* (Moral/Sittlichkeit). Erst der Ausschluss der *muamelat* (vertragliche Beziehungen) und *ukubat* (Strafrecht) verwandelt die Scharia in eine eher ethische als rechtliche Angelegenheit und macht damit eine säkulare politische Ordnung auch aus einer genuin religiösen Perspektive denkbar. Dieser Umstand kommt bei der Suche nach unbedenklichen Ansprechpartnern Bekir Alboga doppelt zugute: Zum einen profitiert er von der erklärten Kompatibilität der DITIB mit Säkularität, die quasi vom türkischen Staat beglaubigt wird. Trotz einiger Bedenken, die ebenfalls mit ihrer Verbindung zum türkischen Staat zusammenhängen, gilt daher die DITIB als gemäßigt; sie ist eine Art „Volkskirche" mit ihrer „weltfreundlichen Moral" (um eine Formulierung von Troeltsch zu verwenden) – das dürfte der Grund dafür sein, warum die Mehrheit der Moscheebesucher DITIB-Moscheen bevorzugen. Dieser Vorteil war jedoch zugleich die Ursache für die „Trägheit" der DITIB im Hinblick auf öffentliches Auftreten mit Repräsentationsanspruch.

Zum anderen ragt Alboga unter den DITIB-Imamen deshalb heraus, weil diese, für eine begrenzte Zeit entsandt, mehrheitlich der deutschen Sprache nicht mächtig sind, sich mit den kulturellen Geflogenheiten in den jeweiligen Ländern nicht auskennen und schließlich keineswegs für eine aktive Beteiligung am öffentlichen Diskurs geeignet sind.[10] Der perfekt Deutsch sprechende, öffentlich engagierte DITIB-Imam, dieser seltene Fall heißt Bekir Alboga. Sein Motto lautet:

„Wenn ein muslimisches Kind, Mensch, sich für das Christentum nicht interessiert und wenn ein christliches Kind, Mensch, sich für den Islam nicht interessiert, obwohl sie in einem Land, in einem Stadtteil, in einer Straße und in einer Schule, kurzum in ein und demselben Lebensraum leben, dann ist das gesamte Bildungssystem zum Scheitern verurteilt" (BE).

Institutionalisierung, öffentliche Repräsentation und Aufstieg zur Zentrale

Der 11. September hat der Suche nach öffentlichem Ansprechpartner eine neue Wendung verliehen.[11] Die Institutionalisierung des Islam bzw. der viel beredete „Euro-Islam" oder „deutsche Islam" soll nunmehr für geordnete Verhältnisse unter den Einwanderern sorgen, die jetzt ohnehin immer mehr auf ihre religiöse Identität festgelegt werden. Wenn es denn nur noch Muslime gibt und nicht mehr eingewanderte Bürger, die auch einen religiösen Glauben haben, dann müssten sie, so die übliche Annahme, schließlich auch von religiösen Gruppen vertreten werden.

In diesem geschichtlichen Kontext trug es sich zu, dass Alboga auf einen Posten in der Kölner Zentrale aufrückte, wo er jetzt für den interreligiösen Dialog zuständig ist. Inzwischen scheint die DITIB, sicherlich auch dank Albogas Engagement, ihre „Trägheit" zugunsten einer aktiveren Repräsentationspolitik abgestreift zu haben. Selbstbewusst erklärt Alboga, nunmehr überregional gefragt, in einem prominenten

Interview der FAZ vom 9. Februar 2005 mit muslimischen Vertretern:

„Wir legen allergrößten Wert darauf, dass man hier den moderaten Islam praktiziert gemäß der Verfassung, und wer kann solch einen Ansprechpartner anbieten? Wir unterstützen intensiv – auch finanziell – den interreligiösen Dialog. In dieser Quantität und Qualität kann das keine andere Organisation leisten. Wir unterstützen die Integrationsarbeit, zum Beispiel das Projekt ‚Weißt Du, wer ich bin?', vor allem aber, indem in allen DITIB-Organisationen regelmäßig Deutschkurse und Hausaufgabenhilfe angeboten werden. Es erscheint mir sinnvoll, dass man der DITIB den Körperschaftsstatus verleiht und die DITIB dann diejenigen muslimischen Organisationen daran teilnehmen lässt, die verfassungsmäßig einwandfrei arbeiten. Wir sind der größte Verband, wir repräsentieren 72 Prozent der Muslime, und wir sind bereit, alle Muslime zu vertreten."

Das sind klare Botschaften, wobei viele der dort aufgezählten Leistungen auch von den anderen erbracht werden. Kürzlich starteten drei Dachverbände – der *Zentralrat der Muslime*, der *Islamrat* und der *Verband der islamischen Kulturzentren* – eine Initiative mit dem Ziel, ein bundesweites Vertretungsorgan aufzubauen. Die DITIB möchte zunächst abwarten – schließlich ist ihr bekannt, dass der Verfassungsschutz gegenüber den drei Initiatoren weiterhin skeptisch bleibt.

Unklar bleibt allerdings auch bei Alboga, worauf sich die Vertretung beziehen soll. Um welche Art von Bürgern handelt es sich, wenn muslimische Einwanderer nunmehr vornehmlich religiös repräsentiert werden sollen? Zwei Probleme sind hier zu benennen.

a) Damit ist zunächst einmal die Gretchenfrage gestellt, wie man es nun mit den Aleviten hält, die ja sowohl mit Blick auf Dogmen und Praktiken als auch mit Blick auf die Bewertung der islamischen Geschichte große Unterschiede zum sunnitischen Islam aufweisen und dies seit einigen Jahren auch gegen das orthodoxe Sunnitentum offensiv vertreten. Die Aleviten sind mit einem Bevölkerungsanteil von 12–25 % in der Türkei eine anatolische Spielart des Schiitentums, die wiederum von dem persischen Schiitentum weitgehend abweicht. Sie halten ihre Rituale, die mit Tanz und Musik stattfinden, nicht in der Moschee, sondern im Cemevi (Gemeindehaus) ab. Die Aleviten lehnen die Geschlechtertrennung ab, gelten als engagierte Verteidiger der Laizität und stehen der offensiven Religionspolitik der konservativen türkischen Regierungen ablehnend gegenüber (dazu AC).

Mit Blick auf die Aleviten gelangte jedenfalls Albogas Freude am Grenzüberschreiten schnell an ihre Grenzen, so dass er im Interview letztlich die offizielle Linie der Diyanet wiederholte, gegen die sich die Aleviten vehement wehren:

„In der Türkei wird Alevitentum im Religionsunterricht neuerdings mit angeboten. Das Amt für Religionsangelegenheiten betrachtet sich also als staatlich anerkannte, aber in der Theologie unabhängige Einrichtung für Aleviten und Sunniten gleichermaßen. Das sagte der Präsident des Diyanet, Ali Bardakoglu, vor kurzem in Berlin im Europäischen Institut. Man muss diese neue Entwicklung unterstützen. Wenn die DITIB eines Tages Lehrer zur Verfügung stellen darf, um islamischen Religionsunterricht anzubieten, sind wir bereit, auch die Aleviten zu bedienen."

In dieser Aussage stecken mehrere Probleme: Das Diyanet betrachtet sich zwar als unabhängige Einrichtung auch für Aleviten, diese sehen sich aber eben *nicht* vom Diyanet vertreten, *wollen* es zum Teil auch nicht. Überhaupt sind sie gegen einen obligatorischen Religionsunterricht. Drittens wollen die Aleviten nicht bedient werden, sondern mit eigener Stimme sprechen. Insofern wiederholt Bardakoglu (und Alboga) im Grunde die alte Politik des Diyanet (dazu RS), während die Aleviten vor kurzem in der Türkei eine Petition mit ca. 1 Million Unterschriften sowohl gegen obligatorischen Religionsunterricht als auch überhaupt gegen die Institution einer Religionsbehörde eingereicht haben.

b) Am spezifischen Fall der Aleviten tritt zudem ein generelles Problem zutage: das der Unwegsamkeiten des Repräsentationsdiskurses. Die muslimische Umma scheint sich in Europa auf administrativem Wege zu konstituieren: qua Religion soll für Ordnung unter den muslimischen Migranten gesorgt werden. Integration wird mehr und mehr in eine religiöse Angelegenheit übersetzt. Religion spricht jedoch nicht, es sind Repräsentanten, die auf den Plan treten. Alboga ist Produkt seiner Zeit, die nach Repräsentation ruft. Es liegt nun aber auch ein wenig an ihm, ob er dem Trend, einen *allgemeinen* Vertretungsanspruch für alle muslimischen Einwanderer im Namen der Religion zu erheben, Folge leistet, oder ob er der Hybris Widerstand leistet, die in der Institutionalisierung der Religion mitschwingt. Schafft er es, den Repräsentationsanspruch religiöser Organisationen auf im engeren Sinne die Religion betreffende Angelegenheiten zu beschränken, was die Grundgedanke der Diyanet war, dann kann er dafür sogar eine intrinsisch religiöse Begründung finden: *Demut*. Eine derart religionskulturell getragene *Zurückhaltung* täte allemal gut in unseren Zeiten des Repräsentationseifers. Die islamische Institutionskultur bietet hierzu durchaus Anknüpfungspunkte, die gegenwärtig im Namen von Modernisierung bzw. Reform völlig diskreditiert werden. Die Moschee als Gebetsstätte ist eben keine Kirche; das muss jedoch kein Mangel sein, wie es gegenwärtig angenommen wird. Sie verkörpert kein göttliches Charisma, das von einer Priesterkaste vertreten werden soll. Der Imam ist eine nützliche Autorität, die sich jedoch letzten Endes gegenüber dem islamischen Heilsindividualismus zurücknehmen muss. Diese Religionskultur wird im Institutionalisierungsdiskurs allzu leicht vergessen bzw. aufgegeben. Und überhaupt: Sollte man nicht anfangen, wieder darüber nachzudenken, dass der deutsche Spruch „die Kirche im Dorf lassen" durchaus ein Körnchen Weisheit enthalten könnte?

Literaturhinweise und Webseiten

Alboga, Bekir (1997): Die Nachtreise bzw. Himmelfahrt des Dieners und Gesandten Gottes Muhammad (Friede sei mit ihm). In: Die Himmelfahrt der Vollendeten: Elia – Jesus – Muhammad. Stuttgart (= ND).

Alboga, Bekir (1996): Weltweite Solidarität der Monotheisten: Anmerkungen aus islamischer Sicht. In: Glaube und Lernen. Zeitschrift für theologische Urteilsbildung 11: 20–23 (= WS).

Alboga, Bekir/Götz, Daniela (2003): Multireligiöse Morgenfeiern [am Beispiel der Humboldt-Realschule in Mannheim]. IRP – Unterrichtshilfen für den Religionsunterricht an Realschulen 23: Institut für Religionspädagogik der Erzdiözese Freiburg (= MM).

Rohe, Mathias (2001): Der Islam – Alltagskonflikte und Lösungen: Rechtliche Perspektiven. Freiburg (= IA).

Rumpf, Christian (1989): Das Präsidium für Religionsangelegenheiten, in: Zeitschrift für Türkeistudien 1: 21–33 (= PR).

Seufert, Günter (1999): Die Türkisch-Islamische Union der türkischen Religionsbehörde (DITIB): Zwischen Integration und Isolation. In: G. Seufert/J. Waardenburg (Hg.): Turkish Islam and Europe. Türkischer Islam und Europa. Istanbul/Stuttgart: 262–293 (= TIU).

Tezcan, Levent (2003): Religiöse Strategien der „machbaren" Gesellschaft: Verwaltete Religion und islamistische Utopie in der Türkei. Bielefeld (= RS).

www.institut-mannheim.de (dort auch „Bildung durch Erziehung" [= BE])

http://www.diyanet.org/ (= DO)

www.zdf.de/ZDFde/inhalt/28/0,1872,2010556,00.html (dort „Zwischen den Welten – Ein Imam aus Mannheim" [= ZW])

www.alevi.com/index_de.html (= AC)

Fethullah Gülen: Die größte türkisch-islamische Bildungsbewegung

Bekim Agai

Fethullah Gülen ist der Begründer einer von der Türkei ausgehenden, weltweit agierenden islamischen Bildungsbewegung. Er propagiert Moral und Bildung als Mittel, mit denen der Islam im 21. Jahrhundert Geltung jenseits der Politik erlangen kann. Theologisch agiert er im Mainstream, trotzdem reicht sein Überzeugungspotential in der Erörterung praktischer Fragen weit über das hinaus, was selbst radikale religiöse Modernisierer in der Türkei bisher bewegen konnten. Oft als Reformer bezeichnet, lehnt er selbst die Bezeichnung ab: Nur etwas Deformiertes brauche Reformen, er selbst versuche nur, den Islam „richtig auszulegen". Dies mag der Grund sein, warum Fethullah Gülen, dem geistigen Vater der aktivsten türkisch-islamischen Bewegung des späten 20. Jahrhunderts, bisher weniger Beachtung geschenkt wurde als ungleich marginaleren, dafür aber radikaleren Vertretern islamischer Ideen.

Fethullah Gülen – Produkt konservativ-islamischer Erziehung und der kemalistischen Türkei?

Fethullah Gülen, heute ein pensionierter Prediger, wurde 1938 in einem Dorf bei Erzurum im Osten Anatoliens geboren. Hier erhielt er abseits des säkularen staatlichen Bildungssystems eine islamische Ausbildung. Sein Islamverständnis ist daher noch traditionell geprägt, weitgehend unbeeinflusst von der Reformtheologie, wie sie seit Gründung der Türkei in der theologischen Fakultät von Ankara gelehrt wird. Das verschafft ihm vor allem unter traditionellen Muslimen Glaubwürdigkeit. Fethullah Gülen arbeitete von Ende der 50er bis Anfang der 90er Jahre als populärer staatlicher Prediger. Daneben war er in der türkeiweit organisierten islamischen Bewegung der Nurcus aktiv. Ihre Ideen zur Vereinbarkeit von Islam und Moderne und ihre Organisationsweise hatten sehr großen Einfluss auf Fethullah Gülen. Sie mochten den säkularen Staat vielleicht nicht besonders lieben, lehnten aber jedes Vorgehen gegen die staatliche Ordnung ab und akzeptierten damit faktisch den türkischen Laizismus als Ausgangsbasis für ihr Wirken.

Bei den Nurcus gewann Fethullah Gülen immer größeres Gewicht, bis er sich in den 70er Jahren wegen Meinungsverschiedenheiten über die Verwirklichung der Ideen ihres Gründers Said Nursi mit der Gruppe entzweite. Er setzte auf parallele Strukturen zur Umsetzung seiner eigenen Ideen: Auf der einen Seite die nach innen sehr geschlossene Kernanhängerschaft (die so genannte *cemaat*), auf der anderen Seite eine weitere Öffentlichkeit, vor der er die eigene Gruppenidentität in den Hintergrund stellte. Die *cemaat* hat ihre Räume, die „Häuser des Lichtes", in denen der Islam entsprechend Gülens Verständnis gelehrt und praktiziert wird. Daneben entstand ein weites Netzwerk an Organisationen, die seine Ideen verbreiteten, ohne sich dabei auf ihn direkt zu beziehen. Hierzu gehören heute Radio- und Fernsehsender, eine große Tageszeitung, Zeitschriften und vor allem Schulen, Nachhilfezentren und Studentenwohnheime.

Unterstützt wurde der gesellschaftliche Aufstieg Fethullah Gülens durch die staatliche Politik der Türkei seit den 80er Jahren, die eine Verbindung aus Islam und türkischem Nationalismus ebenso wie das private Engagement im Medien- und Bildungsbereich förderte. In den 90er Jahren wurde Gülen angesichts des erstarkenden politischen Islam durch die bürgerlich-konservativen Parteien zu einem „Vorzeigemuslim" stilisiert, der eine Synthese zwischen islamischen Werten und türkischem Laizismus anbot. In dieser Zeit präsentierte er seine revidierten Positionen zur Wichtigkeit des interreligiösen Dialogs und zur Vereinbarkeit von Islam und Laizismus, seine öffentliche Verurteilung von Gewalt im Namen des Islam und seine Ansichten zur Wichtigkeit von Bildung einer großen Öffentlichkeit. Auch propagierte er moderne Bildung nach westlichem Vorbild und eine weitere Annäherung an Europa und die USA.[12]

Das Bildungsnetzwerk der Anhänger von Fethullah Gülen – Ein Überblick

Fethullah Gülen veränderte wie wohl kein Zweiter den Gehalt von islamischem Aktivismus in der Türkei. In den letzten 30 Jahren haben seine Anhänger ein umfangreiches Netz von Bildungseinrichtungen in der Türkei und im Ausland aufgebaut. Im Gegensatz zu anderen islamischen Gruppen im Bildungsbereich engagieren sich seine Anhänger aus ihrer besonderen islamischen Motivation heraus für moderne, „nichtreligiöse" Bildung: Sie gründen private, staatlich anerkannte Bildungseinrichtungen ohne religiösen Fächerschwerpunkt, mit Englisch als erster Unterrichtssprache und einem Schwerpunkt auf modernem, naturwissenschaftlichem Wissen. Ziel ist es, eine Bildung zu vermitteln, die die Absolventen zu aktiven Gestaltern der Gesellschaft qualifizieren soll.

Gülens Anhänger haben so seit den 80er Jahren in der Türkei ca. 150 Privatschulen, 150 *dershanes* (Zentren, die auf den Aufnahmetest für die Universitäten vorbereiten) sowie zahlreiche Wohnheime für Schüler und Studenten errichtet. Nach dem Fall des „Eisernen Vorhangs" engagierte man sich auch im Ausland. So entstanden über 150 Bildungseinrichtungen in der türkischen Diaspora. Geschäftsleute finanzierten die Expansion. Schwerpunkte bildeten hierbei das Gebiet der ehemaligen Sowjetunion und der Balkan. Bei dem meist streng säkularen Charakter der dortigen politischen Systeme boten sich die für die Türkei gefundenen islamischen Antworten an. Das türkische Außenministerium förderte die Aktivitäten; die meisten Abschlüsse wurden von Anfang an vom türkischen Bildungsministerium anerkannt.

In Westeuropa arbeiten die Anhänger unabhängig vom türkischen Staat und mit großem Erfolg nicht nur unter türkischen Migranten. In Deutschland ist die Bewegung mit ca. 70 Nachhilfezentren in nahezu jeder größeren Stadt aktiv und bemüht sich, private Schulen zu eröffnen. Wie in der Bewegung allgemein üblich, versucht man, nicht den Eindruck einer zentral koordinierten Organisation zu erwecken. Die einzelnen Bildungseinrichtungen sind auch formal voneinander unabhängig organisiert. Jedoch sind auch die deutschen Bildungseinrichtungen in einem Netzwerk der höheren Funktionsträger miteinander verbunden, die allesamt der Anhängerschaft Fethullah Gülens zugehören. Kommunikationszentrale ist die deutsche Zentrale der bewegungseigenen Zeitung *Zaman* bei Frankfurt. In der Arbeit vor Ort kommt es zu interessanten Anpassungen der ursprünglichen Ideen an den lokalen Kontext. So wird in Deutschland Bildung als Schlüssel zur Integration propagiert und Nachhilfeunterricht für Schüler mit Sprachproblemen erteilt, eine Antwort auf die deutsche Situation. Nicht Fuß fassen konnten die Anhänger hingegen in den arabischen Staaten. Doch was sind dies für Ideen, die islamische Bildung neu definieren?

Das Islamverständnis von Fethullah Gülen: konservativ-innovativ?

Fethullah Gülens Ideen waren nie Bestandteil des vom türkischen Staat an den Universitäten proklamierten modernen Reformislam. Mit seiner konservativen Reputation kann er ganz andere Bevölkerungsgruppen erreichen als eine universitär-elitäre Professorenschaft. Gleichwohl bemüht er sich auf seine Weise, die Fragen einer sich modernisierenden Gesellschaft aus islamischer Sicht zu beantworten. In seinem umfangreichen Werk vertritt Fethullah Gülen keine revolutionär neue Theologie, sein Islamverständnis orientiert sich am konservativen Mainstream. Die Aktivitäten seiner Anhänger erstaunen den Beobachter ebenso wie seine Stellungnahmen zu Islam und Politik oder zur Legitimität säkularen Rechts für Muslime. Nicht in der radikalen Infragestellung des Alten, sondern in einer neuartigen, praxisorientierten Kombination verschiedener, allgemein anerkannter Elemente liegt seine Stärke. Dies mag ein Grund dafür sein, dass seine Schriften außerhalb der Türkei bisher für wenig Aufsehen gesorgt haben.[13]

Islam und Moderne sind kompatibel

Wie Said Nursi geht Gülen grundsätzlich davon aus, dass Fortschritt nicht negativ ist, jedoch richtig gestaltet werden muss. Der moderne säkulare Staat der Türkei wird als Rahmen für das eigene Engagement anerkannt. Auch wenn er mit einigen Aspekten des Staates nicht übereinstimmen mag, so hat der einzelne Muslim für Gülen nicht das Recht, den Staat herauszufordern, da dies der Gesellschaft insgesamt sowie den eigenen islamischen Anliegen schade. Legitimiert wird dies durch eine stark individualisierte Vorstellung religiösen Lebens: Gott beurteilt das Individuum nach dem eigenen Handeln, unabhängig von der Staatsordnung. Islamische Aktivitäten müssen sich daher auf die Rechtleitung von Individuen konzentrieren.

Modernes Wissen – Gestaltungsmittel der Moderne und religiöses Fundament

Für Gülen lebt der Mensch in einem Zeitalter der Naturwissenschaft und Technologie. Nur durch modernes Wissen erhält der gläubige Mensch die Möglichkeit, seine Epoche religiös mitzugestalten. Dem Rückzug aus der säkularen Gesellschaft stellt er die Gestaltung derselben entgegen. In der Tradition Nursis sieht Gülen in dem modernen, von säkularen Schulen vermittelten Wissen ein Mittel, Gott durch das Studium seiner Schöpfung rational zu begreifen. Darüber hinaus bildet die Wissenschaft für ihn die Grundlage für wirtschaftlichen Wohlstand, sozialen Frieden und nationale Unabhängigkeit: Ziele, die es für den eigenen Staat und den Islam gleichermaßen zu erreichen gilt. Hierdurch werden die Moderne und ihre Bildungsinstitutionen islamisiert. Ziel der Bildung ist die Schaffung einer „goldenen Generation", die Wissenschaft mit Spiritualität füllen soll.

Türkischer Nationalismus, Islam und Universalismus?

Wesentlich für den Aufstieg Fethullah Gülens in der Türkei war die von ihm vertretene Synthese von türkischem Nationalismus und Islam. Im Ausland hingegen wird der türkische Nationalismus zugunsten eines jeweils lokalen Patriotismus modifiziert. Gülen und seine Anhänger halten die Welt der Nationalstaaten ebenso für gegeben wie die Globalisierung. Beides nutzen sie für die eigenen Anliegen. Sie glauben heute nicht, dass die eigene islamische Identität nur durch eine Abschottung nach außen erhalten werden kann. Dies war für Gülen und seine Anhänger in den 80er Jahren allerdings durchaus anders. Die Lösung kann heute nur in der eigenen Stärke liegen. Dann kann sogar die freie Welt nützlich sein, um dem Islam wieder Geltung zu verschaffen. Nur wer die moderne Welt mitgestaltet, kann die eigene Identität bewahren.[14]

Glauben statt Theologie – Moral und Bildung vor Politik

Theologische Debatten haben für Gülen in einer Zeit, in der er den Bestand der Religion insgesamt gefährdet sieht, nichts zu suchen. Gefragt ist der Konsens. Was der Islam dem Menschen an Pflichten abverlangt, ist für ihn klar definiert, hier folgt er dem konservativen Konsens. Notwendig ist also keine neue Theologie, sondern weltliches Wissen, um die materielle wie ideologische Abhängigkeit vom Westen zu überwinden. Er predigt klassisch-islamische Handlungsmaximen: Rechtleitung, Mission und vor allem den „Dienst für die Sache Gottes" *(hizmet)* und belegt diese Maximen durch theologisch etablierte Argumentationsmuster. Doch gibt er den Begriffen einen neuen Gehalt: So wird z. B. der Lehrer zum Propheten, der rechtleitet und sich auf dem Wege Gottes bemüht, indem er moderne Bildung und islamische Ethik in seiner Person verkörpert. Die islamischen Prinzipien sind unveränderlich, müssen aber stets neu konkretisiert werden. In einer Zeit, in der „an jeder Ecke eine Moschee steht", so kann man von Gülen und seinen Anhängern hören, brauche man keine neuen Koranschulen. Durch seine Argumentationsmuster und seinen traditionell-persönlichen Hintergrund gelingt es ihm, im konservativ-islamischen Bereich Kräfte für neue islamische Aktionsfelder zu gewinnen. Kritische Fragen wie die nach den Widersprüchen von islamischem und säkularem Recht, nach Geschlechtergleichheit im Islam oder den Implikationen islamischer Staatsvorstellungen für die säkulare Verfassung umgeht Gülen. Er argumentiert, dass Fragen von Moral und Bildung essentieller für den heutigen Islam seien als politische Fragen, dass die Muslime heute mit ganz anderen Problemen zu kämpfen hätten als mit der Sorge um eine Einführung des islamischen Rechts auf staatlicher Ebene. Die Scharia bezieht er hauptsächlich auf die Beziehungen zwischen den Menschen und Gott, d. h. die Gebote, Verbote und Pflichten, die Gott dem Mensch gegeben hat. Die staatliche Ordnung nimmt dabei für ihn eine untergeordnete Rolle ein.

Der Erfolg im Bildungsbereich zählt

Für Gülen zählt der praktische Erfolg der Arbeit: Man hat im Sinne des Islam nichts erreicht, wenn man nichts bewegt, weil man Zeit und Ort nicht berücksichtigt. Seine Werkethik erschließt neue Felder der Gesellschaft als islamisches Handlungsfeld, erhebt aber auch Arbeit und Effizienz zu einer islamischen Handlungsmaxime. Hier wird wie bei Max Webers „protestantischer Ethik" die Arbeit im Diesseits zu einer quasi-gottesdienstlichen Handlung. Dies gilt insbesondere für die Bildungsarbeit und deren Unterstützung. Die gute und richtige Absicht reicht allerdings nicht aus, die islamische Sache muss bestmöglich organisiert werden, Reibungsverluste und Ineffizienz müssen vermieden werden und gelten gerade auch aus islamischer Perspektive als verwerflich.[15]

Fazit

Fethullah Gülen ist eine bedeutende Persönlichkeit im türkischen Islam, dessen Ideen über die Türkei hinaus ausstrahlen. Sein Verdienst ist es, konservative Muslime zur Gestaltung der Moderne zu bewegen. In seinen Vorstellungen von islamischem Aktivismus geht es stets um das Machbare, und sie geben Menschen, die ihr Leben islamisch gestalten wollen, Gründe, dies in Einklang mit der vorgefundenen Gesellschaft zu tun. Seine Einstellung wird aus den Erfahrungen mit dem türkischen Säkularismus verständlich. Das Engagement in Deutschland zeigt, wie seine Ideen über die Türkei hinaus Menschen dazu ermutigen, die Bildungsprobleme ihrer Kinder selbst in die Hand zu nehmen. Die individualisierte Heilsvorstellung macht die Anerkennung der jeweils gegebenen Rechtsordnung einfach. Es kommt eben auf die Individuen an, die eine Gesellschaft auf der Basis ihrer Bildung auch „von unten" im islamischen Sinne verändern können. Dies steht dem politischen Islam, mit seiner „Islamisierung von oben" entgegen. Unklar bleiben die zukünftigen politischen und sozialen Vorstellungen darüber, was die „goldene Generation" erreichen soll, deren Schaffung sich die *cemaat* auf ihre Fahnen geschrieben hat. Momentan wird der Status quo auf eine nahezu pietistische Weise akzeptiert, und politische Aussagen werden als „der eigentlichen Sache" undienlich betrachtet.

Gülen und seine Anhänger sind ein Beispiel einer praktizierten Modernität. Wie viele Muslime haben sie den säkularen Staat und die Notwendigkeiten der Moderne faktisch akzeptiert, wollen allerdings vor sich selbst rechtfertigen, dass ihr Leben trotzdem ein islamisches ist. Fethullah Gülen schafft dies, indem er traditionell-islamische Narrationen aufnimmt und diesen einen neuen Sinn gibt, ohne dabei die Quellen revolutionär zu deuten. Er kann daher als konservativer Reformer bezeichnet werden. Gleichzeitig lehrt er seine Anhänger, den anderen durch Flexibilität wenigstens einen Teil ihrer Wertvorstellungen zu vermitteln, auch wenn man dafür die eigene islamische Motivation in den Hintergrund stellen muss.

Die Zukunft wird zeigen, wie sich die Ideen auch außerhalb der eigenen *cemaat* verbreiten. Ein gewisses Problem stellt dabei die Tatsache dar, dass die Organisationsformen, die der türkische Kontext hervorgebracht hat, zwar an vielen Orten funktionieren, der Diskurs selbst aber sehr türkisch ist. Entsprechend gering ist der Kontakt zu Persönlichkeiten der islamischen Welt außerhalb der Türkei. Es wird sich zeigen, ob und inwiefern seine Anhänger in der Lage sind, neben den reinen Bildungsinhalten auch Gülens inhaltliche Positionen in anderen Kontexten zu verbreiten.

Literaturhinweise und Webseiten

Agai, Bekim: Fethullah Gülen – Ein moderner türkisch-islamischer Reformdenker?:
http://www.qantara.de/webcom/show_article.php/_c-578/_nr-2/_p-1/i.html

Agai, Bekim (2004): Zwischen Diskurs und Netzwerk – Das Bildungsnetzwerk um Fethullah Gülen (geb. 1938). Die flexible Umsetzung modernen islamischen Gedankenguts. Hamburg.

Hermann, Rainer (1996): „Fethullah Gülen – eine muslimische Alternative zur Refah Partei?". In: Orient 37: 619–645.

Yavuz, Hakan M. (1999): Towards an Islamic Liberalism?: The Nurcu Movement and Fethullah Gülen. In: Middle East Journal 53: 584–605.

Yavuz, Hakan M./Esposito, John L. (Hg.) (2003): Turkish Islam and the Secular State. The Gülen Movement. Syracuse.

Webseiten mit Predigten, Interviews und Büchern:
www.fguelen.de
www.m-fgulen.org
http://de/fgulen.com

Abdal-Hakim Murad: Vielfältige Tradition statt einfältiger Reform

Mark Chalîl Bodenstein

Der britische Konvertit Abdal-Hakim Murad ist ein Wanderer zwischen den Welten. Als Timothy J. Winter ist er seit 1966 Dozent für Islamic Studies an der Theologischen Fakultät der Universität Cambridge und Direktor für theologische Studien des Wolfson College. Als Shaykh Abdal-Hakim Murad ist er ein bekannter muslimischer Gelehrter und Leiter der Moschee an der Cambridge University. Als nicht gebürtiger Muslim stellt er eine Ausnahmeerscheinung im öffentlichen Islam Europas und auch in diesem Band dar. Kann er aber als gebürtiger Europäer dem Islam zum nötigen Reformschub verhelfen?

Kritik einseitiger Reformen

Nach seinem Abschluss in Arabisch 1983 ging Abdal-Hakim Murad nach Kairo an die Universität al-Azhar, um dort bei traditionellen Lehrern die klassischen Grundlagen des Islam zu studieren.[16] Inzwischen ist er Kurator des Muslim Academic Trust in London und Direktor des Sunna Project am Centre of Middle Eastern Studies der Universität Cambridge, das sich die erste wissenschaftliche arabische Edition der wichtigsten Hadîth-Sammlungen zur Aufgabe gemacht hat.[17] Abdal-Hakim Murad ist kein muslimischer Aktivist, der einer Bewegung vorsteht oder angehört. Eher kann man ihn als Gelehrten bezeichnen. Er tritt einerseits durch Übersetzungen klassischer arabischer Werke zu islamischer Lebensführung in Erscheinung, zum anderen durch Kurse, Vorträge und Artikel insbesondere über ethisch-moralische Fragen. Dabei versteht er sich nicht als Reformer, er wirkt vielmehr als Kritiker einseitiger Reformen; er betont darum die vielfältigen gelebten islamischen Traditionen und weiß auch den mystischen Zugang zu schätzen, den zum Beispiel der wahhabitische Petrodollar-Islam verwirft.[18]

Die spirituelle Dimension des Glaubens

Bemerkenswert an Murad ist sein ganzheitlicher Ansatz. „Seeing with both eyes" heißt einer seiner Vorträge; das Leitmotiv der notwendigen Verbindung von äußerem Handeln und innerem Zustand, von *zâhir* und *bâtin*, sowie von *scharî'a* und *haqîqa*, menschlichem Handeln und göttlicher Offenbarung, zieht sich durch sein Werk. Hieraus leitet er seine Kritik an jenen Muslimen ab, die viel Zeit darauf verwenden, über die Scharia zu reden, aber die innere Einstellung für nebensächlich halten. Deswegen seien viele muslimische Revival-Bewegungen auch zum Scheitern verurteilt, denn sie hätten nicht die notwendige innere Harmonie, Weisheit und spirituelle Tiefe gewonnen. Dies bezeichnet er als „pharisäischen Islam", den er in die Nähe der Heuchelei *(nifâq)* rückt. Dagegen habe traditioneller Islam immer die inneren Dimensionen des Glaubens kultiviert.

„Der Dadschdschâl [endzeitliche falsche Messias] hat nur ein Auge" (SBE, Abs. 1). Das deutet Murad in dem Sinne, dass die letzten Tage die Zeit seien, in der die Perspektive verloren gehe, Prioritäten falsch eingeschätzt und sogar umgekehrt und Tugenden zu Lastern erklärt würden. Weil der Antichrist nur mit einem Auge sehe, sei er ein Mann des Äußeren oder des Inneren, aber niemals von beidem gleichzeitig, ein Buchstabengläubiger oder ein Freigeist. Dem entgegen stellt Murad den ganzen Islam, dessen große Errungenschaft es sei, die physischen Möglichkeiten des Menschen zu würdigen und gleichzeitig die metaphysischen Fähigkeiten nicht zu blockieren, vielmehr zu erweitern und zu vertiefen. Dies werde verkörpert in der Person des Propheten Muhammad, in dem *zâhir* und *bâtin* vervollkommnet waren. Er war ein Mann der Schlacht und der Himmelfahrt, ein Mann, der Frauen und Parfum liebte und das Gebet. Da in ihm Rationalität und Spiritualität vereinigt waren, sei seine Lebensweise, die *sunna*, nachahmenswertes Vorbild – und ebenso die seiner ihm ähnlichen Gefährten.

Für einen vielfältigen statt totalitären Islam

Doch dies in ganz anderer Form, als es die heutige Neo-Salafîya fordert. Murad bezeichnet sie darum bevorzugt als Wahhabis, um sie von der salafitischen Erneuerungsbewegung um Muhammad Abduh und Raschîd Ridâ in Ägypten Anfang des 20. Jahrhunderts zu unterscheiden. Die wahhabitisch-salafitische Bewegung propagiert die Rückkehr zu einer Scharia-orientierten Orthodoxie, mittels deren der Islam von „unerlaubten Neuerungen" gereinigt werden soll. Maßstab dafür sind allein der Koran und das rein äußerlich verstandene Vorbild des Propheten, seiner Gefährten und der Generation danach (bezeichnet als fromme Altvordere, *as-salaf as-sâlih*). Die Wiederbelebung der antirationalistischen Rechtsschule der Hanbaliten und die Wiederentdeckung ihres berühmtesten Vertreters Ibn Taimîya durch Muhammad ʿAbd al-Wahhâb Anfang des 19. Jahrhunderts führte zu einer rigorosen, totalitären und auch gewalttätigen Form des Islam. Im Gegensatz zu den Vertretern dieser Neo-Salafîya nimmt Murad die gesamte muslimische Geschichte als Erbe und Vorbild für die Muslime heute.[19] So wie sich die Muslime im Laufe der islamischen Geschichte in den verschiedensten Regionen der Welt akkulturierten, könnten sie sich auch in ihre neue Umwelt Europa einfügen. Denn was die muslimische Welt trotz verschiedener Kulturen verbindet, ist die gemeinsame Befolgung doktrineller und moralischer Lehren aus der Offenbarung. „Offenbarung liefert eher Parameter, *hudûd*, als einen vollständigen Entwurf für die Details kulturellen Lebens" (BM, Abs. 29). Daher habe, wer Muslim sei, weil er Gott näher kommen möchte, kein Problem mit einem vielfältigen Islam, der strahlenförmig von einem offenbarten modellhaften Kern ausgeht. Wer aber im Islam eine Fremdes abwehrende kulturelle Identität suche, könne eine solche Vielfalt nicht akzeptieren, da sie ihn ebenso verwirre wie die Komplexität der modernen Welt. Für ihn gelte nur eine monolithische, totalitäre Form des Islam als legitim, während schon die vier verschiedenen traditionellen Rechtsschulen untragbar seien und die Vorstellung von legitimen unterschiedlichen muslimischen Kulturen geradezu eine Blasphemie darstelle (BM, Abs. 30).

Die Anpassungsfähigkeit des traditionellen Islam

Es sei daher Aufgabe der jungen Muslime, zu zeigen, dass der Islam in der Lage ist, seine traditionellen Fähigkeiten zur angemessenen Akkulturation auf den westlichen Kontext auszuweiten und dass es sich nicht um eine arabische Religion handelt. Dazu müssten aber die Gemeinden nicht nur islamische Erziehung vermitteln, sondern in größerem Maße auf die europäischen Kulturen eingehen, um in ihnen die vielfältigen Elemente zu lokalisieren, die den Respekt der Muslime verdienten. „Denn zu viele extremistische Aktivisten tun ihre nicht-muslimischen Mitbürger als promiskuitive Trunkenbolde ab" (TE). Allein schon die Höflichkeit des Gastes gebiete es aber, die Mehrheitsgesellschaft nicht laut zu kritisieren.[20]

Es sei eine „De-Ideologisierung" des Islam vonnöten und eine Rückbesinnung auf die Gründungszeit des Islam, um Anleitung für korrektes Verhalten, auch als Gast, zu finden. Ziel sei allerdings kein liberaler Islam, der zumeist einhergehe mit einer Abschwächung des Glaubens, sondern eine Wiederaufnahme des Geistes der Tradition, um die verschütteten Fähigkeiten zum gedeihlichen Zusammenleben auszugraben. Denn Liberalismus und Neo-Salafismus schnitten die Muslime gleichermaßen von den Errungenschaften der muslimischen Geschichte ab; die einen stellen diese als Obskurantismus dar und die anderen als Abweichung von der Schrift. Traditioneller Islam hingegen betont mit Bezug auf das klassische islamische Recht die Möglichkeit, lokale Traditionen *(ʿurf)* mit einzubeziehen, soweit sie nicht offen gegen Koran und Sunna verstoßen. Daher sei islamisches Recht auch in jedem Land gemäß den jeweiligen Gegebenheiten und Bedürfnissen verschieden ausgeformt.[21]

Murad sieht sich – als Erbe unitaristischer Nonkonformisten auch religiös! – in eine britisch-europäische Kultur und Geschichte eingebettet, drückt aber zugleich seine Unzufriedenheit mit den modernen westlichen Gesellschaften aus, mit deren egozentrischen, am Konsum orientierten Lebensstilen. Diese betrachtet er als Folge der europäischen Aufklärung, die den Menschen seiner vertikalen Dimension und somit seiner Verwurzelung in einem religiös begründeten Wertesystem beraubt habe. Der verbreiteten These, dass der Islam nicht an der Moderne und am Westen teilhaben könne, weil er keine Reformation gehabt habe, hält Murad entgegen, dass eine Reformation die Auffrischung einer Religion durch Umgehung der mittelalterlichen Geschichte und direkten Rückgriff auf die Schriften bedeute. Eben dies sei aber gerade in den Bewegungen und an den Orten im Gange, die der Westen höchst beunruhigend finde! Die islamische Welt befinde sich zur Zeit mitten in ihrer Reformation, und ihre „Calvins und Cromwells erweisen sich überhaupt nicht als toleranter und flexibler als ihre europäischen Vorgänger" (FF, Abs. 11). Daher hält Murad eine Reformation für eine schlechte Lösung, da sie die gewachsene Vielfalt und Anpassungsfähigkeit des Islam im Zweifelsfalle durch eine auf die Zeit des Propheten und seiner Gefährten fixierte, buchstabengläubige Variante ersetzen würde. Werfen wir in diesem Zusammenhang einen Blick auf Murads Haltung gegenüber Farid Esack! Dessen liberale Übertreibungen *(ghulûw)* hält er methodologisch für sehr gefährlich. Denn wenn einer freie Rechtsfindung *(idschtihâd)* unter liberalen Vorzeichen betreiben darf, wer kann anderen verwehren, dasselbe unter anderen Vorzeichen zu tun? „Im Grunde genommen kann dieselbe Ungenauigkeit, die eine hyperliberale Hermeneutik ermöglicht, ohne weiteres geltend gemacht werden, um gewaltsamen Extremismus für authentisch zu erklären. In Algerien benutzen die pseudo-salafitischen Guerillas, die Frauen, die keinen Schleier tragen, die Kehlen durchschneiden, einen sehr ähnlichen Zugang zum Offenbarungstext wie Esack." Als Waffe gegen subjektivistischen *idschtihâd* (eigenständige Interpretation) sowohl feministischer Exegeten wie auch von Salafiten, die andere zu Ungläubigen erklären, bietet Murad den traditionellen Gelehrtenkonsens *(idschmâʿ)* an (BR, Abs. 19). Wenn Murad den kompromisslosen Liberalismus eines Farid Esack oder Muhammad Schahrûr an den Pranger stellt und ihnen grobe Nachlässigkeit gegenüber dem Korantext vorwirft, hat er sicher nicht ganz Unrecht. Denn kaum einer der zeitgenössischen „Reformer" hat eine ordentliche Ausbildung in den islamischen Wissenschaften und kann seinen eigenen Ansatz aus der 1400-jährigen Tradition islamischer Gelehrsamkeit herleiten. Aber auch wenn sie deshalb im so genannten islamischen Diskurs nur Randerscheinungen darstellen, sollten ihre Ideen von kritischen und qualifizierten Denkern wie Murad zumindest diskutiert werden.

Keine Aufklärung auf Kosten von Religion und Moral

Die Forderung nach einer islamischen Aufklärung findet Murad durchaus bedenkenswert. Doch sei weder unbedingt zu erwarten noch wünschenswert, dass ein Ergebnis wie in Europa erzielt werde. Die Aufklärung in Europa hatte zum einen zur Folge, dass die Natur dem Willen der Menschen unterworfen wurde, mit den heute sichtbaren Folgen für Mensch und Natur. Zum anderen sei religiöse Herrschaft entweder durch totalitäre politische Systeme ersetzt worden oder durch demokratische, liberale Arrangements, die keinen wirklichen Schutz gegen Totalitarismen böten, wie die Geschichte des 20. Jahrhunderts gezeigt habe. Die Aufklärung habe zu Sensualismus und Rationalismus geführt, die beide, wie auch Walter Benjamin aufgezeigt habe, keinen moralischen Konsens schaffen können. Oder wie es der bedeutende deutsche Staatsrechtler Ernst-Wolfgang Böckenförde formulierte: „Der freiheitliche Rechtsstaat lebt von Grundlagen, die er selbst nicht schaffen kann." Diese moralisch-ethischen Grundlagen können, wie Murad meint, nur aus der Religion abgeleitet werden. Die Verdrängung der Religion aus der Öffentlichkeit und aus dem öffentlichen Leben führe zum Verlust der aus Religiosität resultierenden Werte und Normen.

Ein islamischer Liberalismus, der auf eine Privatisierung des Islam hinausläuft und die Welt außerhalb von Moschee und häuslicher Sphäre den Moralvorstellungen der „Marktführer" und Demagogen überlässt, mag vorteilhaft erscheinen. Doch hieße das, den Islam dasselbe Schicksal wie das Christentum nach der Aufklärung erleiden zu lassen. Wirksamer sei eine Rückbesinnung auf die islamische Ethik. Hierzu sei wiederum das Sehen mit zwei Augen vonnöten: Ein Auge müsse auf die vom Koran vorgegeben, unwandelbaren Prinzipien der Stellung des Menschen im Weltgefüge gerichtet sein, und mit dem zweiten Auge müssten die sich stetig wandelnden sozio-ökonomischen Zusammenhänge fest im Blick behalten werden. Dabei setzt Murad auf den auch religiös gebotenen Mittelweg. In einer mutigen, komplexen und nuancierten Weise soll der Islam eingebracht werden als prophetisches, nonkonformistisches Zeugnis innerhalb der modernen Welt – als eine Aufforderung, aktiv an der modernen Gesellschaft teilzuhaben und sie mitzugestalten. Doch der erste Schritt zur Lösung der Probleme ist von Muslimen nicht in der äußeren Welt, ist nicht bei anderen zu suchen, sondern beim und im Individuum selbst. Der Grund zur Änderung des Selbst und zur Hebung der Moral finde sich in der Religion, welche Selbstzucht und Eintreten für die Wahrheit fordere, auch wenn es für einen selbst eine Erschwernis bedeute. An dieser Stelle wendet sich Murad vom Humanismus der Aufklärung ab. Die rationale, philosophische Erkenntnis genüge nicht, die Gesellschaft zu erheben, wenn nicht religiöse Spiritualität die Grundlage biete. Während eine nicht-spirituelle Lesart des Islam ohne vertikale Komponente dazu führe, entweder (zügellose?) Liberale oder Zeloten hervorzubringen, könne der metaphysische Aspekt der Mystik zum Gewinn von Mitgefühl und Weisheit führen, die als Voraussetzung für einen wohlverstandenen, ausgewogenen *idschtihâd* vonnöten sind. Anzuerkennen, dass rationalen Versuchen, das Ewige mit dem Zeitlichen in Einklang zu bringen, Grenzen gesetzt sind, sei ein Schritt zu richtiger Aufklärung (FF, Abs. 49).

Der sufische Weg

Abdal-Hakim Murads Haltung zum Leben im Westen und in der Moderne ist, wie wir gesehen haben, die einer inneren Reform. Die Betonung individueller Spiritualität und moralischer Reform im Sinne einer Neuausrichtung der Seele auf Gott beruht auf aufrichtiger Selbstkritik, ohne die auch keine gesellschaftliche Entwicklung möglich ist. Den sufischen Weg, der sich auch in der Vergangenheit bei der Ausbreitung des Islam als äußerst fruchtbar erwiesen hat und der Lebensführung und Metaphysik in enge Beziehung setzt, hält er zu diesem Zweck für gangbar und sogar für wirkungsvoller als ein ständiges Beharren auf Rechtsvorschriften. Eine Neuinterpretation des Koran oder einen liberalen Islam hält Murad weder für notwendig noch für wünschenswert, wie er auch die rigorose Buchstabengläubigkeit der Neo-Salafiten ablehnt.

Literaturhinweise und Webseiten

Abdal-Hakim Murads Texte sind vor allem im Internet unter www.masud.co.uk/ISLAM/ahm/default.htm zu finden; dort auch Informationen und Artikel anderer Vertreter eines „traditionellen" Islam.

Murad, Abdal-Hakim (1997): Book review of Farid Esack's Qur'an, Liberation and Pluralism. Oxford (http://www.masud.co.uk/ISLAM/ahm/esack.htm) (abgerufen am 23.5.2005) (= BR).

Murad, Abdal-Hakim (1997): British and Muslim? (Based on a lecture given to a conference of British converts on September 17) (http://www.masud.co.uk/ISLAM/ahm/british.htm) (abgerufen am 23.5.2005) (= BM).

Murad, Abdal-Hakim (2004): European Islam: The return of Hagar. openDemocracy, 3 July (www.openDemocracy.net) (= EI).

Murad, Abdal-Hakim (2002): Faith in the Future: Islam after the Enlightenment. First Annual Altaf Gauhar Lecture. Islamabad, 23 December (= FF).

Murad, Abdal-Hakim (2004): Faith and Reason: Muslim terrorists embrace a very secular heresy. The Independent, 1 May (= FR).

Murad, Abdal-Hakim (2005): Seeing with Both Eyes. Text of a Lecture given at the Cardiff Conference in May '00 (http://www.masud.co.uk/ISLAM/ahm/cardiff.htm) (abgerufen am 23.5.2005) (= SBE).

Murad, Abdal-Hakim (1999/2005): The Sunna as Primordiality (http://www.masud.co.uk/ISLAM/ahm/sunnah.htm) (abgerufen am 23.5.2005) (= SP).

Murad, Abdal-Hakim (2003): Tradition or Extradition? The Threat to Muslim-Americans. In: Malik, Aftab Ahmad (Hg.): The Empire and the Crescent. Global Implications for a New American Century. Bristol (http://www.masud.co.uk/ISLAM/ahm/AHM-TradorExtrad-New.htm) (= TE).

Murad, Abdal-Hakim (1997): Über die vier Rechtsschulen und die Notwendigkeit, einer von ihnen zu folgen. In: Der Morgenstern – Forum der Muslime 8: 30ff. (= Ü4R).

Murad, Abdal-Hakim (2005): Understanding the Four Madhhabs. The problem with anti-madhhabism. Revised edition (http://www.masud.co.uk/ISLAM/ahm/newmadhh.htm) (= UFM).

Mohammad Modschtahed Schabestari: Die gottgefällige Freiheit

Roman Seidel

Mohammad Modschtahed Schabestari (geb. 1936) ist einer der wichtigsten Impulsgeber des religiös-politischen Reformdenkens in Iran. In seinen Vorträgen und Schriften setzt er sich stets vehement für die Meinungsfreiheit, für Demokratie und universale Menschenrechte ein. Doch anders als viele andere religiöse Intellektuelle ist er kein *agent provocateur* und kein politischer Reformdenker im engeren Sinne. Er versteht sich selbst vielmehr als Schriftgelehrter, der sich – allerdings durch die politischen Rahmenbedingungen motiviert – in erster Linie aus einer theologischen Perspektive um ein modernes Verständnis des Islam bemüht. Dabei sind die politischen Implikationen seines Denkens oft weitreichender als die mancher politischer Reformer.

Bereits im Alter von 14 Jahren begab sich Schabestari in die Stadt Qom, das Zentrum der schiitischen Gelehrsamkeit Irans, um dort die Laufbahn eines Geistlichen einzuschlagen. Damit hatte er sich für einen langwierigen Weg des Lernens entschieden, denn wer seine Ausbildung an einer theologischen Hochschule der Schia – wie der *Houze-ye ʿelmi-ye* in Qom – mit der Befugnis zum *idschtihâd*, der selbständigen Auslegung sakraler Texte, abschließen will, muss in der Regel eine Studiendauer von bis zu 20 Jahren in Kauf nehmen.

Die Ausbildung, wie sie in Qom zu jener Zeit praktiziert wurde, stellte Schabestari bald nicht mehr zufrieden. Zwar umfassten die Islamischen Wissenschaften traditionsgemäß einen breiten Fächerkanon, der – nach einer Art Grundstudium, in dem vor allem arabische Grammatik, Rhetorik und Logik gelehrt wird – von diskursiver Theologie *(kalâm)* über Rechtswissenschaft *(fiqh)* bis hin zur islamischen Mystik und Philosophie reichte, doch hatte sich über die Jahrhunderte eine gewisse Stagnation eingestellt.

Schabestari gehörte zu jenen jungen Studenten, denen die einseitige Beschäftigung mit den meist trockenen Rechtskompendien, die über Jahrhunderte überlieferte Rechtsfragen immer wieder aufs Neue behandelten, nicht genug war. Er widmete sich daneben lieber den – von den meisten Rechtsgelehrten eher marginalisierten, ja misstrauisch beäugten – Fächern Philosophie und Mystik. Als Schabestari sein Studium in Qom begann, waren es vor allem zwei Lehrer, die diese Fächer vertraten und eine besondere Anziehungskraft auf die Studenten ausübten: zum einen der Philosoph und Verfasser eines hoch angesehenen Korankommentars 'Allâmeh Tabâtabâ'i und zum anderer Ruhollah Khomeini, der spätere Revolutionsführer, dessen Lehrzirkel zur philosophischen Mystik eine Vielzahl von Studenten begeisterte.

Was Schabestari und viele andere Studenten an Khomeini neben seinem Philosophie- und Mystikunterricht beeindruckte, war dessen politisches Denken. Islamische Ethik war für Khomeini nicht nur auf den privaten Umgang der Menschen miteinander beschränkt, sie sollte sich auch in der Staats- und Regierungsform niederschlagen. Seine Überzeugung aber, dass die politische Führung des Staates eigentlich der Geistlichkeit und unter ihr einem obersten Repräsentanten gebühre, formulierte Khomeini in den 40er und 50er Jahren noch nicht in aller Deutlichkeit. Denn diese Ansicht ist bis heute unter den Gelehrten der Schia alles andere als anerkannt; vielmehr ist die Meinung vorherrschend, dass bis zur Rückkehr des verborgenen Imam der Schia keine Herrschaft legitim sei und sich die Geistlichkeit von der Regierung fern halten sollte.

Erst Jahre später wagte Khomeini, seine politischen Ansichten öffentlich zu vertreten und mit deutlicher Kritik am Regime des Schahs und der Monarchie zu verbinden. Das rief die Staatsgewalt auf den Plan; es kam zu Ausschreitungen in Qom, Khomeini wurde mehrmals verhaftet und musste schließlich ins irakische Exil. Diese Ereignisse führten unter den Anhängern Khomeinis innerhalb der Geistlichkeit zu einer zunehmenden Politisierung, und allmählich fand die Idee von einer politischen Schia und ihre Deutung als Revolutionsideologie immer mehr Verbreitung. Auch Schabestari war eingenommen von dieser religiös-politischen Strömung.

Im Jahr 1970, als er gerade die Befugnis zum *idschtihâd* erhalten hatte, sah sich Schabestari einer besonderen Herausforderung gegenüber. Er übernahm die Leitung des schiitischen Islamischen Zentrums der Imam-Ali-Moschee in Hamburg, die nach ihm der spätere iranische Staatspräsident Mohammad Khatami innehatte. In seiner Hamburger Zeit setzte sich Schabestari sehr für den christlich-islamischen Dialog ein und erweiterte den Wirkungskreis der Moschee, indem er sie für alle Muslime öffnete. Außerdem lernte er Deutsch und konnte nun seinem schon in Qom gehegten Interesse an westlicher Philosophie und christlicher vor allem protestantischer Theologie intensiv nachgehen. Er beschäftigte sich mit Theologen wie Paul Tillich, Karl Barth und Karl Rahner sowie u. a. mit dem Denken der Philosophen Immanuel Kant, Wilhelm Dilthey und Hans-Georg Gadamer. Bis heute ist Schabestaris Verbundenheit mit Deutschland ungebrochen. Er nimmt häufig an Gesprächforen zum christlich-muslimischer Dialog teil, wie auf dem ökumenischen Kirchentag in Berlin 2003. Auch in akademischen Kreisen ist er kein Unbekannter; so hatte er im Jahre 2003 eine Gastprofessur für Islamwissenschaft in Bonn inne und weilte im Jahr darauf als Fellow am Wissenschaftskolleg zu Berlin.

Von Hamburg aus verfolgte Schabestari den Fortgang der Unruhen in Iran und kehrte 1978 schließlich als Anhänger Khomeinis und Verfechter der Islamischen Revolution nach Iran zurück, wo er ein Jahr später als Abgeordneter der Provinz Aserbaidschan ins erste Parlament der Islamischen Republik gewählt wurde. Allerdings zog er sich bald wieder aus der Politik zurück und stand der Ideologie der Islamischen Republik und ihrer Regierungspraxis mit zunehmender Skepsis gegenüber. Seit 1985 hat Schabestari einen Lehrstuhl für Islamische Philosophie an der Universität Teheran inne, wo er auch vergleichende Religionswissenschaft und Theologie lehrt.

In Schabestaris Denken vollzog sich im Laufe der Zeit ein

großer Wandel: Von der Idee „Der Islam ist die Lösung" fand er zu einem emanzipatorischen und ideologiekritischen Verständnis der Religion: ein Wandel, der für führende religiöse Intellektuelle und Reformdenker, die überzeugte Anhänger Khomeinis und Fürstreiter der Islamischen Republik waren, geradezu paradigmatisch ist. Seit Anfang der 90er Jahre begann Schabestari, seine Überlegungen zu einem neuen kritischen Zugang zur Religion vermehrt in Artikeln in liberaleren Tageszeitungen und Zeitschriften sowie durch eine Reihe von öffentlichen Vorträgen an Universitäten und in andere öffentlichen Foren zu vertreten und wurde allmählich zu einem der bedeutendsten religiösen Intellektuellen des zeitgenössischen Iran.

Man kann Schabestaris Bedeutung für den Reformdiskurs auf zwei wichtige Impulse zurückführen, die er dem religiösen Denken im heutigen Iran gab. Der erste Impuls war sein Bestreben, bestimmte Perspektiven der philosophischen Hermeneutik, wie sie sich von Schleiermacher über Dilthey und Heidegger bis hin zu Gadamer entwickelt hat, für einen zeitgemäßen Umgang mit den sakralen Texten des Islam nutzbar zu machen. In seinem Buch *Hermenutik, ketâb va sonnat* [Hermeneutik, die Schrift und die Tradition] diskutiert er – stets im Kontext der religiösen Tradition des Islam – die hermeneutischen Grundfragen der Bedingungen des menschlichen Verstehens. Diese Perspektive war zuvor in Iran vor allem in religiösen Kreisen weitgehend unbekannt, heute aber ist die Hermeneutik dort sowohl an Universitäten als auch an theologischen Hochschulen ein viel diskutiertes Thema, und in den Teheraner Buchläden finden sich zahlreiche z. T. sehr fundierte Einführungen sowie einige Übersetzungen wichtiger Originaltexte. Der zweite Impuls geht von Schabestaris Reflexionen zum Begriff des Glaubens aus, die in dem Band *Imân va Âzâdi* [Glaube und Freiheit] versammelt sind. Hier argumentiert er, unter Rückgriff auf die Tradition der frühen rationalistischen Theologen (der Muʿtaziliten) und der Mystik sowie mit Bezug auf moderne protestantische Theologie und vor allem Immanuel Kant, für die Freiheit des Menschen als Bedingung für den Glauben.

Anders allerdings als viele der übrigen Reformdenker Irans nimmt Schabestari eher selten konkret Bezug auf die Tagespolitik oder plädiert für konkrete Reformen der Verfassung. Besonders in die Diskussion um ein neues Verständnis der Staatsdoktrin der „Herrschaft des (obersten) Rechtsgelehrten" *(velâyat-e faqih)* mischt er sich nicht ein, auch ist er eher vorsichtig, was die direkte Kritik an Vertretern des religiös-politischen Establishments angeht. Dieser Haltung der Vorsicht mag er es auch verdanken, dass er bisher nicht in ernsteren Konflikt mit der iranischen Justiz geraten ist, die kritische Stimmen nicht selten durch Berufsverbot, Ausweisung oder hohe Gefängnisstrafen zum Verstummen bringt.

Dennoch ist ein Großteil von Schabestaris Schriften politisch und aus dem Kontext des aktuellen religiös-politischen Diskurses in Iran zu verstehen. Man kann sogar sagen, dass seine bedächtige Haltung letztlich in vielem konsequenter ist als alle Versuche, die Staatsdoktrin weniger radikal zu deuten oder das politische System zu reformieren. Das zeigt sich nicht zuletzt in seiner Argumentation für die bedingungslose Anerkennung universaler Menschenrechte und der Demokratie.

Die Rolle der Vernunft und die Historisierung der Offenbarung

Menschenrechte und Demokratie sind Schabestari zufolge Produkte der menschlichen Vernunft, die sich im Laufe der Zeit entwickelt haben und ständig weiter entwickeln. Sie sind als solche nicht direkt durch Koran und Sunna vorgegeben. Vielmehr schweigt der Koran zum modernen Menschenrechtsverständnis, und dennoch steht dieses nicht im Widerspruch zur göttlichen Wahrheit, die der Koran enthält. Hier kommt Schabestaris hermeneutischer Ansatz zum Zuge. Schabestari weist jede Behauptung zurück, der Mensch könne unmittelbar in den Besitz der absoluten göttlichen Wahrheit gelangen. Solch ein Anspruch käme der Verdinglichung Gottes gleich und ist somit ein Verstoß gegen das Prinzip des *tauhîd*, der Einheit und Transzendenz Gottes. Vorannahmen und Erwartungen bzw. Fragen des Interpreten an den Offenbarungstext sind aber kein Manko, das das richtige Verstehen trübt, sie sind vielmehr notwendige Bedingung für jegliches Verstehen der Offenbarung überhaupt. Erst der Interpret bringt durch seine Fragen und seine Haltung den Koran zum Sprechen. Denn die meisten Gebote, so Schabestari, sind Antworten auf gesellschaftliche Fragen der Zeit Muhammads, des Propheten des Islam, und nicht eins zu eins auf die Gegenwart anwendbar. Schabestari spricht sich somit für eine Historisierung der Offenbarung aus. Sie ist ein geschichtliches Phänomen, das sich zu einer bestimmten Zeit an einem bestimmten Ort unter bestimmten gesellschaftlichen Bedingungen ereignet hat. In der Konsequenz bedient sich Schabestari eines unter islamischen Modernisten gängigen Modells, nämlich dass man notwendigerweise zwei Aspekte der Offenbarung zu unterscheiden hat: einerseits den Kern der göttlichen Botschaft und andererseits die gesellschaftlichen Rahmenbedingungen, die ihr eine bestimmte Form gaben. Es gilt somit von dieser Form zu abstrahieren, um auf die eigentlichen Ziele und Werte zu stoßen, die der prophetischen Botschaft zugrunde liegen.

Hier gerät Schabestari in ein unter zeitgenössischen Muslimen sehr kontrovers diskutiertes Problemfeld: die Frage, welche Werte essentiell zum Islam gehören und welche nicht. Auch er liefert keinen verbindlichen Katalog von Werten und Zielen. Häufig nennt er die Begriffe Freiheit und Verantwortung. Als vielleicht zentralen Wert führt Schabestari – an sich für islamisches Denken durchaus exemplarisch – das Prinzip der Gerechtigkeit an, dessen Beachtung den Menschen von Gott als ewiges Gebot auferlegt wurde. Aus dem Koran lässt sich aber – um wieder auf das Verhältnis von Religion und Politik zu kommen – keine konkrete Herrschaftstheorie ableiten. Es obliegt vielmehr der menschlichen Vernunft, den Begriff der gerechten Herrschaft wie der Gerechtigkeit überhaupt immer wieder neu zu deuten. Hier stellt sich die Frage, ob das, was dann noch als ewiger und unveränderlicher Bestandteil der Offenbarung übrig bleibt, nicht ein sehr dünnes Skelett abstrakter Begriffe ist.

Religiöse Erfahrung – Kerngedanke einer „Neuen Theologie"

Diesem Einwand setzt Schabestari eine These entgegen, die in traditionalistischen Kreisen fast schon als blasphemisch angesehen werden kann. Der Offenbarungstext als solcher ist nämlich für Schabestari nicht *per se* schon als ewige Rede Gottes zu verstehen. Rede Gottes ist er nur dann, wenn er im Rezipienten eine religiöse Erfahrung hervorruft. Auch hier zeigt sich wieder, wie zentral die menschliche Subjektivität für Schabestari ist. Während er in seinem hermeneutischen Ansatz die Bedeutung der menschlichen Vernunft für das Verstehen der göttlichen Botschaft herausstellt, so ist es hier die religiöse Erfahrung des Menschen, die Schabestari als Kern des Glaubens betrachtet. Der Glaube ist ihm zufolge weder eine Überzeugung noch ein Wissen von etwas. Religiöse Überzeugungen, Meinungen, Theorien usw. können Ausdruck des Glaubens sein, sie sind aber nicht der Glaube selbst. Der Glaube ist vielmehr die völlige Hingabe in das Dasein Gottes, er ist die Geborgenheit in Gott und demnach ein innerer Akt der Begegnung zwischen Mensch und Gott. Schabestari stützt sich mit seinem Begriff des Glaubens auf die Tradition der islamischen Mystik, allen voran diejenige Ibn ʿArabîs, sowie auf die Existenztheologie des protestantischen Theologen Paul Tillich. Der Glaube als religiöse Erfahrung müsse Kerngedanke einer „Neuen Theologie" werden und die Überbetonung des Rechts einerseits und metaphysischer Aussagen über Gott andererseits ersetzen oder zumindest ergänzen.

Allgemeine Menschenrechte im Sinne des Islam

Der inneren Freiheit des Menschen, sich zu seinem Glauben zu bekennen – wie Schabestari sie fordert –, muss auch eine äußere Freiheit entsprechen. Denn die innere Entscheidung für Gott kann dem Menschen nicht von außen aufgezwungen werden. Sämtliche religiösen Dogmen, die dem Menschen vorschreiben, was er zu glauben hat und was nicht, sind daher keine Wegweiser zum wahren Glauben, sondern Barrieren, die die freie Entfaltung des Glaubens behindern. Sobald eine Gruppe, zumal wenn sie über großen politischen und gesellschaftlichen Einfluss verfügt, das Entscheidungsmonopol darüber, was im religiösen Sinne wahr und was falsch ist, für sich beansprucht und somit eine offizielle Lesart der Religion entsteht, wird die Religion instrumentalisiert und ihres Kerns, des Glaubens, beraubt.

Vor diesem Hintergrund wird Schabestaris Argumentation für die Anerkennung allgemeiner und universeller (eben nicht spezifisch islamischer) Menschenrechte durch die Muslime und sein Plädoyer für ein demokratisches politisches System verständlich: Menschenrechte und Demokratie sind im Sinne des Islam – und zwar nicht weil sie direkt und explizit durch Koran und Prophetentradition vorgegeben wären oder weil der Koran ausdrücklich die Demokratie forderte, sondern weil sie eine vernünftige und zeitgemäße Deutung von gerechter Herrschaft sind. Ihre Verwirklichung ermöglicht es, politische und gesellschaftliche Rahmenbedingungen zu schaffen, in denen ein freier und mithin wahrhafter Glaube gefördert und nicht behindert wird.

Die Begriffe Islamische Demokratie und Islamische Menschenrechte lehnt Schabestari strikt ab, da es sich bei den Konzepten von Demokratie und Menschenrechten um universale Ideen handele, die nicht wesenhaft auf eine Tradition – sei sie nun „westlich", „christlich" oder „islamisch" – reduziert werden können. Dennoch bedeutet das nicht, dass die Religion gänzlich aus der Sphäre des Politischen zu verbannen wäre; vielmehr müssen sich Muslime aus ihrem religiösen Selbstverständnis heraus für demokratische und rechtsstaatliche Prinzipien stark machen, um durch ihren Glauben dem Islam gerecht zu werden. Und damit bleibt auch seine Argumentation für Menschenrechte und Demokratie eine religiöse.

Seidel, Roman: Hermeneutik, Glaube und Freiheit. Das postrevolutionäre Denken des iranischen Theologen Mohammad Mojtahed Schabestari (voraussichtlich 2006).

Schabestari, Mohammad M. (2003): Islam und Demokratie. Christoph-Martin Wieland-Vorlesungen. Hg. Wolfgang Bergsdorf. Erfurt.

Vahdat, Farzin (2000): „Post-revolutionary Discourses of Mohammad Mojtahed Shabestari and Mohsen Kadivar: Reconciling the Terms of Mediated Subjectivity. Part I: Mojtahed Shabestari". In: Critique 16: 31–54.

Abdolkarim Sorusch: Viele Wege zur Wahrheit

Roman Seidel

Hoseyn Hadschdsch Faradschollâh Dabbâq, bekannter unter seinem Pseudonym Abdolkarim Sorusch, ist zweifellos einer der einflussreichsten und populärsten religiösen Intellektuellen des heutigen Iran. Im Westen ist sein Name in Diskussionen zu Islam und Moderne eine feste Größe. In der islamischen Welt ist er jenseits der Grenzen Irans vor allem in der Türkei und in Malaysia bekannt. In Iran selbst erfahren seine Schriften über die Wandelbarkeit religiöser Erkenntnis sowie über religiösen Pluralismus eine enorme Verbreitung und wurden besonders zu Beginn der ersten Präsidentschaft Muhammad Khatamis, als es in Iran für einige Zeit eine sehr vielfältige und kritische Presselandschaft gab, in diversen Tageszeitungen kontrovers diskutiert. Zudem gilt er auch in Fachkreisen als ausgewiesener Experte für islamische Mystik. Das religiös-politische Establishment Irans zeigt sich allerdings über seine Popularität und seine Thesen weniger erfreut, denn sie stellen die religiöse Legitimität des Regimes von Grund auf in Frage. Regimenahe Ideologen reagierten daher in konservativen Zeitungen wiederholt mit Gegendarstellungen und vor allem mit polemischen Anfeindungen. Sogar das iranische Staatsoberhaupt, der Revolutionsführer Ali Khamenei, sah sich veranlasst, in einer Predigt die Schriften Soruschs zu verurteilen.

Im Gegensatz zu couragierten Dissidenten wie dem Soziologen Akbar Gandschi, der stark von Soruschs Denken beeinflusst ist, mischt sich Sorusch selbst selten unmittelbar in die Tagespolitik ein und kritisiert nicht direkt die konservative Führung des Landes, was ihn – ähnlich wie Modschtahed Schabestari – bisher vor der Verfolgung durch die von der

Machtelite beherrschte Justiz bewahrte. Dennoch sah sich Sorusch auch tätlichen Übergriffen durch erzkonservative Schlägertrupps ausgesetzt; seine Vorlesungen an der Universität wurden mehrfach gestürmt und schließlich von offizieller Seite abgesetzt. Doch alle offiziellen Maßnahmen und semi-offiziellen Übergriffe gegen ihn führten letztlich dazu, dass große Teile der regimekritischen Bevölkerung, die sich durch den von Staats wegen verordneten Islam von der Religion entfernt hatten, in Sorusch die Symbolfigur einer religiösen Reform sehen.

Dennoch ist Sorusch unter Regimekritikern keineswegs unumstritten. Vor allem viele linke und sozialistisch orientierte Iraner, die die Revolution bewusst miterlebt haben, stehen ihm mit Misstrauen gegenüber. Der Hauptgrund ist, dass er während und unmittelbar nach der Revolution einer der schärfsten Kritiker der iranischen Linken, insbesondere der Volksmodschahedin, war. Wie so viele Dissidenten im Iran von heute war auch Abdolkarim Sorusch einst Anhänger Khomeinis und Fürsprecher der Islamischen Republik. Doch seit 1984 hat Sorusch keine öffentlichen Ämter mehr bekleidet. Wenig später begann er, Artikel zu veröffentlichen, die die Ideologisierung der Religion ablehnen. So wurde Sorusch vom Verfechter der Islamischen Republik zu einem ihrer bedeutendsten Kritiker.

Wandelbarkeit religiöser Erkenntnis

Was aber ist das Brisante an Soruschs Thesen, und wodurch ist sein Denken geprägt? Der Kerngedanke, der Soruschs Zugang zur Religion bestimmt, ist im Prinzip nicht neu. Sorusch teilt ihn mit einer Vielzahl von liberalen Interpreten des Islam: die Überzeugung, dass die göttlichen Wahrheiten zwar ewig und unabänderlich sind, nicht aber das Wissen, das die Menschen etwa durch die Lektüre des Koran von diesen Wahrheiten erlangen. Es sei daher ein weit verbreitetes Missverständnis, wenn religiöses Wissen – also bestimmte Doktrinen, eine bestimmte Lehre von Gott und seinen Attributen oder konkrete Auslegungen göttlicher Gebote – mit der göttlichen Wahrheit selbst verwechselt werde.

Sorusch widmet sich dieser These in seinem Hauptwerk *Die theoretische Kontraktion und Expansion der Scharia. Theorie der Entwicklung religiöser Erkenntnis.* Dort vertritt er die Ansicht, dass das Wissen von religiösen Dingen sich nicht prinzipiell von anderen Wissensbereichen unterscheidet. So wie sich etwa in den Naturwissenschaften das Wissen von der Natur stets weiterentwickelt und nie an einem Endpunkt angelangt ist, an dem bestimmte Theorien über die Natur als unumstößlich angesehen werden können, verhalte es sich auch mit den religiösen Wissenschaften, die sich mit Gott und seinen Eigenschaften oder mit den religiösen Geboten beschäftigen.

Sorusch stützt sich in seinen Reflexionen vor allem auf den kritischen Rationalismus des Philosophen und Wissenschaftstheoretikers Karl R. Popper, dessen Ansichten er in den 70er Jahren in England kennen lernte. Dort promovierte er in Chemie und studierte zugleich Philosophie. Das Popper'sche Prinzip, auf das Sorusch hier zurückgreift, ist das der Falsifikation. Es besagt, dass eine wissenschaftliche Theorie niemals durch Verifikation, also durch die Sammlung und Auswertung eine Reihe von Einzelfakten, endgültig als wahr belegt werden kann. In einem wissenschaftlichen Diskurs kann eine Theorie nur so lange als wahr gelten, wie sie nicht widerlegt worden ist. Dieses Prinzip bleibt auch auf gesellschaftlicher Ebene nicht folgenlos, wie Popper u. a. in seinem 1945 erschienenem Werk *Die offene Gesellschaft und ihre Feinde* erläutert, dessen persische Übersetzung aus dem Jahr 1985 auch in Iran manche Kontroverse auslöste. Denn im politischen Kontext verbindet Popper diese These mit der radikalen Kritik an totalitären Systemen, da durch sie Freiheit des Einzelnen, Kritik zu üben, verhindert werde.

Ausgehend von der Idee des evolutionären Charakters von Wissen fordert Sorusch vor allem im Bereich der islamischen Rechtswissenschaften *(fiqh)* ein Umdenken und verbindet damit zugleich seine Kritik an den theologischen Hochschulen. Da der *fiqh* sich der Auslegung des göttlichen Rechts, der Scharia, widmet, die den Menschen als Richtschnur für ein gutes Leben dienen soll, dürfen sich die Rechtsgelehrten nicht nur auf die religiösen Texte berufen, sondern müssen auch die modernen Wissenschaften berücksichtigen, die sich mit dem Menschen befassen, für den die Scharia schließlich bestimmt ist. Wenn sich das Wissen vom Menschen ändert, so muss das auch Auswirkungen auf die Auslegung der Scharia haben.

Religiöse Demokratie

Doch welche Rolle spielt dieser Ansatz für den politischen Kontext speziell in Iran? Er hat zwei konkrete Auswirkungen auf Khomeinis Doktrin von der Herrschaft des obersten Rechtsgelehrten *(velâyat-e faqih)* und damit auf das Selbstverständnis des religiösen Establishments. Eine Auswirkung ist, dass es sich bei der Doktrin um eine religiös begründete Theorie handelt. Sie kann also – wie jedwede andere Theorie auch – keinen absoluten und immer währenden Wahrheitsanspruch verlangen. Vielmehr muss sie sich, wenn sie als Theorie Bestand haben und ihren vorläufigen Wahrheitsanspruch aufrechterhalten will, stets der öffentlichen Kritik und damit ihrer potentiellen Veränderung oder Widerlegung aussetzen. Hierin aber liegt das Problem, und hier zeigt sich auch die inhaltliche Auswirkung von Soruschs Ansatz auf die genannte Doktrin. Diese lässt nämlich keinen Raum für eine kritische Öffentlichkeit, wie Sorusch sie fordert.

Soruschs Alternative zum gegenwärtigen Herrschaftssystem, die er allerdings nicht im Detail ausführt, ist der Entwurf einer religiösen Demokratie. Anders als viele andere islamische Demokratiebefürworter versucht Sorusch nicht, den Begriff der Demokratie aus koranischen Konzepten wie z. B. dem Begriff *schûra* (ursprünglich die Beratung der Stammesältesten) herzuleiten, um damit die Verankerung der Demokratie bereits in der frühsten islamischen Tradition zu belegen. Für ihn ist die Demokratie eine Frucht der menschlichen Vernunft und gründet auf Vernunftbegriffen wie dem der Gerechtigkeit und Konzepten wie den Menschenrechten. Sorusch macht aber dennoch einen Unterschied zwischen einer „liberalen Demokratie" und einer „religiösen Demokratie". Beiden gemeinsam ist der Schutz der Freiheit des Einzelnen, der maßgeblich ist für den Fortschritt, also die Entwicklung und Vervollkommnung des Wissens durch kritischen Austausch von Meinungen. Doch während die Freiheit in der „liberalen Demokratie" vor allem in Bezug auf weltliche Interessen und Neigungen gewahrt werde, liege in der religiösen Demokratie das Augenmerk auf der Glaubensfreiheit. Das Ziel der „religiösen Demokratie" ist also nicht zuletzt die Religion. Jedem Bürger soll dadurch die Möglichkeit gegeben werden, sich seiner Religion zu widmen und nach deren moralischen Geboten zu leben, ohne dass sie ihm verbindlich gedeutet und qua Gesetz aufgezwungen werden. Die Schwäche des Sorusch'schen Begriffs der „religiösen Demokratie" besteht darin, dass sie sich strukturell nicht von der „liberalen Demokratie" unterscheidet, denn auch in dieser muss die freie Religionsausübung gewährleistet sein. Andererseits darf der Staat den Bürgern nicht vorschreiben, religiös zu sein. Die Religiosität muss vom Volk ausgehen, nicht vom Staat. Sorusch selbst gesteht ein, dass der eigentliche Unterschied zwischen einer „liberalen" und einer „religiösen" Demokratie darin bestehe, dass Letztere eine liberale Demokratie einer mehrheitlich religiösen Gesellschaft sei – was in einer liberalen Demokratie nicht notwendigerweise gegeben ist.

Letztlich will Sorusch hervorheben, dass die Demokratie keinesfalls die Trennung der religiösen von der politischen Sphäre meint. Die Demokratie ist nicht nur für den Schutz der religiösen Sphäre zuständig, sondern religiöse Bürger und Institutionen sind aufgerufen, sich am politischen Diskurs zu beteiligen, indem sie sich an ihren – durchaus sehr verschiedenen – religiösen Werten orientieren. Somit hat die Religion Einfluss auf politische Gestaltungsprozesse – und soll diesen auch haben dürfen. Religiöse Werte haben im moralischen Sinne durchaus normativen Charakter; auch Sorusch hält an islamischen Moralvorstellungen fest. Allerdings dürfen religiöse Wertvorstellungen nicht vom Staat diktiert und mit Gewalt durchgesetzt werden. Sie müssen vom Bürger in den gesellschaftlichen und politischen Diskurs eingebracht werden und sind damit stets verhandelbar.

Diese Vorstellung steht im Widerspruch zu dem, was die Vertreter des religiös-politischen Establishments in Iran unter islamischen Werten verstehen. Für sie sind islamische Werte nicht nur innere Richtschnur, sie sind zugleich handfeste Gesetze, die – sofern sie nicht schon eindeutig in den sakralen Texten formuliert sind – von den Rechtsgelehrten aus den Quellen hergeleitet werden können. Die Idee, dass derjenige, der sich an diese Gesetze hält, trotzdem niemals mit Sicherheit behaupten kann, die göttliche Wahrheit zu kennen, klingt für die meisten konservativen Denker absurd. Ähnlich, wenn auch ein wenig subtiler, argumentiert einer der größten Widersacher Soruschs, Rezâ Dâvari-Ardakani. Er vertritt zwar nicht die Auffassung, dass der Mensch die göttliche Wahrheit vollständig erfassen könne – denn das wäre eine Anmaßung –, ebenso aber ist es seiner Meinung nach eine Anmaßung, die religiösen Gebote nicht als Teil dieser Wahrheit anzuerkennen. Zu glauben, die göttlichen Gebote durch den menschlichen Verstand relativieren zu können, ist für ihn der Inbegriff der Hybris, deren Ursprung er in der Überbetonung des Subjekts im westlichen Denken sieht. Diese Überbetonung des Subjekts, die Davari auch *nafsanîya* (etwa „Selbstverliebtheit") nennt, führe zu einer Verleugnung der Wahrheit – er verwendet hier den arabisch-persischen Begriff *haqq*, der zugleich ein islamischer Terminus für Gott ist – und ziele darauf ab, den Menschen an die Stelle Gottes zu setzen.

Damit begeht Dâvari einen epistemologischen Fehler, auf den Sorusch in seinem Ansatz hinweist: Er verwechselt das menschliche Wissen von der göttlichen Wahrheit mit dieser Wahrheit selbst. Denn es geht Sorusch nicht darum, die göttliche Wahrheit als solche in Frage zu stellen. Stattdessen will er das menschliche Wissen von dieser Wahrheit relativieren. Die Hybris, vor der Dâvari warnt, besteht letztlich in dem Anspruch, im Besitz der göttlichen Wahrheit zu sein. Doch sie lässt sich am besten verhüten, indem man das menschliche Erkenntnisvermögen als nur relativ und in ständigem Wandel begriffen versteht. Was das für den politischen Kontext bedeutet, ist klar: Eine religiös begründete Herrschaftsideologie, wie die der *velâyat-e faqih*, die eine offiziell gültige und verbindliche Lesart des Islam vertritt, führt unweigerlich dazu, dass die Wahrheit nicht mehr bei Gott, sondern bei einer Herrschaftselite liegt, die ihre Auffassung mit Gewalt verteidigt.

Wahrheitsanspruch der Religionen und religiöser Pluralismus

Dass der absolute Wahrheitsanspruch aufgegeben wird, hat in Soruschs Denken noch eine weitere Konsequenz. Nicht nur innerhalb eines islamischen bzw. schiitischen Diskurses sind solche Wahrheitsbehauptungen unhaltbar; es kann auch unter den verschieden Religionen keinen absoluten Wahrheitsanspruch geben. Diese These versteht er als die logische Konsequenz aus seiner Theorie von der Evolution religiöser Erkenntnis. Der Artikel, in dem er diese These vertritt, trägt den Titel „Die geraden Pfade", eine Anspielung auf die Eröffnungssure des Koran, wo von „dem geraden Pfad" *(as-sirâta al-mustaqim)* die Rede ist, auf den Gott die Gläubigen führen soll. Der Aufsatz fand ein weites Echo. Erwartungsgemäß wurde er von Konservativen unter wüsten Verunglimpfungen zurückgewiesen. Es gab aber auch ernsthafte Auseinandersetzungen mit dieser These, wie etwa in einem Streitgespräch zwischen Mohsen Kadivar und Sorusch, das von der reformorientierten (und seit 1999 verbotenen) Tageszeitung *Salâm* im Jahr 1997 in fünf Folgen abgedruckt und später in einem Bändchen mit dem Titel *Religiöser Pluralismus* veröffentlicht wurde.

Die Brisanz dieser These ist unverkennbar, denn sie stellt das Selbstverständnis des Islam als vollkommenste Religion in Frage. Auch liberalen Reformern wie dem Geistlichen Mohsen Kadivar ging diese These zu weit. Zwar erkannte auch er den faktischen Pluralismus der Religionen an und gesteht ihnen zu, an der göttlichen Wahrheit teilzuhaben. Doch als gläubiger Schiit müsse er davon ausgehen, dass der schiitische Islam der göttlichen Wahrheit näher kommt als alle anderen Religionen. Sorusch hingegen hält Kadivar vor, von einer innerreligiösen Perspektive aus auf das Phänomen des religiösen Pluralismus zu blicken. Natürlich müsse er als Schiit annehmen, dass der schiitische Islam ein Weg zur Wahrheit sei, doch könne man nicht behaupten, es sei der einzige wirklich wahre Weg. Das nämlich würde voraussetzen, dass er als Gläubiger mit Sicherheit behaupten könne, die göttliche Wahrheit zu kennen, das aber sei nicht endgültig nachweisbar und daher eine Anmaßung. Allerdings folge daraus nicht, dass alle Glaubensvorstellungen gleichermaßen gültig seien. Die Suche nach Gemeinsamkeiten und Unterschieden in einem interreligiösen Dialog sei zwar hilfreich, doch dürfe es hierbei nicht, wie in religiösen Streitgesprächen vergangener Jahrhunderte, darum gehen, dem anderen zu beweisen, welche Religion die wahre sei. Vielmehr müsse die Absicht im Vordergrund stehen, im Dialog den Prozess der religiösen Erkenntnis gemeinsam weiterzubringen.

Soruschs erkenntniskritische Haltung zum Wahrheitsanspruch in den Religionen birgt einerseits das Risiko in sich, dass sie viele Gläubige eher verunsichert. Denn viele Traditionen und Gewissheiten, die für viele den Halt in der Religion ausmachen, werden in Frage gestellt. Manche werden sich lieber einem konservativen Verständnis des Islam zuwenden. Daher ist es unbedingt notwendig, Kritik aus dem konservativen Lager ernst zu nehmen und nicht als verbohrt abzutun. Andererseits ist Soruschs Ansatz eine Position, von der aus es möglich ist, dass sich die Dialogpartner sowohl in innerreligiösen wie auch in interreligiösen Diskursen mit einer selbstkritischen Einstellung auf gleicher Augenhöhe begegnen.

Literaturhinweise

Amirpur, Katajun (2003): Die Entpolitisierung des Islam: Abdolkarim Soruschs Denken und Wirkung in der Islamischen Republik Iran. Würzburg.

Dahlén, Ashk P. (2003): Islamic Law, Epistemilogy and Modernity: Legal Philosophy in Contemporary Iran. New York/London.

Hajatpour, Reza (2002): Iranische Geistlichkeit zwischen Utopie und Realismus: Zum Diskurs über Herrschafts- und Staatsdenken im 20. Jahrhundert. Wiesbaden.

Soroush, Abdolkarim (2000): Reason, Freedom, and Democracy in Islam. Essential Writings of Abdolkarim Soroush. Hgg. M. Sadri/A. Sadri. Oxford.

Vahdat, Farzin (2002): God and Juggernaut. Iran's Intellectual Encounter with Modernity. Syracuse/New York.

Nurcholish Madjid: Ja zum Islam, Nein zum islamischen Staat

Farish A. Noor

I. Vom radikalen Studenten zum Staatsintellektuellen

Im Wahlkampf 2004 trug die Partei des indonesischen Ex-Präsidenten Suharto Nurcholish Madjid eine Kandidatur an. Aus Gesundheitsgründen lehnte er ab. Aber dass der Mann, der einst als Gefahr für das Regime Suhartos angesehen worden war, als Kandidat dieser Partei in Betracht gezogen wurde, sagt viel über seine Integrität aus. Nurcholish Madjid ist eine der zentralen Figuren der indonesischen Entwicklung, ein Vordenker des moderaten und fortschrittlichen Islam in ganz Südostasien. Er wuchs in einer Familie bekannter Kyai (religiöser Lehrer) in Ost-Java in der Tradition des javanischen Volksislam auf. 1955 begann Nurcholish klassische Islamstudien in ostjavanischen Pesantren und wechselte 1960 an das Syarif Hidayatullah State Islamic Institute (IAIN) in Jakarta, wo er 1965 einen Bachelor in arabischer Literatur und 1968 einen Doktortitel in islamischer und arabischer Literatur erwarb.

In den 60er Jahren litt Indonesien unter der unberechenbaren Führung Präsident Sukarnos, bis dieser 1965 die Macht an den von den USA unterstützten General Suharto verlor. Zu dieser Zeit begann Nurcholishs Engagement in Jakartas Studentenbewegungen; er wurde zwischen 1966 und 1971 zweimal zum Führer der Himpunan Mahasiswa Islam (Gesellschaft der muslimischen Studenten Indonesiens, HMI), einer der führenden von proislamistischen Studenten geleiteten Reformbewegungen, gewählt. Eine neue Generation hoch motivierter und eloquenter Studentenführer verlangte nach Lösungen für die vielfältigen Probleme der postkolonialen Entwicklung. Islamisch geprägte Studenten wie Nurcholish Madjid forderten, islamische Werte in den öffentlichen Diskurs einzubringen. Ferner machte er durch Artikel über politischen Islam in Magazinen und islamistischen Zeitschriften eine breite Leserschaft auf sich aufmerksam. 1971 beschuldigte er die islamischen Parteien, die Profanität des Alltags durch ihre Forderungen nach einem islamischen Staat zu sakralisieren. Seine Befürchtung, ein überpolitisierter Islam könne durch den Staat instrumentalisiert werden, formulierte er in dem Slogan „Islam Yes, Partai Islam No" (Ja zum Islam, Nein zu islamischen Parteien).

Im Zuge von Suhartos Bemühungen, eine schnelle wirtschaftliche Entwicklung des Landes durchzuführen, wurde die indonesische Gesellschaft während der 70er und 80er Jahre entpolitisiert. Indonesien schloss sich dem westlichen Block an, spielte eine entscheidende Rolle im südostasiatischen „Kampf gegen den Kommunismus" und umwarb ausländische Investoren. Die politische Landschaft wurde von Oppositionsbewegungen leer gefegt und das wirtschaftliche Management des Landes einer Clique in den USA und Deutschland ausgebildeter Technokraten überlassen, und die indonesische Armee bekam freie Hand, „Sicherheitsprobleme" in Aceh, Lampung, Irian und Ost-Timor zu bekämpfen. Alle islamistischen Parteien wurden streng überwacht, islamistische Führer und Intellektuelle zum Schweigen gebracht und der Gebrauch eindeutig islamistischer Symbole verboten. Führende islamistische Intellektuelle Indonesiens erkannten, dass eine sichtbare öffentliche Mobilisierung staatliche Verfolgung nach sich ziehen würde. Sie gingen daher in den Untergrund oder konzentrierten sich mit *islam kultural* (kultureller Islam), einem unpolitischen Ansatz muslimischer Mobilisierung, darauf, den Normen des Alltagslebens islamische Werte einzuimpfen. Nurcholish entschied sich gegen eine direkte politische Konfrontation mit dem vom Militär gestützten Staatsapparat, arbeitete auf seinen zweiten Doktortitel in Islamwissenschaft an der Universität Chicago hin und begann seine Laufbahn als staatlich besoldeter Akademiker. Nach 1985 bekam er eine Professur an seiner Alma Mater in Jakarta. Nurcholish Madjid wurde zu einer anerkannten, wenn auch kontroversen Persönlichkeit. 1986 gründete er die Gesellschaft Yayasan Paramadina

(„Nach Medina gehen") als Versuch, den indonesischen Mittelstand zu reislamisieren. Im Aufsichtsrat der Gesellschaft saßen acht Minister – ein Zeichen dafür, wie einflussreich die Gesellschaft und ihr Gründer waren. Nurcholish sprach sich für eine Demokratisierung aus. Er war überzeugt, die islamischen Bewegungen hätten die Indonesier nicht gewonnen, weil sie sich nicht einer pluralistischen, von demokratischen Grundsätzen geleiteten Politik angepasst hätten. Seine Angriffe auf islamische Bewegungen machten ihn besonders unter Studenten populär, aber zum Hassobjekt der Traditionalisten. In den Neunzigern ließ sich nicht nur die herrschende Elite seines Landes, sondern auch die internationale akademische und islamische Gemeinschaft von ihm beraten.

II. Grundsteine für Nurcholish Madjids Werte und Überzeugungen: Rationalismus, Pragmatismus und demokratisches Engagement

„Wenn es eine Hoffnung für Demokratie in Indonesien gibt, liegt sie in den indonesischen Muslimen selbst begründet."

Nurcholish Madjids Überzeugungen sind nicht die eines Einzelgängers. Als Erbe der langen Tradition eines in Indonesien verwurzelten islamischen Modernismus sind seine Ideen als Beitrag zu einer laufenden intellektuellen Debatte und dem Engagement gewissenhafter islamistischer Intellektueller zu sehen. Die intellektuelle Entwicklung Nurcholish Madjids spiegelt in vieler Hinsicht die Entwicklung des politischen Islam im postkolonialen Indonesien wider. Von seiner Studienzeit, in der er als Kopf der HMI-Studentenbewegung in Jakarta gleichzeitig Aktivist und Imam der studentischen Moschee war, bis hin zu der Zeit, als er von der politischen Elite Indonesiens umworben wurde, hat er sich eine gesunde Skepsis den Mächtigen gegenüber bewahrt und sich darauf konzentriert, die Ideale des Islam in die Wirklichkeit umzusetzen. Das zentrale Problem war, diese Ideale mit den Realitäten der indonesischen Gesellschaft in Einklang zu bringen. Wie er selbst sagt, hat die Tatsache, dass Indonesien weltweit das Land mit der größten muslimischen Bevölkerung ist, wenig zu bedeuten angesichts des Machtmissbrauchs und des autoritären Militarismus der Suharto-Ära: „Es heißt oft, dass Indonesien das größte muslimische Land der Welt sei, aber die Statistik sagt uns nichts darüber, wie der Islam in einem muslimischen Land gelebt und erfahren wird. Zum Beispiel hat Indonesien trotz der fast ausschließlich muslimischen Bevölkerung weltweit eine der höchsten Raten an Korruption, Machtmissbrauch und Gewalt. Jahrzehntelang gab es keine Freiheit, keine Demokratie. Indonesien mag wie ein islamisches Land erscheinen, aber es ist nie wie eines regiert worden."

Nurcholish war einer der Führer des Aktionskomitees indonesischer Studenten (KAMI), das Sukarnos Sturz beschleunigte und den Weg für General Suharto freimachte. Doch die Suharto-Ära stellte sich als gleichermaßen enttäuschend heraus: „Viele islamische Gruppen wie die Nahdatul Ulama und besonders ihr Nachwuchs unterstützten Suharto und die Armee in dem Glauben, dass sein Aufstieg die kommunistische Bedrohung beenden und den politischen Islam im Land fördern würde. Aber nie wurden die Kräfte des politischen Islam mit so viel Misstrauen behandelt wie in der Suharto-Ära." Während der Suharto-Ära mussten islamistische Intellektuelle wie Nurcholish ihre Kraft darauf konzentrieren, dem indonesischen Alltagsleben den Islam einzuimpfen – ein unpolitisches, nicht aber quietistisches Engagement. Nurcholish erkannte, dass Widerstand gegen die politisch-wirtschaftlich-militärische Clique um Präsident Suharto nicht von einer zersplitterten Gesellschaft ausgehen konnte; seine politischen Kampagnen konzentrierten sich daher auf Mobilisierung der Massen, breiten Zugang zu öffentlicher Bildung und verschiedene Formen passiven Widerstandes. Wie andere islamistische Intellektuelle Indonesiens wurde sich auch Nurcholish Madjid bewusst, dass den Menschen zuerst die Demokratie wiedergegeben werden musste, bevor ihre Ziele erreicht werden konnten. 1981–1984 nahm er einen Schriftwechsel mit den indonesischen Islamistenführern Amien Rais und Muhammad Roem über das Thema eines islamischen Staates auf. Die Korrespondenz, bekannt als die „Tidak Ada Negara Islam"-Debatte („Es gibt keinen islamischen

Staat"), wurde im ganzen Land diskutiert. Nurcholish sah das Konzept eines islamischen Staates als eine moderne Erfindung ohne Vorläufer in der islamischen Geschichte und Zivilisation an. Er vertrat die Ansicht, dass jede Art von islamischem Staat sich auf die Gesellschaft konzentrieren und mit der Einbindung universeller islamischer Werte in die Normen des politischen Lebens und der Zivilgesellschaft beginnen müsse. 1984 gründete Nurcholish die Paramadina-Bewegung, um eine breitere Öffentlichkeit mit seinen Ideen vertraut zu machen. Paramadina war eine islamistische Bewegung mit stark neo-sufistischer Betonung der Spiritualität und der notwendigen eigenverantwortlichen Herrschaft einer Gesellschaft durch Vertrauen auf eigene Stärken. In einer Zeit, in der besonders die Armen und Arbeitslosen in den Innenstädten ihre Ansprüche anzumelden begannen, war Paramadina ein Versuch, ihre kollektiven Kräfte zu bündeln, um von unten her eine gerechtere Gesellschaft zu schaffen. Nurcholish sah es als seine Hauptaufgabe an, eine muslimische Wählerschaft zu bilden, die ihre Vorstellungen gewaltfrei ausdrücken könne. Gegen Ende der Suharto-Ära waren viele indonesische Islamisten besorgt, dass das Ende der Diktatur auf eine seit drei Jahrzehnten der Demokratie entwöhnte Gesellschaft einen negativen Effekt haben könnte. In den Worten von Nurcholish: „Trotz Wahlen und Ähnlichem gab es unter der Orde Baru (Neuen Ordnung) Suhartos nie echte Demokratie. Jetzt bekommen auf einmal Millionen von Menschen gesagt, dass sie demokratische Rechte hätten. Muslime müssen lernen, ihre Forderungen in einem pluralistischen demokratischen Raum zu stellen, in dem Gruppen ihre Forderungen mit den Bedürfnissen anderer Gruppen in Einklang bringen müssen. Das ist nicht einfach, denn sie müssen sich neuen, ungewohnten demokratischen Verfahren anpassen, die ihnen allzu lange verwehrt wurden."

Daher unterstrich Nurcholish die Universalität des Islam mit seiner zentralen Aussage des *tauhîd* (Einheit Gottes) als einer Brücke, Schichten miteinander verbinden konnte, die durch die Divide-et-impera-Politik der Militärjunta zu Gegnern geworden waren. In seinen Augen lag die demokratische Basis islamischer Gesellschaften in den grundlegenden Ideen des Islam, die – von Mystik und Spiritualität her betrachtet – umfassend seien: „Ich sehe den Weg aus einer derartigen Krise darin, die Universalität des Islam zu betonen, die nicht nur vereinbar ist mit einem demokratischen pluralistischen System, sondern gut in ihm funktioniert. Muslime dürfen nicht vergessen, dass die Grundlagen des Islam universell sind. Ergebenheit in Gottes Willen ist die Kernaussage aller Religionen. Der universale Charakter des Islam kommt zum Tragen, wo immer es diese Ergebenheit gibt. Wir sollten ‚Islam' nicht als Bezeichnung für eine bestimmte Gruppe von Gläubigen ansehen, sondern als eine bestimmte geistige Haltung oder eine spezifische Art des Seins. Wir müssen eine neue Ausdrucksweise und Art der Politik entwickeln, die universell ist und uns gleichzeitig erlaubt, eigene Gruppenidentitäten und das Gefühl für unsere Verschiedenheit zu bewahren. Meiner Meinung nach gibt der Islam Muslimen die Voraussetzungen dafür, dies zu tun, aber sie müssen den islamischen Diskurs so führen, dass sie nicht andere Gruppierungen vor den Kopf stoßen."

Grundlegend für Nurcholishs Ideen ist auch, dass er auf die lang geübte Tradition der Anpassung als Teil der indonesischen, speziell der ostjavanischen Identität und Kultur vertraut. Als Produkt einer traditionell islamischen, stark von javanischen Normen und Gebräuchen geprägten Bildung setzt er auf die indonesische Fähigkeit, sich auf Unterschiede einzustellen: „Der Islam ist nicht nur Ritual und Politik; wir dürfen niemals die spirituelle Dimension des *tasawwuf* (Sufismus) vergessen, die im Islam eine so große Bedeutung hat. In der spirituellen Sphäre des Islam wird die universelle Bedeutung der Religion am deutlichsten. Daher betone ich, dass wir einen spirituellen Zugang, spirituelles Verständnis für unsere aktuellen Probleme brauchen. Ich meine damit einen völlig neuen Blick auf uns selbst, auf unsere Identität und unsere Beziehung zum Gegenüber, der nicht mehr auf verallgemeinernden Vorstellungen von Unterschieden in Kultur, Ritual und Brauch beruht."

III. Die Zukunft Nurcholishs und des progressiven indonesischen Islamismus

Indonesien ist heute in einer tiefen institutionellen Krise. Die ostasiatische Wirtschaftskrise von 1997/98 führte zum Sturz der indonesischen Regierung, aber auch zu völlig überzogenen Erwartungen der Öffentlichkeit. Im Mai 1998 wurde Nurcholish, der Mann, der einst dazu aufgerufen hatte, die Golkar-Partei des Präsidenten zu boykottieren, zu einem Treffen mit Präsident Suharto gebeten, bei dem er dem angeschlagenen Präsidenten zum Rücktritt riet. Suharto – Diktator des gewalttätigsten Regimes mit der längsten Regierungszeit in der Region – wurde unzweifelhaft von den progressiven Islamisten und früheren Studentenführern der Sechziger zu Fall gebracht, von Männern wie Amien Rais und Nurcholish Madjid, die ein Ende der Diktatur forderten, gleichzeitig aber die Bevölkerung vor überzogenen Erwartungen warnten. Amien Rais wurde später Sprecher des indonesischen Repräsentantenhauses, und Nurcholish wurde, wie eingangs erwähnt, von der Golkar-Partei umworben. Beide Männer werden heute von westlichen Regierungen wie von der indonesischen Bevölkerung als das letzte Bollwerk gegen den radikalen indonesischen Islamismus einer jüngeren Generation radikaler Führer und der gewalttätigen Laskar-Jihad-Bewegung gesehen. Nach den Angriffen auf die USA am 11. September 2001 und den Bombenanschlägen auf Bali wurde Indonesien – wie ganz Südostasien – von Washington zur „zweiten Front im Krieg gegen den Terror" deklariert; doch sind die oft plumpen US-amerikanischen Interventionen in Südostasien selten von Erfolg gekrönt gewesen.

Auf der Suche nach Stabilität und einem starken Führer haben die Indonesier General Bambang Susilo Yudhoyono zum Präsidenten gewählt, einen früheren Adjutanten Suhartos mit Verbindungen zum Militär und den Geheimdiensten. Die Errungenschaften der prodemokratischen, von den Islamisten und Nichtregierungsorganisationen in den späten Neunzigern gestarteten Bewegung der *reformasi* (Reform) scheinen damit ad absurdum geführt. Nach den Attacken auf Bali hat die indonesische Regierung härtere Gesetze zur Terrorismusbekämpfung verabschiedet, ohne aber konkrete Vorschläge für eine funktionierende säkulare Demokratie vorzulegen. Stimmen wie die von Nurcholish Madjid, die Reformen und eine pragmatische, mit der Demokratie vereinbare Praxis des Islam fordern, sind noch gelegentlich zu hören, doch radikale Extremisten rufen weiterhin zur Errichtung eines auf buchstabengetreuer Textauslegung beruhenden islamischen Staates auf.

Eines ist sicher: Wie auch immer die Zukunft Indonesiens aussehen mag, das Bemühen um ein tieferes Verständnis von Demokratie wurde von den islamischen Aktivisten der Sechziger angestoßen, die das Konzept des „kulturellen Islam" entwickelten. Bis heute sind es die Islamisten Indonesiens, die am hartnäckigsten demokratische Forderungen an Staat und Gesellschaft in so unterschiedlichen Bereichen wie Pressefreiheit und Emanzipation stellen. Nurcholish Madjid ist für die heutige Generation islamischer Demokraten fast schon eine Ikone geworden, und sein Platz in der indonesischen Geschichte als einer der Gründer und Führer der islamischen Demokratiebewegung des 20. Jahrhunderts ist ihm sicher.

Literaturhinweise

Benda, Harry J. (1983): The Crescent and the Rising Sun: Indonesian Islam under Japanese Occupation 1942–1945. Leiden.

Esposito, John (2001): Makers of Contemporary Islam. Oxford.

Hassan, Muhammad Kamal (1986): Some Dimensions of Islamic Education in Southeast Asia. In: Abdullah, Taufik/Siddique, Sharon (Hg.): Islam and Society in Southeast Asia. Singapore.

Madjid, Nurcholish (1978): The issue of modernization among Muslim in Indonesia, a participant point of view. In Davies, Gloria (Hg.): What is Modern Indonesian Culture? Athens, Ohio.

Madjid, Nurcholish (1982): Islam in Indonesia: Challenges and Opportunities. In: Pullabilly, Cyriac K. (Hg.): Islam in Modern World. Bloomington.

Noor, Farish A. (2002): Democracy and the Universalism of Islam. Interview mit Nurcholish Madjid. In: New Voices of Islam, International Institute for the Study of Islam in the Modern World (ISIM). Leiden.

Salvatore, Armando (1997): Islam and the Political Discourse of Modernity. Berkshire.
Sayyid, Bobby (1997): A Fundamental Fear: Eurocentrism and the Emergence of Islamism. London.

As-Sayyid Muhammad Husain Fadlallah: Im Zweifel für Mensch und Vernunft

Stephan Rosiny

Wenn in deutschsprachigen Medien hin und wieder ein Artikel über Muhammad Husain Fadlallah erscheint, dann warnen meist Großlettern vor ihm als „Theologen des Terrors" (*Die Zeit* vom 31.10.2001). Die Vorstellung, hinter dem weißbärtigen, friedlich wirkenden und durchaus humorvollen Gottesmann könne sich der heimliche Vorsitzende der Hisbollah *(hizb allâh)* (Partei Gottes) verbergen, liefert eine mediengerechte Würze aus Gruseln und Neugier. Solche Warnhinweise stehen indes im Kontrast zum Inhalt seiner Interviews, in denen der höchste schiitische Geistliche des Libanon informiert und kritisch die regionale und internationale Lage kommentiert oder unkonventionelle islamische Rechtsgutachten erstellt zu Rauchverbot (Rauchen schadet der Gesundheit und ist daher unislamisch), Klonen (ist kein Eingriff in die Schöpfung und daher islamrechtlich erlaubt, soweit sie dem Menschen nützt) oder Masturbation (ist für Frauen nicht verboten). In seinen Statements und islamischen Rechtsgutachten (Fatwas) zu sozialen Rollenmodellen, Medizin, wissenschaftlichem Fortschritt, zum Umgang mit Anders- und Ungläubigen oder zu den Pflichten der Muslime in der westlichen Diaspora überflügelt er die meisten muslimischen Reformer an Innovationsbereitschaft.

Fadlallah ist aber nicht nur ein gesellschaftspolitisch denkender und agierender Geistlicher, sondern auch ein – in seiner eigenen Religionsgemeinschaft nicht unumstrittener – religiöser Erneuerer. Kennzeichnend sind seine Reform der islamischen Rechtsmethodik *(fiqh)* und sein undogmatischer Umgang mit den religiösen Quellen. Aus Koran und Sunna (den Überlieferungen des Propheten und der Imame) leitet er nicht auf textfundamentalistisch-abstrakte Weise Handlungsanweisungen ab (heiliger Text → Mensch), sondern er liest und interpretiert sie in seiner „Rechtswissenschaft des Lebens" *(Fiqh al-Hayât)* von den konkreten Lebensumständen heutiger Menschen her (Mensch → heiliger Text → Mensch). Die Religion dient demnach dem Menschen, und nicht umgekehrt. Sie verändert sich mit den gesellschaftlichen Umständen und begleitet die sozialen und wissenschaftlichen Fortschritte der Menschheit. Seine fortschrittlichen und rational begründeten Rechtsgutachten sprechen vor allem eine Generation gebildeter und zu Wohlstand gelangter junger Muslime an, viele mit Auslandserfahrung, die sich aus dem engen Korsett atavistischer religiöser Vorstellungen und konfessioneller Vorurteile befreien wollen. Er erreicht auch Andersgläubige und Säkulare. In bislang mehr als 50 Büchern hat er seine Ansichten kundgemacht.

Leben, Lehre, Werk und Aktivitäten von Fadlallah bilden eine Einheit. Sein ganzheitliches Islamverständnis umfasst Politik und Spiritualität, Religion und Kultur, Gesellschaft und Individuum. Sie alle fließen ein in seine ganzheitliche Rechtsfindung *(fiqh)*. Er grenzt sich von den traditionellen Gelehrten ab, die sich durch eine möglichst genaue Befolgung der Rituale lediglich um das individuelle Seelenheil kümmern, aber auch von ideologisierten Islamisten, die eine starre Dogmatik des vermeintlich einzig wahren Islam vertreten und Andersdenkende verfolgen.

Biographie

Die Familie Fadlallah emigrierte 1928 aus dem südlibanesischen Dorf ʿAinâta nahe der heutigen israelischen Grenze in den Irak, wo Muhammad Husain am 16.11.1935 geboren wurde. Er begann in der den Schiiten heiligen Stadt Najaf mit neun Jahren an der berühmten *hauza* (religiösen Hochschule) seine Ausbildung, zunächst bei seinem Vater, ʿAbd ar-Ra'ûf, anschließend bei den einflussreichsten Gelehrten der Zeit. Sein dynamisches Verständnis des islamischen Rechts *(scharîʿa)* und der Rechtsmethodik *(fiqh)* reiften hier. Nach 21 Jahren erreichte er den Rang eines *mudschtahid*, eines zur selbständigen Rechtsfindung befugten Rechtsgelehrten. Der Titel eines *sayyid* und sein schwarzer Turban weisen ihn als direkten Nachkommen des Propheten Muhammad aus. Sein wichtigster Lehrer war Abû al-Qâsim al-Khû'î (1899–1992), der bei den meisten libanesischen und arabischen Schiiten noch vor dem iranischen Revolutionsführer Khomeini (1902–1989) als oberste religiöse Autorität *(mardschaʿ at-taqlîd)* galt.

Politisiert wurde Fadlallah bei seinem Kommilitonen Muhammad Bâqir as-Sadr (1935–1980). In Reaktion auf den Erfolg säkularer linker und nationalistischer Ideologien und Parteien besonders unter jungen Schiiten übernahmen die jungen Gelehrten Ende der 1950er Jahre viele von deren politischen und sozialen Forderungen und „islamisierten" sie. Auch Aktions- und Organisationsformen adaptierten sie, veranstalteten Demonstrationen, verteilten Pamphlete, veröffentlichten Zeitschriften und gründeten Parteien. Am einflussreichsten wurde *Hizb ad-Daʿwa al-Islâmîya* (die Partei des islamischen Rufs), die auch Laien für sich gewinnen konnte. Fadlallah gehörte zu ihren Gründungsmitgliedern. Sie wurde zum Prototyp schiitisch-islamistischer Parteien im arabischen Raum, die die vermeintlich verloren gegangene Einheit von Religion und Politik wiederherstellen wollten. Unter Saddam Husain unterlag sie schärfsten Sanktionen, allein auf die Mitgliedschaft stand die Todesstrafe. As-Sadr und viele Weggefährten Fadlallahs wurden in den letzten Jahrzehnten im Irak ermordet.

Fadlallah kehrte 1966 in die Heimat seiner Familie zurück und ließ sich in dem vorwiegend von mittellosen schiitischen Landflüchtlingen bewohnten Viertel an-Nabʿa in Beirut nieder. Dort leitete er mit Hilfe der religiösen Abgaben seines Mentors Abû al-Qâsim al-Khû'î, dessen Repräsentant er war, ein Netzwerk karitativer und pädagogischer Einrichtungen und unterrichtete viele der künftigen Führer der Hisbollah so deren heutigen Generalsekretär Hasan Nasrallah, in Jurisprudenz. Während des libanesischen Bürgerkriegs vertrieben und massakrierten 1976 radikale christliche Milizen die muslimischen Bewohner von an-Nabʿa. Fadlallah verlor dabei Familienangehörige und seine Einrichtungen. Nach einem einjährigen Aufenthalt im Südlibanon zog er nach Südbeirut, zunächst nach al-Ghubairî, später nach Bi'r al-ʿAbd, wo er die Imâm-ar-Ridâ-Moschee zum Zentrum seiner Aktivitäten ausbaute.

Die *Islamische Revolution* im Iran 1979 radikalisierte die Vorstellungen Fadlallahs. In enger Anlehnung an das iranische Modell forderte er zeitweise die Errichtung einer *Islamischen Republik* im Libanon. Hierbei stand er der Hisbollah nahe, die damals noch mit einer anonymen Führung im undurchsichtigen Sumpf des libanesischen Bürgerkriegs operierte, umgeben von mehr oder weniger autonomen islamistischen Splittergruppen, die in Terroranschläge verwickelt waren. Fadlallah schien diesem unheimlichen Wesen ein Gesicht zu geben, und man warf ihm vor, in die Entführung westlicher Geiseln und die verheerenden Selbstmordanschläge am 23.10.1983 gegen das französische und das US-Hauptquartier der multinationalen Truppe in Beirut verwickelt gewesen zu sein. Zu der Verwirrung um seine Person trug bei, dass Fadlallah viele der Aktionen durch Rechtsgutachten sanktionierte. „Märtyreroperationen" seien als Mittel der Selbstverteidigung gegen militärische Ziele erlaubt, solange keine anderen adäquaten Mittel zur Verfügung stünden. Andere Operationen wie die Entführung westlicher Geiseln versuchte er sozialpsychologisch zu erklären und in den politischen Kontext einzuordnen, was ihm als Zustimmung zu diesen Aktionen ausgelegt wurde. „Es gibt diejenigen, die einen Menschen entführen, und diejenigen, die ein Volk kidnappen. Wir rechtfertigen nicht die Entführung von Unschuldigen; wir verurteilen sie. Aber wir wollen fragen, warum diese unschuldigen und nicht unschuldigen Menschen gekidnappt werden."

Mehrmals wurde Fadlallah wegen seiner exponierten Position und seiner scharfen Kommentare selbst das Ziel von Anschlägen. Bereits Mitte 1982 – noch vor der Entführungswelle, die westliche Ausländer betraf – war er von der (prowestlichen, christlichen) *Katâ'ib-Miliz* verschleppt worden. Am 8. März 1985 war er das Ziel eines der schwersten Bombenanschläge des Bürgerkriegs, in den die CIA und der libanesische Geheimdienst verwickelt waren. Mehr als 80 Menschen wurden getötet und über 200 verletzt, als eine Autobombe mitten in einer belebten Wohn- und Geschäftsstraße explodierte. Wie durch ein Wunder blieb Fadlallah verschont. Den gegen ihn und die Hisbollah gerichteten Vorwurf des „Terrorismus" seitens jener, die selbst terroristische Methoden anwenden, konnte er seitdem nur als heuchlerisch empfinden. Fadlallah unterstützte jedoch nachhaltig den bewaffneten „islamischen Widerstand" der Hisbollah, der in Reaktion auf die israelische Invasion von 1982 entstanden war und der im Mai 2000 die Befreiung des Südlibanon von israelischer Besatzung feiern konnte.

Während Fadlallah politisch der Hisbollah nahe stand, galt seine religiöse Loyalität weiter dem unpolitischen Khû'î als oberster religiöser Autorität. So wirkte er als Integrationsfigur zwischen den schiitischen Massen und der in den 1980er Jahren noch im Geheimen operierenden Hisbollah Viele Modifizierungen und die „Libanonisierung" der Partei – die Abkehr vom revolutionären Plan der Errichtung einer Islamischen Republik, die Freilassung der westlichen Geiseln, ökumenische Bemühungen Sunniten und Christen gegenüber, die Beteiligung an Parlamentswahlen – gingen maßgeblich auf seinen Einfluss zurück. Seitdem sich die Partei in den 1990er Jahren zunehmend zur Massenbewegung entwickelte und sich Fadlallah 1993 selbst als *mardscha*ʿ ins Gespräch bringen ließ, kam es vermehrt zu Spannungen zwischen beiden. Die Hisbollah folgt heute Ali Khamenei als oberstem Rechtsgelehrten und sieht Fadlallah eher als Konkurrenten, zumal es um Millionenbeträge an religiösen Abgaben und Spenden geht, die die Gläubigen an ihre religiösen Autoritäten entrichten.

Fadlallahs Wohnhaus und einige seiner Einrichtungen entwickelten sich zu einem eigenen Quartier innerhalb des südlichen Vororts Hârat Hraik. Durch Wachposten und Schranken gesichert und weitgehend autofrei liegt es wie eine Oase in der hektischen Großstadt. Dort empfängt er regelmäßig Politiker, Botschafter, religiöse Oberhäupter und Journalisten. Nicht weit entfernt liegen seine Freitagsmoschee al-Imâmain al-Hasanain und das zehnstöckige Krankenhaus Bahman. Sie gehören zu einem umfangreichen Netzwerk aus Einrichtungen, zu denen auch eigene Buchverlage wie Dâr al-Malâk und der Kinderbuchverlag Dâr al-Hadâ'iq sowie die

Radiostation al-Baschâ'ir gehören, neuerdings sogar Wirtschaftsunternehmen wie eine familienfreundliche Tankstelle mit Restaurant und Attraktionen für Kinder. Aus den religiösen Abgaben seiner Anhänger *(al-huqûq asch-schar'îya)*, Spenden, Einkünften der Unternehmen und staatlichen Zuschüssen werden Schulen, Berufsschulen, Waisenhäuser, Behindertenzentren, Gesundheitszentren und religiöse Einrichtungen (Moscheen u.a.) finanziert. Über diese Aktivitäten seiner 1978 gegründeten Wohltätigkeitsorganisation Dscham'îya Mabarrât al-Khairîya informiert www.mabarrat.org.lb. Als einer der ersten muslimischen Religionsgelehrten begann Fadlallah bereits 1996 das Internet zu nutzen. Über www.bayynat.org.lb können die weltweit verstreuten Anhänger seine Freitagspredigten, Interviews und Veröffentlichungen lesen, per E-Mail Rechtsgutachten erbitten oder in einer umfangreichen Datenbank von Fatwas „surfen".

Die zahlreichen Konflikte und Herausforderungen im Leben Fadlallahs prägten nachhaltig seine Ansichten und Aktivitäten. Der Bedrohung durch den Säkularismus begegneten die jungen Geistlichen Mitte des 20. Jahrhunderts mit einer revolutionären Umdeutung der schiitischen Geschichte. Sie modernisierten die Methoden religiöser Deduktion und engagierten sich politisch. Die Repression durch das irakische Regime, der Bürgerkrieg im Libanon und die israelischen Invasionen schufen ein Gefühl der Bedrohung, dem die Islamisten mit klandestinen Organisationsformen und militanten Aktionen begegneten. In islamischer Einheit und mit Glaubensstärke könne selbst ein überlegener Aggressor zurückgeworfen werden, so Fadlallah. Auch weil er Terrorismus am eigenen Leib erfahren hatte, behielt er allerdings ein distanziertes Verhältnis zu solchen Methoden. Die „Weltarroganz" der USA und ihrer Gehilfen, der „Götzendiener" Saddam Husain und Israel, bilden das Dreigestirn der satanischen Kräfte im Weltbild Fadlallahs. Aber er verfällt weder in blinden Antiamerikanismus – hier differenziert er zwischen Herrschern und Bevölkerung – noch in Antisemitismus. So betont er, man müsse auch einen Befreiungskrieg gegen Israel führen, wenn es nur von Muslimen bewohnt wäre, da nicht der andere Glaube oder gar eine andere Rasse, sondern der unrechtmäßigen Landraub die Feindschaft begründeten.

Fadlallah strebt eine ganzheitliche Veränderung an, die im Bewusstsein des Individuums beginnt, Selbstverantwortlichkeit und Verantwortung für die Gesellschaft verlangt und erst über die Reform der Gesellschaft zu einer Veränderung der Politik führt. Dies sei ein langfristiges Reformprojekt für Generationen. Reformen müssten mit der Kultur, dem Wertesystem und den Erfahrungen der Menschen harmonieren, da sonst Entfremdung und schwere gesellschaftliche Verwerfungen drohten. Grundlegende Umwälzungen könnten ohnehin nur aus dem Individuum kommen, äußerliche Veränderungen bewirkten keinen nachhaltigen Wandel. Deshalb könne man muslimischen Gesellschaften auch keine westlichen Normen und Werte überstülpen. Vielmehr müssten sich Muslime auf die „ursprünglichen" Werte des Islam, die bei Fadlallah erstaunlich modern und westlich klingen, besinnen und sie mit ihrer Lebensrealität in Einklang bringen. Er postuliert weder fundamentalistisch den Islam als universal einzige Wahrheit noch verfällt er in postmodernen Werterelativismus und verlangt einen muslimischen Sonderweg. Vielmehr geht er von einem dem menschlichen Wesen inhärenten gemeinsamen Kern von Werten aus, der sich in allen Religionen offenbare: Gleichheit, Freiheit, Brüderlichkeit und Gerechtigkeit, der Respekt für die Würde und den Glauben anderer Menschen. Die Menschheit sei unabhängig von Nationen und Religionen im Kern eins. Muslime und Nichtmuslime, Gläubige und Atheisten sollten in einen ergebnisoffenen Dialog der Religionen miteinander treten, dessen Resultat auch sein könne, dass Muslime den Islam aufgeben.

Fadlallah kritisiert das Selbstverständnis seiner Gemeinschaft als leidende und unterdrückte Gemeinschaft, die ihr Schicksal fatalistisch erdulden müsse. Erlösung durch Leiden verspricht die traditionelle Praxis an Aschura, sich selbst zu geißeln und damit dem Vorbild des Märtyrerimams Husain nachzueifern. Für Fadlallah sind die blutigen Rituale Ausdruck rückschrittlicher Bräuche, die zudem den Konfessionshass schüren. Denn der schiitischen Tradition zufolge ließ der sunnitische Kalif Yazîd den schiitischen Imam Husain in

Kerbela grausam ermorden. In den exzessiven Ritualen an Aschura, bei denen an diese Bluttat erinnert wird, schwingt daher auch eine Verurteilung heutiger sunnitischer Muslime mit. Fadlallah versucht diesen antisunnitischen Stachel zu ziehen, indem er Husain und seine Rebellion gegen Yazîd als an die gesamte Menschheit gerichtetes Vorbild für den revolutionären Kampf gegen Unrecht und Unterdrückung stilisiert. Auch die Prophetentochter Fatima und ihren Ehemann, den ersten Imam Ali, „vermenschlicht" er zu konkreten Vorbildern. Ali wird als fürsorglicher Ehemann präsentiert, der Fatima im Haushalt half, und Fatima hielt in aller Öffentlichkeit eine politische Rede. Diese Historisierung, in gewisser Weise sogar Säkularisierung der religiösen Historiographie relativiert den eigenen Glauben und schlägt eine Brücke zu anderen Kulturen und Religionen, indem der eigene religiöse Absolutheitsanspruch zurückgestellt wird.

Innerschiitische Gegner werfen Fadlallah vor, er beraube Fatima und die schiitischen Imame ihrer Heiligkeit, indem er sie zu menschlich-allzumenschlichen Vorbildern degradiere, und er gebe fundamentale Dogmen der „einzig wahren Religion" der Schia auf. Hochrangige Rechtsgelehrte aus Qom im Iran und aus Najaf verurteilten Fadlallahs Ansichten als ungewöhnlich, fehlerhaft, abweichend, im schlimmsten Fall sogar als ketzerisch – Letzteres kommt einem Todesurteil gleich. Hinter den dogmatischen Kontroversen verbirgt sich letztendlich ein Machtkampf, da die Traditionalisten eine Minderung ihrer religiösen Autorität durch den Beiruter Gelehrten befürchten.

„Wir zweifeln" *('indanâ schakk)* ist eine geläufige Formel Fadlallahs. In Zeiten einfacher Losungen im Namen der Religion mit binären Codes von Gut und Böse, Freund und Feind sind solch reflektierte Überlegungen selten. Mal kritisiert er das Verhalten der eigenen Klientel, mal lobt er das Verhalten der „Feinde", etwa das demokratische Parteiensystem Amerikas. Mit dieser Differenziertheit ist er zum Liebling der Intellektuellen avanciert, während ihn religiöse Dogmatiker und volksreligiöse Prediger scharf attackieren. Fadlallah ist ein Rationalist und Humanist, ein zutiefst spiritueller Mensch, charismatisch im positiven Sinne – eine Ausnahmeerscheinung unter den islamistischen Demagogen und selbsternannten Gotteskriegern unserer Zeit.

Literaturhinweise

Aziz. Talib M. (2001): Fadlallah and the Remaking of the Marja'iya. In: Walbridge, Linda S. (Hg.): The Most Learned of the Shi'a. New York: 205–215.

Böttcher, Annabelle (2002): Ayatollah Fadlallah und seine Wohltätigkeitsorganisation al-Mabarrat. In: Brunner, Rainer u. a. (Hg.): Islamstudien ohne Ende. Festschrift für Werner Ende zum 65. Geburtstag. Würzburg: 41–47.

Kramer, Martin (1997): The Oracle of Hizbullah. Sayyid Muhammad Husayn Fadlallah. In: Scott Appleby, R. (Hg.): Spokesmen for the Despised. New York: 83–181.

Rosiny, Stephan (1996): Islamismus bei den Schiiten im Libanon. Berlin.

Sankari, Jamal (2005): Fadlallah. The Making of a Radical Shi'ite Leader. London.

Yûsuf al-Qaradâwî: Das Erlaubte und das Verbotene im Islam

Bettina Gräf

Gäbe es das Amt des Papstes im Islam, so käme der ägyptische Gelehrte Yûsuf al-Qaradâwî am ehesten dafür in Frage. Er ist wohl der bekannteste Rechtsgelehrte des sunnitischen Islam in der heutigen Zeit. Seine Themen reichen von der Weiterentwicklung des islamischen Rechts über soziale und wirtschaftliche Fragen bis hin zu theoretischen Überlegungen zu Globalisierung und Islam. Für die Verbreitung seiner Lehre vom Islam der Mitte *(wasatîya)* nutzt der knapp 80-Jährige sämtliche alten und neuen Medien. Dabei ist Qaradâwî in der europäischen und amerikanischen wie auch arabischen Öffentlichkeit denkbar umstritten. Den einen gilt die Leitfigur des „islamischen Erwachens" (Salvatore) als religiöser Extremist, den anderen als friedlicher Botschafter des Islam. Das Urteil der Wissenschaft schwankt. So hat ihn Charles Kurzman in eine Anthologie von Stimmen des „liberalen Islam" aufgenommen (LI). Dagegen betont Gudrun Krämer mit Blick auf seine Ausführungen zur Religionsfreiheit im Islam, dass er im Gegensatz zu militanten Islamisten vielleicht als moderat gelten könne; doch bedeute das keinesfalls das Gleiche wie liberal (DB).

Yûsuf al-Qaradâwî steht seit seinem ersten Buch *Das Erlaubte und Verbotene im Islam* von 1960 in der Öffentlichkeit. Er sagt heute im Grunde das, was er immer gesagt hat: Der Islam ist die Lösung *(al-islâm huwa al-hall)*. Zu diesem Grundgedanken entwirft er ein Feindbild, das stets dem Zeitgeist entspricht. In den 50er Jahren zielte er auf die englische Protektoratsmacht und dann auf das Regime Nassers, in den 70er Jahren auf den religiösen Extremismus einer sich radikalisierenden Jugend und die Instrumentalisierung von Religion durch die Regierung. Seit den 90er Jahren treiben ihn die Schlagworte Globalisierung und Säkularisierung um. Vor allem kämpft Qaradâwî um die Wiederbelebung und Fortentwicklung des islamischen Rechts als Grundlage einer globalen islamischen Gemeinschaft *(umma)* – und um das Interpretationsmonopol der Gelehrten.

Die Anfänge und sein erstes Buch

Yûsuf al-Qaradâwî wurde 1926 in einem kleinen Dorf im Westen Ägyptens geboren. Mit 10 Jahren konnte er den Koran auswendig. Bald engagierte er sich auch politisch, wurde Sympathisant und dann Mitglied der ägyptischen Muslimbruderschaft. Deren Gründer Hasan al-Bannâ' verehrt er, seit er ihn als Student in den 1940er Jahren bei Vorträgen hörte. Von 1939 an studierte er an der Azhar-Universität in Kairo Theologie, arabische Sprache und Literatur. In den Jahren vor der ägyptischen Revolution von 1952 beteiligte er sich an Streiks und Demonstrationen gegen die englische Protektoratsmacht.

1954 wurden Qaradâwî und tausende andere Muslimbrüder unter Nasser interniert und ihre Organisation verboten. Nach seiner Freilassung 1956 setzte Qaradâwî seine Studien, jedoch nicht sein Engagement bei den Muslimbrüdern fort. Zu seinem ersten und bis heute einflussreichsten Buch *Das Erlaubte und Verbotene im Islam* ermutigten ihn der Reformgelehrte und Rektor der Azhar-Universität Mahmûd Schaltût und der Direktor der Kulturabteilung Muhammad al-Bahî. Es sollte einen außergewöhnlichen Erfolg haben, weil es Fragen der Essensgewohnheiten, Geschlechterbeziehungen, Kleidung, Kunst und Musik behandelte, die von den enormen Veränderungen der muslimischen Gesellschaften zwischen 1860 und 1960 aufgeworfen, aber bis dahin nicht öffentlich behandelt worden waren. Dabei vertritt er den alten Grundsatz, dass alles erlaubt sei, was nicht ausdrücklich durch Koran und Sunna verboten werde. Das betont den Spielraum für Reformen der Schariaauslegung – und zeigt zugleich deren vorläufige Grenzen auf: mit dem Ergebnis, dass der Gelehrte für bestimmte Positionen seines Buchs, das bis heute unverändert in vielen Sprachen erscheint und in jeder Moschee und jedem islamischen Zentrum erhältlich ist, heftig angegriffen wird, wie zuletzt in London 2004. So verurteilt er in *Das Erlaubte und das Verbotene* männliche Homosexualität als Sünde und hat Verständnis für die einst vorgeschriebenen Strafen von 100 Peitschenhieben oder Tod (LP 153 f.). Und er rät dem Ehemann, dessen Frau sich widersetzt, sie mit leichten Schlägen zur Vernunft zu bringen – allerdings relativiert durch einen Ausspruch des Propheten: „Diejenigen, die ihre Frauen schlagen, sind nicht die Besten unter euch" (LP 188). Als *Le Monde* ihn im Sommer 2004 nach seiner heutigen Haltung zu beiden Themen befragte, betonte er anders als 1960, dass das Schlagen von Frauen grundsätzlich verboten sei. Gegenüber Homosexualität vertrete er denselben Standpunkt wie der Papst. Über das Strafmaß jedoch schwieg er sich aus.

Schon vor Erscheinen des Buchs wurde Yûsuf al-Qaradâwî von der nasseristischen Regierung das Predigen untersagt. 1961 verließ Qaradâwî Ägypten, und ging nach Qatar und baute an der dortigen Universität die Scharia-Fakultät auf, als deren Dekan er lange Jahre wirkte. Den Kontakt zu Ägypten verlor er jedoch nie. Im Jahr 1973 wurde ihm von der Azhar-Universität für seine Arbeit über die Almosensteuer im Islam der Doktortitel zuerkannt.

Islamisches Erwachen seit den 1970er Jahren

Qaradâwî knüpft an das Gedankengut der islamischen Reformer des frühen 20. Jahrhunderts an. Doch zielt er im Gegensatz zu diesen Gelehrten nicht auf eine Anpassung des Islam an moderne Anforderungen. Er hat vielmehr den Anspruch, islamische Antworten auf die Fragen der Zeit zu entwickeln und die Moderne zu islamisieren. Seit den 1970er Jahren fördert Yûsuf al-Qaradâwî in diesem Sinn das Projekt des „islamischen Erwachens" *(sahwa islâmîya)*. Vor dem Hintergrund einer neuen Frömmigkeit der Bevölkerung dachten Religionsgelehrte und Intellektuelle über Reformen in Ägypten und anderen Gesellschaften nach. Bis heute gilt Qaradâwî als wichtige Figur dieses transnationalen Netzwerkes von islamischen Denkern.

Er bezeichnet seine Lehre nach dem koranischen Wort von der „Gemeinschaft der Mitte" (Q 2:143) als Schule der Mitte *(wasatîya)* und tritt für Ausgewogenheit bei der Anwendung des islamischen Rechts ein. Weder unreflektierte Nachahmung noch hitzige Ablehnung tradierter Lehrmeinungen, sondern eine Balance zwischen Neuem und Überlieferten sowie zwischen den verschiedenen Denk- und Rechtsschulen sei wichtig. Zudem hält er die Mitte zwischen Kritik an den arabischen Regierungen und ihren aus seiner Sicht unislamischen Praktiken und Kritik an gewalttätigen radikalen Islamisten. Seit Anfang der 1990er Jahre setzt sich Qaradâwî wie andere islamistische Denker vermehrt mit Demokratie, Verfassung und Parteienpluralismus auseinander. Statt sie strikt abzulehnen, greift er die westliche Terminologie auf, adaptiert sie und setzt sie mit Rechts- und Regierungsformen der islamischen Tradition gleich. Auf diese Weise lässt sich eine islamische Form von Demokratie entwerfen. Den islamischen Gelehrten kommt in solch einem System als Instanz, welche die Regierung kontrolliert und die Bevölkerung berät, eine Schlüsselrolle zu. Dieser Punkt ist Qaradâwî sehr wichtig, er zeigt aber auch die Grenzen seines demokratischen Gesellschaftsentwurfes auf. Wenn die Hüter der religiösen Bücher über das Erlaubte und Verbotene in einer Gesellschaft bestimmen dürfen, kann es keine unbedingte Meinungs- und Religionsfreiheit geben, auch bleiben religiöse Minderheiten Bürger zweiter Klasse. Einen säkularen Staat, der beim angewandten Recht von religiösen Wahrheiten absieht, lehnt er ab.

Stattdessen tritt er für die Entwicklung einer elastischen islamischen Lehre ein, die sich am Leben der Muslime orientiert *(fiqh al-wâqiʿ)*: „Die Lehre muss erneuert werden, wenn sich die Zeit, der Ort und die Lebensumstände der Leute ändern" (FW 6). Das bedeutet, dass Gelehrte nicht nur den Koran und 1400 Jahre Rechtsauslegung kennen sollten, sondern auch das heutige Leben. Dazu müssen sie den Dialog mit dem Volk suchen, statt ihm wie radikale Islamisten Unwissen und Unglauben vorzuwerfen. Mittlerweile hat er über 120 Bücher verfasst. Sie sind leicht verständlich geschrieben und überall für wenig Geld zu erwerben.

Sowohl in den Printmedien als auch in den elektronischen Medien ist Yûsuf al-Qaradâwî sehr präsent. Jede Woche ist er auf Qatar TV zu sehen. Einem Millionenpublikum ist er weltweit durch seine Telepredigten in der Sendung *Die Scharia und das Leben* auf dem Satellitenfernsehsender al-Jazeera bekannt, wo er seine Interpretation des islamischen Rechts allgemein verständlich erklärt. Dort werden brisante Themen abgehandelt, wie „Religions- und Gedankenfreiheit im Islam" (die er mit der Einschränkung befürwortet, dass das Gemeinwohl der islamischen Gesellschaft dadurch nicht gefährdet werden dürfe) oder „Islam und die Benutzung des Internets" (was er im Sinne der Verbreitung des Islam unterstützt). Er war 1997 einer der ersten Gelehrten mit einer eigenen Internetseite (www.Qaradawi.net). Auch das größte islamische Internetportal www.islamonline.net wurde 1999 mit Qaradâwîs Unterstützung gegründet. Auf der Eingangsseite nennt er seine Mission *(daʿwa)*: „Es ist unsere Pflicht, diese Religion allen Menschen dieser Welt nahe zu bringen, bis sie jene verstehen, sich für sie interessieren, sie suchen und ihr beitreten."

Schon vor der enormen Verbreitung digitaler Medien hat sich Qaradâwî mit der Lage von Muslimen im Westen und dem spezifischen Recht muslimischer Minderheiten *(fiqh al-aqallîyât)* in der Diaspora beschäftigt. Nach amerikanischem Vorbild gründete er 1997 in Dublin mit 14 anderen Gelehrten den „Europäischen Rat für Rechtsgutachten und Forschung" (www.e-cfr.org), dessen Vorsitz er führt. Der Rat hat inzwischen 32 Mitglieder, von denen 20 in Europa leben und der Rest in der islamischen Welt. Per E-Mail und Post stellen europäische Muslime ihre Fragen, die überwiegend kultische Gebote und das sittliche Verhalten betreffen (IE). Die Antworten der Gelehrten fallen meist pragmatisch aus – wohl vor allem deshalb, weil dem Fatwa-Rat durch die europäische Gesetzgebung ein gewisser Rahmen gesteckt ist. So wird das Kopftuchverbot der französischen Regierung zwar heftig kritisiert, doch sollen Mädchen in der Schule das Kopftuch ablegen, da es vorrangig darum gehe, sich zu bilden. Diese Haltung wird durch zwei Methoden der Rechtsfindung gestützt: zum einen die Auswahl bestimmter Lehrmeinungen aus alten Rechtstraditionen *(idschtihâd intiqâ'î)* und zum anderen die an die neuen Lebensumstände angepasste Interpretation der Quellen Koran und Sunna (*idschtihâd inschâ'î;* IM).[22]

Auf Dauer werden Rechtsgutachten nicht für lokal begrenzte Räume erstellt werden können. So ist denkbar, dass Gutachten innerhalb des Minderheitenrechts auf die islamische Welt zurückwirken. Die *Fiqh*-Akademie der zwischenstaatlichen Organisation der Islamischen Konferenz (OIC) im saudi-arabischen Mekka – auch hier ist Qaradâwî Mitglied – beobachtet die Textproduktion der Akteure in Europa und Amerika aufmerksam. Es bleibt abzuwarten, von welchen Autoritäten islamisches Recht in Zukunft maßgebend interpretiert werden wird. Im Jahr 2004 gründete Yûsuf al-Qaradâwî zusammen mit 200 Gelehrten aus aller Welt in London eine weitere Organisation mit dem Namen „Internationale Vereinigung Muslimischer Rechtsgelehrter" (SG), die als regierungsunabhängige globale Experteninstanz wirken möchte.[23]

Topthema westlicher Islamdebatten: Gewalt im Islam

Gewalt als Mittel zur Veränderung der Gesellschaft wird von Qaradâwî abgelehnt und nur zum Zwecke der Verteidigung der „heiligsten Dinge der Muslime" befürwortet. Zu den heiligsten Dingen gehört für ihn heute Palästina. In diesem Kontext steht die ausdrückliche Befürwortung von Selbstmordanschlägen der Palästinenser und Palästinenserinnen. Qaradâwî nennt sie nicht Selbstmordattentate, denn Selbstmord ist laut Koran untersagt, sondern Märtyrerakte. Aus seiner Sicht haben die Palästinenser kein anderes Mittel, den ungehinderten Zugang zu ihren heiligen Stätten zu verteidigen und eine gerechte Aufteilung des Landes einzufordern, als den tödlichen Einsatz ihrer Körper. Dabei macht Qaradâwî auf der Seite der israelischen Opfer, obwohl dazu auch Frauen und Kinder zählen, keinen Unterschied zwischen Soldaten und Zivilisten: Da potentiell jeder zum Militärdienst eingezogen werden könne, gebe es in Israel keine Zivilisten, nur Soldaten. Diese Stellungnahme veranlasste die amerikanischen Behörden, Qaradâwîs Ein-und Ausreisevisum für die USA für ungültig zu erklären und ihm die Einreise bis auf weiteres zu verwehren.

Andere Selbstmordattentate, die sich auf den Islam berufen, werden von Qaradâwî klar verurteilt, so die Anschläge auf das World Trade Center 2001, die Anschläge in Madrid 2004, die Selbstmordattentate im Irak und die Attentate in London, Sharm el-Sheikh und der Türkei 2005. Nach den Anschlägen in London bekräftigte er zum wiederholten Mal, dass Zivilisten – wozu neben Kindern, Frauen und Alten auch Journalisten und Mitarbeiter von Hilfsorganisationen gehörten – unter keinen Umständen in kriegerische Auseinandersetzungen hineingezogen werden dürften. Er beteiligte sich zudem an einer groß angelegten Antigewaltkampagne „Gewalt: Gründe und Alternativen" des Internetportals www.islamonline.net.

Im Widerstand gegen koloniale und imperiale Übergriffe und ungerechte Herrschaft zeigt sich Yûsuf al-Qaradâwî kämpferisch – vor allem gegenüber den USA und Israel. Umso fragwürdiger erscheint seine Unterstützung des sudanesischen Regimes. Hier tappt er in die Falle des Freund-Feind-Denkens („Der Islam gegen den Westen") und wird seinen eigenen Ansprüchen nicht gerecht.

Yûsuf al-Qaradâwî gilt bei Millionen Muslimen weltweit als religiöse Autorität. Seine theologische Ausbildung und sein Engagement in den Gremien wichtiger islamischer Institutionen von Dublin bis Mekka tragen wesentlich dazu bei. Bei muslimischen Intellektuellen, vornehmlich in Amerika und Europa, wird er für seine Gedanken zur Erneuerung der Rechtslehre geschätzt. Auch Tariq Ramadan zitiert ihn beständig (ZL). Die breite Masse, darunter auch viele Muslime in der Diaspora, verehrt ihn als einen Gelehrten und Reformer, der die Nähe zu zeitgenössischen Fragen sucht.[24] Durch seine multimediale Präsenz erfahren seine Ansichten rasche Verbreitung. Webtagebücher geben einen Eindruck, wie kontrovers Qaradâwîs Argumente diskutiert werden. Hier finden sich sowohl vehemente Gegner als auch glühende Verehrer (www.technorati.com).

In der Politik nimmt Qaradâwî auch manchmal die Rolle des Botschafters im Dialog Europas mit dem Islam bzw. mit moderaten Islamisten ein. Der französische Außenminister Michel Barnier bedankte sich kürzlich schriftlich bei Qaradâwî für seine klare Ablehnung von Geiselnahmen und Anschlägen seitens radikaler Islamisten. Konkrete nationalstaatliche Regierungspolitik hingegen scheint Qaradâwîs Aktionsfeld nicht zu sein. Bei der 1996 begonnenen Reform des juristischen und politischen Systems in Qatar hin zu einem Rechtsstaat mit demokratischen Elementen hat er laut eigener Webseite keine Funktionen übernommen. Qaradâwî wird sich weiterhin wie bisher – multimedial – um die Seelen der globalen muslimischen Gemeinschaft kümmern.

Literaturhinweise und Webseiten

Brunner, Rainer (2005): Zwischen Laizismus und Scharia. In: Aus Politik und Zeitgeschichte 20 (17. Mai): 8–15 (= ZL).

Caeiro, Alexandre (2003): Adjusting Islamic law to migration. In: ISIM Newsletter 12: 26–27.

Gräf, Bettina (2005): In Search of a Global Islamic Authority. In: ISIM Review: 47 (= SG).

Krämer, Gudrun (2006): Drawing Boundaries: Yûsuf al-Qaradâwî on Apostasy. In: dies./Schmidtke, Sabine (Hg.): Religious Authorities in Muslim Societies. Leiden (= DB).

Kurzman, Charles (1998): Liberal Islam. A Sourcebook. New York/Oxford (= LI).

Nafi, Bashir M. (2004): Fatwa and War. In: Islamic Law and Society 11: 79–116.

Qaradâwî, Yûsuf al- (2003): The Lawful and the Prohibited in Islam. London (= LP).

Qaradâwî, Yûsuf al- (1998): al-Idschtihâd al-muʿâsir bain al-indibât wal-infirât (Zeitgenössische Rechtsauslegung zwischen Kanon und Ablösung), Beirut, Damaskus, Amman (= IM; 1. Auflage 1994).

Qaradâwî, Yûsuf al- (1998): Fiqh al-wâqiʿ wa taghayyur al-fatwâ (Die Kenntnis der Wirklichkeit und die Veränderung von Rechtsgutachten): In: Al-Manâr al-Dschadîd 3: 6–15 (= FW).

Rohe, Mathias (2003): Iftâ' in Europa. In: Ebert, Hans-Georg/Hanstein, Thoralf (Hg.): Beiträge zum Islamischen Recht III. Frankfurt a. M.: 33–53 (= IE).
Salvatore, Armando (1997): Islam and the Political Discourse of Modernity. Berkshire.

Khaled Abou El Fadl: Mit der Scharia gegen den Puritanismus

Birgit Krawietz

Der 1963 geborene Ägypter und inzwischen amerikanische Staatsbürger Khaled Abou El Fadl präsentiert sich bereits auf einem Porträtfoto im Internet anders als erwartet. Der muslimische Rechtsgelehrte posiert im Sitzen und hat den Arm fürsorglich um zwei augenscheinlich sehr verschmuste Hunde gelegt, die es sich auf seinem rechten Knie gemütlich gemacht haben. Nach der Überlieferung handelt es sich bei Hunden nicht nur um unreine Wesen, sondern oft sogar um böse Dschinn. Das Bild ist insofern eine erstaunliche Selbstinszenierung, wenn nicht Provokation. Dies hat bei Abou El Fadl zweifellos Methode.

Mahnende Stimme zum 11. September

Seit 1998 hat Abou El Fadl eine Stiftungsprofessur für Islamisches Recht an der Juristischen Fakultät der University of California in Los Angeles inne. Seine Dreifachkompetenz in modernem amerikanischen Recht, traditioneller islamischer Jurisprudenz sowie Near Eastern Studies ist überragend. Doch machte ihn allein das noch nicht zur weit über Fachkreise hinaus in der amerikanischen und internationalen Öffentlichkeit bewunderten wie umstrittenen Figur. Je nach Perspektive gilt er den einen als wortgewaltiger progressiver Reformer und maßgeblicher islamischer Denker im Westen, während ihn andere für einen schlimmen muslimischen Nestbeschmutzer, wenn nicht gar Soldschreiber der Amerikaner halten. Der zionistische *campus-watcher* Daniel Pipes versuchte sogar, ihn als „just another Muslim extremist" zu deklarieren. Erst die Aufgabe, das Unfassbare des 11. September 2001 zu erklären, machte den Wissenschaftler jedoch zum gefragten Kommentator. Bereits am 14. September schrieb Abou El Fadl in der *Los Angeles Times* seinen berühmt-berüchtigten Artikel „What Became of Tolerance in Islam?". Darin geißelt er geistige Verirrungen fundamentalistischen Denkens und fordert die amerikanischen Muslime zur nachdrücklichen und organisierten Distanzierung davon auf. Zugleich bezeichnet er aber Terrorismus nicht als das grundsätzlich Böse und Irrationale, sondern als Prüfung für die moralische Tiefe einer Gesellschaft, welche immer auch Selbstkritik üben müsse. Somit betont er: „We [d. h. die Amerikaner] do not have a good record when responding to aggression." Außerdem bestehe die Notwendigkeit, umfassend über unreflektierte Grundannahmen der Politik nachzudenken. Abou El Fadl ist einer der wenigen, welche die Gelegenheit ergriffen, die naiv daherkommende Frage „Why do they hate us?" wirklich differenziert anzugehen. In seinen Presseartikeln, Fernsehinterviews und wissenschaftlichen Publikationen stößt er dabei zügig zu seinem Kernthema vor, nämlich einer Fundamentalkritik an reduktionistischer und autoritativer Instrumentalisierung der islamischen Rechtstradition. Letztere sei in langen Jahrhunderten zu einem eigentlich hochvariablen methodologischen System und reichhaltigen intellektuellen Reservoir herangereift, welches zu beeindruckenden Anpassungsleistungen und Feinabstimmungen imstande sei. Erst im Gefolge postkolonialer Umbrüche in weiten Teilen der islamischen Welt und ihrer Diaspora habe sich im Sammelbecken des islamischen Fundamentalismus eine Tendenz herausgebildet, das breitgefächerte kulturelle Erbe unbesehen zurechtzustutzen und in den Dienst modernitätsfeindlicher Ideologien zu stellen. Aufgrund des mit der Einführung westlicher Bildungssysteme verbundenen Kahlschlags traditioneller Bildungseliten in der islamischen Welt im 20. Jahrhundert fehle es vielerorts an notwendigen Korrektiven. Das gelte in besonderem Maße für Muslime im Westen. Von einem für ihre Religion fruchtbaren intellektuellen Klima könne dort keine Rede sein. Stattdessen habe sich in diesem Vakuum aufgrund des Fehlens von wahrer Autorität intolerantes autoritäres Gehabe breit gemacht. Als Hauptübeltäter identifiziert er den Petrodollar-finanzierten wahhabitischen Puritanismus aus Saudi-Arabien und dessen Export in alle Welt. Abou El Fadls Warnung und Kritik ist keineswegs erst jüngeren Datums – nur hatte diese Botschaft zunächst kaum jemand in den USA wirklich hören wollen. Seit dem 11. September hat sich das Blatt für seinen persönlichen Aufklärungsfeldzug jedoch deutlich gewendet, und er ist nun ein vielerorts gefragter Mann und hoch bezahlter Redner.

Biographie zwischen Kontinenten und Kulturen

Der in Kuwait geborene Ägypter verbrachte die meiste Zeit seiner Kindheit und Jugend in Ägypten. Er stammt aus einer Gelehrtenfamilie mit einer langen Tradition religiöser Bildung, auch wenn bereits sein Vater dem säkularen Beruf eines Anwalts nachging. Als Heranwachsender erlebte Abou El Fadl die militärische Schmach Ägyptens im Sechstagekrieg gegen Israel von 1967, das Hegemonialstreben saudischen Geldes und den zunehmenden religiösen Extremismus Ende der 70er und Anfang der 80er Jahre. Auf das siebte Schuljahr in Kuwait datiert er seinen eigenen Flirt mit islamischem Fanatismus, welcher ihn dazu brachte, seine Eltern zu Ungläubigen zu erklären und eine Rod-Stewart-Kasette seiner Schwester („Da Ya Think I'm Sexy?") zu zerstören. Der Aufforderung seines Vaters, er möge sich anstelle blinder Ereiferung lieber solide schariarechtliche Kenntnisse aneignen, ist er dann in jahrelangen Bemühungen neben der Schule nachgekommen. Abou El Fadls frühe Versuche zu regimekritischer Poesie bescherten ihm unliebsame Kontakte mit ägyptischen Sicherheitskräften. Zwar sollte ihn ein Auslandsstudium in den USA aus der Gefahrenzone bringen, doch wurde er 1985 bei einem Heimatbesuch in Kairo für drei Wochen inhaftiert und gefoltert.

In der arabischen Welt wurde sein akademischer Glanz früh bemerkt. Bereits 1991 bot ihm die weitgehend von Saudi-Arabien kontrollierte Muslim World League 100.000 Dollar als Honorar für ein Buch über den Islam. Die Endredaktion sollte jedoch dieser Organisation vorbehalten bleiben, was der angehende Doktorand zurückwies. Von saudischer Seite wurden ihm noch mehrfach Avancen gemacht, doch Abou El Fadl hat sich solchen Umarmungsversuchen stets entzogen. Mittlerweile sind seine Bücher in Saudi-Arabien und anderenorts verboten, für sein Heimatland Ägypten erhält der Gelehrte kein Visum, und er wird von vielen islamischen Konferenzen ausgeschlossen. Seine Medienauftritte haben zahlreiche Proteste und sogar Todesdrohungen hervorgerufen.

Bücher und Publikationstätigkeit

Nach den Auflagenzahlen zu urteilen verfügt Abou El Fadl über eine beträchtliche Anhängerschaft. Seine durchweg auf Englisch erscheinenden Publikationen mussten jedes Mal in kürzester Zeit nachgedruckt oder neu aufgelegt werden. Dieser Zuspruch drückt sich jedoch auf muslimischer Seite nicht unbedingt in einem offenen Bekenntnis zu ihm aus. In weiten Teilen der arabischen Welt erscheint seine unbarmherzige analytische Darstellungsweise als unannehmbar, so dass auch längst fällige Übersetzungen auf sich warten lassen bzw. gezielt verhindert werden.

Seine bekanntesten Werke sind zwei kompakte Monographien aus dem Jahr 2001: *Rebellion and Violence in Islamic Law,* seine überarbeitete Doktorarbeit,[25] und *Speaking in God's Name: Islamic Law, Authority and Women,* das besonders frauenfeindliche saudi-arabische Rechtsgutachen (Fatwas) aufs Korn nimmt und seinen Ruf als engagierter Feminist und Gesellschaftskritiker begründete. Das Thema Frauen ist dabei lediglich der prominente Aufhänger für eine kritische Studie über selektive Wahrnehmung, Unterdrückungsstrategien und Manipulationsmöglichkeiten im Bereich des islamischen Rechts. Das Werk ist das ausgewachsene Spaltprodukt eines dünnen programmatischen Büchleins von 1997 mit dem Titel *And God Knows the Soldiers: The Authoritative and Authoritarian in Islamic Discourse.* Der Nukleus dieses Bändchens ist ein Kommentar zu einem Vorfall von 1996, bei dem sich ein muslimischer afro-amerikanischer Basketballspieler unter Hinweis auf vermeintliche

Gebote seiner Religion weigerte, zur amerikanischen Nationalhymne aufzustehen. In der von Abou El Fadl mit beißender Ironie vorgetragenen Replik auf derartige Rechtsauskünfte finden sich bereits in dichter Form die Grundgedanken und Hauptkritikpunkte, die er in späteren Publikationen auffächert. Jeder habe zwar in irgendeiner Form Zugang zu göttlicher Autorität, aber niemand könne diese mit voller Kraft der Überzeugung ausschließlich an seine Person binden. Genau das aber versuchten der puritanische Anti-Intellektualismus moderner Prägung aus Saudi-Arabien und die sich von solchen reduzierten Botschaften nährenden Vertreter amerikanischer Muslim-Organisationen, die sich häufig aus Schmalspurstudenten, Studienabbrechern oder gänzlich Fachfremden rekrutierten. Der Reichtum des vormodernen Erbes werde dabei ohne Rücksicht auf Verluste beiseite geschoben. Bereits in diesem kämpferischen Essay – und dann noch wesentlich ausführlicher in *Speaking in God's Name* – formuliert Abou El Fadl seinen Widerstand gegen Leute, die versuchen, ihre Legitimität auf Kosten von Frauen zu stärken. Auskünfte wie diejenige, das islamische Recht verlange, dass sich ein Mann nicht auf einen Stuhl setze, auf dem sich soeben noch eine Frau befand, sondern erst abwarte, bis sich die dort gespeicherte Körperwärme verflüchtigt habe, qualifiziert er als bodenlos. Die neurotische Abwehr einer Gleichbehandlung der Geschlechter sei zum Symbol der Verteidigung des Islam hochstilisiert worden, um die eigene kulturelle Niederlage nicht eingestehen zu müssen, „as if Muslim men were projecting their feelings of disempowerment and defeat upon women" (GK 7). Inhumane, pseudo-authentische Traditionen und insbesondere solche mit Gewaltpotential seien weniger vor dem Hintergrund klassischer Gelehrsamkeit zu sehen, sondern eher als Auswüchse postkolonialer Befreiungsideologien des 19. und 20. Jahrhunderts. Dieses Aufbegehren gegen Autoritäres ohne Autorität und das gleichzeitige Herausstellen überzeugender, authentischer Varianten im islamischen Erbe ziehen sich auch durch seine weiteren, meist gut lesbaren Publikationen wie etwa sein Buch *Reasoning with God: Rationality and Thought in Islam* oder das Bändchen *Islam and the Challenge of Democracy*.[26]

Provokationspotential und Tabubrüche

Warum löst ein Gelehrter wie Abou El Fadl so massive Abwehrreaktionen aus? Die eingangs vorgestellten Hunde sind allenfalls die Spitze des Eisbergs und symbolisieren laut Selbstauskunft seine persönliche Rebellion gegen Rigidität im Namen islamischer Tradition. Abou El Fadl hat inzwischen mehrfach schariarechtliche Auskünfte, die ihn provoziert haben, ausgeleuchtet und deren Inhalte und Propagandisten in Frage gestellt. Er präsentiert sich dabei beharrlich als jemand, der seine Erkenntnisse zuallererst bei sich selber umsetzt, und verkündet Dinge, die von vielen Muslimen als Tabubruch empfunden werden. Dazu gehört, dass der mit einer Konvertitin verheiratete selbsternannte Feminist bekundet, er bitte des Öfteren seine Frau, zu Hause das gemeinsame Gebet zu leiten. Eine solche Aussage allein stellt für gewöhnliche Muslime schon einen Affront dar. Es sei an den allgemeinen Eklat erinnert, der 2005 die Wogen hochschlagen ließ, als die Koranexpertin Amina Wadud in den USA sogar öffentlich als erste Frau dort ein Freitagsgebet leitete. Diaspora-Islam findet sich häufig in einer schwierigen Situation zwischen Beharrungswillen zur Identitätssicherung und Reformforderungen. Als Anwalt und Menschrechtsaktivist zählt Abou El Fadl zwar zu den pointiertesten Kritikern terroristischen Gedankenguts, er beschränkt sich darin aber nicht auf die relativ kleine Gruppe aktiver Gewalttäter. Vielmehr richtet er seine Vorwürfe an breite muslimische Bevölkerungsteile in den USA für ihre politische Apathie, d. h. er stellt diejenigen, die sich eigentlich in besonderem Maße als Leidtragende und Opfer des 11. September definieren, an den Pranger. Im Jahre 2002 kam es in Doha, der Hauptstadt von Qatar, zu einer Fernsehdebatte über Selbstmordattentäter, und zwar zusammen mit dem in Qatar tätigen und weltweit populären Yûsuf al-Qaradâwî. Dieses Streitgespräch war vom State Department mitorganisiert worden. Solche Aktionen und ebenso Abou El Fadls Eintreten für Demokratie, Frauen oder Menschenrechte lassen ihn bei einigen als Handlanger der Amerikaner erscheinen. Durch seine mit chirurgischer Präzision durchgeführten Analysen zweifelhafter islamischer Rechtsauskünfte für den US-Markt hat er wiederholt „Experten" vorgeführt, die lange Zeit unbehelligt als schariarechtliche Hardliner posieren konnten. Eine solche Delegitimierung selbsternannter Sachwalter der Scharia hat heftige Reaktionen in muslimischen Kreisen ausgelöst. Verschärfend kommt hinzu, dass es Abou El Fadl in aller Regel nicht bei Sachkritik belässt, sondern diese mit psychologischen Erklärungsmustern verknüpft. Dabei beansprucht er die Binnenperspektive desjenigen, der – quasi als Kinderkrankheit – selbst den Anfechtungen radikalen Gedankenguts erlegen war. Nun genießen weder der kritische Blick aufs männliche Ego noch Hinweise auf schwere narzißtische Kränkungen, wie sie aus dem Empfinden von Ohnmacht gegenüber einer hereinbrechenden Moderne resultieren mögen, breite kulturelle Akzeptanz in islamischen Ländern und Gemeinschaften.[27] Besonders verstörend wirkt auf die muslimische Öffentlichkeit die ungewohnte Kombination aus würdigem schariarechtlichem Diskurs, bestechender Eloquenz und beißender Ironie. Es wäre aber ungerecht, in seinem Fall von einer Islam-Schelte zu sprechen, denn er richtet denselben analytischen Blick auf seine nichtmuslimische amerikanische Umwelt. Ihr verkündet er beispielsweise: „I had over-estimated the commitment of the United States to freedom" (GK 11) oder betont, dass sich nach dem Zusammenbruch der Sowjetunion gezeigt habe: „We seem to project onto the other everything we like to think that we are not" (SH).

Fazit

Im Grunde genommen hätte Abou El Fadl durchaus das Zeug zu einem islamischen Helden.[28] Jedoch weigert er sich, die Amerikaner und die westliche Welt anzugreifen, und verteidigt im Gegenteil deren Werte, auch wenn er sie keineswegs für perfekt verwirklicht hält. Er findet für sie sogar reichlich Anknüpfungspunkte und Parallelen in den Tiefen schariarechtlicher Gelehrsamkeit aus der Zeit, als es sie in einem umfassend lebendigem Sinne noch gab. Die Herzen scheinen ihm allerdings nicht freudig zuzufliegen, denn Abou El Fadl ist intellektuell fordernd und emotional anstrengend und gibt gerade Muslimen wenig Gelegenheit, sich gut zu fühlen. Seine besondere Sympathie scheint weniger den heute lebenden Menschen zu gelten als vielmehr dem Reichtum einer untergegangenen Geisteskultur, die den meisten ohnehin verschlossen ist und bleiben wird. Er begründet sein Engagement mit der Empfindung, dass sich die Muslime im Westen endlich gegen den Missbrauch ihrer Tradition empören müssten. Der Nahost-Experte und praktizierende Anwalt, welcher zu allerlei schwierigen Konflikten gerufen wird, an denen Muslime beteiligt sind, dekretiert keinen neuen hermeneutischen Königsweg, den die Fachkollegen bestaunen sollen, könnte es aber mit jedem aufnehmen, der einen solchen autoritativ für sich reklamiert. *L'art pour l'art* kommt für ihn nicht in Frage, zumal wenn damit, wie er sagt, „Hässliches" verfochten wird. Ein anderer als ein moderater und liberaler Islam ist somit für Abou El Fadl nicht denkbar. Gerade seine Meisterschaft im Umgang mit sakralen und juristischen Texten sowie unterschiedlichen Meta-Diskursen zu deren historischer Einbettung und Relativierung befreit Abou El Fadl letztlich vom Joch des Textes. Es macht ihn offen für gefühlte alltagsethische Grundanliegen der islamischen Religion: „The burden is one of diligence and honesty, not just with textual sources, but with oneself", so sagt er, denn: „The burden is to internalize the morality of the Divine message„ – und nicht etwa zweifelhafter Interpretationschauvinismus (Gk 154). Gerade das ist es, was viele – auch einfache – Gläubige durch Abou El Fadl nachvollziehen können und wollen.

Literaturhinweise und Webseiten

Abou El Fadl, Khaled (1997): And God Knows the Soldiers: The Authoritative and Authoritarian in Islamic Discourse. Lanham, MD (= GK).

Abou El Fadl, Khaled (2001): Rebellion and Violence in Islamic Law. Cambridge (= RV).

Abou El Fadl, Khaled (2001): Speaking in God's Name: Islamic Law, Authority and Women. Oxford (= GN).

Abou El Fadl, Khaled (2002): Reasoning with God: Rationality and Thought in Islam. Oxford.
Abou El Fadl, Khaled (2003): The Ugly Modern and the Modern Ugly: Reclaiming the Beautiful in Islam. In: Safi, Omid (Hg.): Progressive Muslims: On Justice, Gender and Pluralism. Oxford: 33–77.
Abou El Fadl, Khaled (2004): Islam and the Challenge of Democracy. Princeton.

www.scholarofthehouse.org.html (abgerufen am 17.8.2005; = SH)

Nasr Hamid Abu Zaid: Interpretation – die andere Seite des Textes

Thomas Hildebrandt

Im Sommer 1995 ging ein Fall durch die internationale Presse, der all jene, die den Islam für eine intolerante Religion halten, in ihrem Urteil bestätigte: Vor einem ägyptischen Gericht wurde ein muslimisches Ehepaar gegen seinen erklärten Willen geschieden, weil sich der Mann, so die Urteilsbegründung, vom Islam abgewandt habe und als Apostat nicht länger mit einer Muslimin verheiratet sein könne. Dieses Urteil und der ihm vorausgehende Medienkrieg machten einen Mann berühmt, der bis dahin das bescheidene und arbeitsame Leben eines Akademikers geführt hatte und in der Fachwelt durch eine Reihe anspruchsvoller Untersuchungen zum Koran zu einigem Ansehen gelangt war: Nasr Hamid Abu Zaid. Er, der den Vorwurf der Apostasie stets zurückgewiesen hatte, wurde durch eine Zwangsscheidung zu einem weiteren Symbol für die Engstirnigkeit des konservativen Islam. Außerdem zwang ihn die Affäre ins holländische Exil, wo Abu Zaid bis heute lebt und seiner wissenschaftlichen Tätigkeit nachgeht.

Der Einfluss der literaturwissenschaftlichen Koranexegese

Der Inhalt seiner wissenschaftlichen Tätigkeit ist weit weniger bekannt als die oft wiederholten juristischen Details der Affäre um seine Person. Dies ist umso bedauerlicher, als Abu Zaids Thesen einem islamischen Diskurs den Anschluss an das westlich-moderne Denken ermöglichen. Abu Zaid, der 1943 in einem Dorf in der Nähe von Tanta im Nildelta geboren wurde, ist nicht, wie es immer wieder heißt, islamischer Theologe und Koraninterpret, sondern Spezialist für arabische Literaturwissenschaft mit dem Spezialgebiet Koranexegese. Fast hätte er dieses Fach, das er heute meisterhaft vertritt, allerdings gar nicht studieren können, denn als junger Mann war er durch den frühen Tod seines Vaters gezwungen, eine Ausbildung zum Fernmeldetechniker zu absolvieren.

Zwei Einflüsse haben Abu Zaid während seiner Studienzeit besonders geprägt. Zunächst die an seinem Institut unter der Ägide von Amîn al-Khûlî (1896–1967) entstandene Richtung der so genannten „literaturwissenschaftlichen Koranexegese". Sie hatte 1947 für einen landesweiten Skandal gesorgt, als Muhammad Ahmad Khalafallâh (1916–1997), ein Schüler al-Khûlîs, die von seinem Lehrer in den 30er Jahren entwickelten Prinzipien zur Untersuchung des Koran in die Tat umsetzte. In seiner Dissertation über die „Erzählkunst des Koran" hatte Khalafallâh die Behauptung aufgestellt, Gott habe im Koran keine historischen Fakten wiedergeben, sondern höher stehende Prinzipien und Werte vermitteln wollen. Diese Prinzipien seien leichter vermittelbar, wenn der Leser sich in die Situation der ersten Muslime hineinversetze. Seinem göttlichen Ursprung zum Trotz sei der Koran auch ein literarisches Werk. Und deshalb dürfe, nein, müsse man ihn mit all den Methoden untersuchen, die der modernen Literaturwissenschaft zur Verfügung stünden: linguistischen, philologischen, historisch-kritischen und sogar psychologischen. Zentral sei die Intention Gottes gewesen. Er habe sich, so die These, im Koran bestimmter, bereits existierender menschlicher Ausdrucksformen und Vorstellungen bedient, um bei Muhammad und seinen Anhängern eine ganz bestimmte Wirkung zu erzielen. Khalafallâhs Dissertation, mit der sich seinerzeit sogar das ägyptische Parlament beschäftigte, wurde nach einer Intervention führender Azhar-Gelehrter zurückgewiesen. Zu ketzerisch klangen seine Aussagen: beispielsweise die, dass Gott ohne Rücksicht auf die historische Wahrheit die koranischen Erzählungen über frühere Propheten und andere Themen so erzählt habe, wie es ihm hinsichtlich der zu erwartenden Reaktionen und Einsichten der Angesprochenen am sinnvollsten erschien.

Auch der junge Dozent Hasan Hanafî (geb. 1935), der eine ganze Generation von Studenten in seinen Bann zog, übte entscheidenden Einfluss auf Abu Zaid aus. Hanafî hatte in Paris studiert, und sein von marxistischen Idealen geprägter Traum von einer Veränderung der Lebensbedingungen der Muslime durch eine Rückkehr zu den rationalistischen Prinzipien der Muʿtazila, der vor der Aschʿarîya wichtigsten theologischen Denkschule des Islam, sollte sich in seinem in den frühen 80er Jahren geäußerten Ruf nach einem „linken Islam" niederschlagen.

Das metaphorische Koranverständnis der Muʿtazila

Das Interesse an der Muʿtazila und an einem literaturwissenschaftlichen Zugang zum Koran flossen 1977 in Abu Zaids Magisterarbeit ein. Sie behandelt das Konzept des so genannten *madschâz* – der metaphorischen Ausdrucksweise. Eine Reihe muʿtazilitischer Sprachwissenschaftler und Theologen hatten dieses Konzept zwischen dem 8. und 11. Jahrhundert im exegetischen Umgang mit dem Koran angewendet. Die Vorstellung, dass das im Koran enthaltene Gotteswort Metaphern enthält, also nicht notwendigerweise wörtlich zu verstehen ist, erlaubte der Muʿtazila, die von ihr vertretene rationalistische Theologie mit Versen in Einklang zu bringen, die aus ihrer Sicht problematisch waren. Eines von vielen Beispielen dafür ist die im Koran an mehreren Stellen vorkommende Formulierung, dass sich Gott nach der Erschaffung der Welt auf einem Thron niedergelassen habe. Der Konflikt ließ sich durch die Aussage entschärfen, dass die Metapher „Thron" im Zusammenhang mit Gott auf dessen herrschaftliche Eigenschaften wie Macht und Größe hinweise und nicht etwa, *horribile dictu*, darauf, dass er etwa Sitzfleisch habe.

Abu Zaids Untersuchung über die Muʿtazila liegt ein ausgeprägter Sinn für Probleme hermeneutischer und linguistischer Art zugrunde. Diese Ausrichtung vertiefte er ab 1978 während eines mehrjährigen Studienaufenthalts an der Universität von Pennsylvania. Abu Zaid arbeitete sich durch die Schriften des Kulturanthropologen Claude Lévi-Strauss, des Linguisten Ferdinand de Saussure, der Philosophen Schleiermacher, Dilthey, Heidegger, Althusser, Ricœur und, vor allem, Gadamer. Dabei festigte sich bei ihm eine Erkenntnis, die sein gesamtes späteres Werk bestimmen sollte: Wahrheit lässt sich nie endgültig fassen. Sie konstituiert sich immer durch einen Prozess des Verstehens und der Deutung. Die Welt, so die moderne Semiotik, ist ein Geflecht kulturell aufgeladener Symbole und Zeichen, in ihrer Zusammensetzung auch Texte genannt, die der Mensch in einem Prozess des Verstehens, der Lektüre und der Interpretation in Bedeutungen verwandelt. Kommunikation, das heißt der Austausch von Zeichen und ihre Transformation in Sinn, ist ein Schlüsselwort dieser Weltsicht. Abu Zaid kam zu dem Schluss, dass sie große Ähnlichkeiten mit der klassisch-islamischen Art, die Welt zu sehen, aufweise. Nicht zuletzt um diese These zu begründen, legte er 1981 eine detaillierte Untersuchung, seine Dissertation, über den großen, aus Andalusien stammenden und in Damaskus gestorbenen Mystiker Ibn ʿArabî (gest. 1240) vor. Sein Hauptaugenmerk legte er dabei auf das von Ibn ʿArabî vertretene Konzept des *taʾwîl*, der allegorischen Exegese des Koran. Im mystischen Denken des Islam, so Abu Zaid, sei die Auffassung besonders verbreitet, dass hinter den wörtlichen Formulierungen des Koran ein verborgener Sinn liege, den der Mensch nur durch eigene Interpretationsleistung zu entschlüsseln vermöge.

Kein Verstehen ohne Interpretation

Neun Jahre, eine Reihe theoretischer Arbeiten und einen Aufenthalt als Gastdozent an der Universität Osaka später veröffentlichte Abu Zaid eine Studie mit dem Titel *Der Begriff des Textes*, die bis heute als sein wichtigstes Werk gilt. Hier führt er die Grundbegriffe der literaturwissenschaftlichen Koranexegese, der muʿtazilitischen Sprachwissenschaft sowie der westlichen Hermeneutik und Semiotik zusammen. Hinzu kommen Ideen, die auf den sowjetischen Linguisten Jurij M. Lotman zurückgehen sowie auf den japanischen Islamwissenschaftler Toshihiku Izutsu. Beide vertreten einen kommunikationstheoretischen Ansatz, der besonders bei Abu Zaids

Schilderung des Offenbarungsprozesses Pate gestanden hat. Der Koran sei im Gegensatz zu der seit dem Niedergang der Muʿtazila im 12. Jahrhundert unter Muslimen herrschenden Meinung kein Buch, das im Himmel von allem Anbeginn an vorgelegen habe und dann schrittweise auf den Propheten herabgesandt worden sei. Es sei vielmehr Ergebnis eines kommunikativen Austausches, der durch historische Umstände bedingt sei. Gott ist hier der „Sender" einer Botschaft und die Menschen ihr „Empfänger". Zur Übertragung dieser Botschaft wird das vom Menschen entwickelte Zeichensystem der arabischen Sprache als Medium benutzt – somit ein existierender „Code". Ihn hat Gott mit dem Ziel aufgegriffen, sich in einem arabischen Umfeld verständlich zu machen. Dabei musste er die grammatikalischen Regeln der arabischen Sprache beachten. Um den Koran zu verstehen, sei es daher, wie es für alle Arten von Texten gelte, unabdingbar, ihn zu interpretieren. Und dabei solle man die aus anderen, meist literarischen Zusammenhängen bekannten Regeln der Interpretation anwenden. Bedeutung gewinne der Koran immer erst im Kopf seines Rezipienten. Die Exegese des Koran, sein *ta'wîl*, sei daher nichts anderes als seine „andere Seite".

Der Zuschnitt der Offenbarung auf die ersten Hörer

Wie weitreichend diese Thesen im islamischen Kontext sind, mag der westliche Leser nicht auf Anhieb erkennen. Ein zentraler Punkt, an dem Abu Zaid der muslimischen Mehrheitsmeinung widerspricht, ist seine Betonung der „Erschaffenheit" des Koran. Damit ist bei ihm in erster Linie die Abhängigkeit seiner Entstehung von den herrschenden Umständen gemeint. Jedes sprachliche Bild, jeder Vergleich, aber auch jede im Bereich des Rechts relevante Aussage sei von Gott auf die in der Umgebung Muhammads verbreiteten Anschauungen, Handlungsweisen und Informationen hin zugeschnitten worden. Dass diese Sichtweise dem islamischen Denken zumindest im Ansatz nicht fremd ist, versucht Abu Zaid unter anderem durch den Verweis auf das Konzept der „Abrogation" *(naskh)*, der Aufhebung früher Verse durch spätere, zu belegen: Schon die klassische Koranwissenschaft wusste: wenn ein früher Vers (16:67) den Alkohol als Zeichen göttlicher Güte preist, ein späterer (4:43) die Muslime dazu anhält, nicht betrunken zum Gebet zu erscheinen, und ein noch späterer (5:90) den Alkoholgenuss ganz untersagt, dann ist dies eine kluge Anpassung des göttlichen Sprechers an die Umstände, in denen die Anhänger Muhammads lebten. Der Sprecher passte sich ihrem Horizont und ihrer Bereitschaft zur Aufgabe liebgewordener Laster an, brachte ihnen sozusagen schonend das neue Gebot bei. Zu Ende gedacht heißt das: Eine koranische Aussage steht in direkter Beziehung zu dem Ort und der Zeit ihrer Offenbarung. Deshalb sollte der Interpret des Koran die spezielle Situation der frühesten muslimischen Gemeinde berücksichtigen.

Die Vielfalt menschlicher Deutungsversuche

Wo hat sich Gott also „nur" an das Rechtsempfinden der Bewohner der arabischen Halbinsel im 7. Jahrhundert angepasst, und wo liegt der feste, unverrückbare Kern seiner Botschaft? Das ist somit die entscheidende Frage. Von Abu Zaid selbst werden derartige Fragen selten explizit gestellt, geschweige denn beantwortet. Sein Verdienst besteht weniger darin, für eine bestimmte eigene Interpretation des Koran zu werben, als dem muslimischen Leser die Notwendigkeit dieses Prinzips vor Augen zu führen. Zentral ist auch hier der Begriff der Historizität. Während heute in großen Teilen der islamischen Welt die Meinung vertreten wird, dass es so etwas wie ein „richtiges" Verständnis des Koran gibt, dem einige große und für ihre Gelehrsamkeit besonders verehrte Autoren der Vergangenheit so nahe gekommen sind wie nur möglich, legt Abu Zaid Wert auf die Feststellung, dass jedes Koranverständnis das Ergebnis einer individuellen „Lektüre" ist, die von räumlichen und zeitlichen Faktoren abhängig ist. Die Vielfalt dieser Lektüren darzustellen und sie im Lichte ihrer Entstehungsbedingungen, aber auch vor dem Hintergrund der mit ihnen verbundenen geistigen und materiellen Interessen zu erklären, ist ein Hauptziel seines Schaffens.

Das Wort Gottes, aber keine Ikone

Dabei unterscheidet ihn eines von vielen säkularistischen Kritikern des islamischen Denkens, und das steht auch dem Vorwurf entgegen, er sei ein Apostat: Er hält trotz aller Betonung der Subjektivität und der Relativität menschlicher Deutungsversuche daran fest, dass es sich beim Koran um einen von Gott wörtlich an Muhammad übersandten Text handelt. Doch der Umgang mit dem Koran, so eine seiner zentralen Forderungen, dürfe keinerlei Beschränkung unterliegen. Er müsse stets auf die Inhalte des heiligen Buches abzielen, anstatt ihn zu einer bloßen „Ikone" zu erheben, die dem Gläubigen Selbstvertrauen, Schutz und Kraft verleihen solle. Zu oft geschehe dies.

Kritik des Staatsislam und Apostasievorwurf

Zwar rüttelt Abu Zaid an einigen sunnitischen Grunddogmen. Doch dem Akademiker, dessen komplizierte Werke nur ein kleines und ohnehin an ketzerischere Thesen gewöhntes Publikum las, schlug kaum ernste Kritik entgegen. Problematisch wurde es erst, als er sich 1992 mit einer Schrift zur „Kritik des religiösen Diskurses" in die Auseinandersetzung zwischen der nominell säkularen ägyptischen Regierung und der islamistischen Opposition des Landes einmischte. Die verfeindeten Seiten bedienten sich in ihrer religiösen Argumentation beide eines rückwärts gerichteten, vernunftfeindlichen und auf blinden Autoritätsglauben ausgerichteten Koranverständnisses, befand er. Adressat dieser Kritik war nicht in erster Linie der so genannte fundamentalistische Islam, sondern der „Staatsislam" – also der Islam, der im Auftrag der Regierung über die Medien und das Bildungssystem im ganzen Land verbreitet wird. Laut Abu Zaid ist diese Islamdeutung keineswegs besser als die der Extremisten, weil auch sie ein Monopol auf die richtige Koranauslegung beanspruche. Stattdessen solle sie die Historizität und die Relativität einer jeden Auslegung anerkennen. Sonst vergifte sie nur das politische und intellektuelle Klima des Landes, denn auch sie trage dazu bei, dass ungeliebte Gegner willkürlich verketzert würden. Diese Aussage brachte einen derjenigen auf den Plan, die der Regierung seit vielen Jahren geistige Schützenhilfe leisten: ʿAbdussabûr Schâhîn, Professor an der Kairoer Hochschule Dâr al-ʿUlûm, bekannter Freitagsprediger, Kommentator in allerhand staatlichen und halbstaatlichen Medien und einflussreiches Mitglied der regierenden Nationaldemokratischen Partei. Als Abu Zaid im Mai 1992 an der Universität Kairo seine Beförderung vom Assistenzprofessor zum ordentlichen Professor beantragte, widersetzte sich Schâhîn als einziger der drei Gutachter. Er setzte damit eine Entwicklung in Gang, die nach einem Verfahren vor dem Familiengericht in Gizeh und einem in der jüngeren Geschichte Ägyptens beispiellosen Medienaufruhr zu Abu Zaids Scheidung von seiner Frau führte. Eine Gruppe von Schâhîn-Anhängern hatte die Auflösung der Ehe beantragt und damit die einzige existierende Gesetzeslücke genutzt, um gegen Abu Zaid ein Urteil wegen Apostasie zu erwirken. In Ägypten wie in den meisten mehrheitlich muslimischen Ländern herrscht das islamische Eherecht. Ihm zufolge darf ein Nichtmuslim nicht mit einer Muslimin verheiratet sein. Nach einem Prozess, der sich über zwei Jahre hinzog, gab der zuständige Richter dem Ersuchen der Schâhîn-Anhänger statt. Nun war von offizieller Seite ein Urteil gesprochen: Abu Zaid ist ein Apostat, ein vom Glauben Abgefallener. Als er nun auch noch Morddrohungen erhielt, sahen er und seine Ehefrau, die Romanistikdozentin Ibtihâl Yûnis, keinen anderen Weg als das Exil, den Gang ins Ausland. Ende 1995 trat Abu Zaid eine Gastdozentur an der Universität Leiden an, 2004 wechselte er an die Universität Utrecht an den Lehrstuhl für Humanities. Das an ihm statuierte Exempel schien gelungen. Auf lange Sicht dürfte es jedoch wenig genützt haben.

Literaturhinweise

Abu Zaid, Nasr Hamid (1996): Islam und Politik: Kritik des religiösen Diskurses. Mit einer Einleitung und einem Interview mit dem Autor von Navid Kermani. Frankfurt a. M.

Abu Zaid, Nasr Hamid (1999): Ein Leben mit dem Islam. Erzählt von Navid Kermani. Freiburg.
Abu Zaid, Nasr Hamid (2003): Spricht Gott nur Arabisch?, In: Michael Thumann (Hg.): Der Islam und der Westen. Berlin: 117–126.
Heilmann, Annette (1995): Die Affäre Abu Zayd und der Begriff der ‚Ethik der Toleranz' in der heutigen politischen Diskussion in Ägypten. In: Ferhad Ibrahim (Hg.): Staat und Zivilgesellschaft in Ägypten, Münster/Hamburg: 145–168.
Kermani, Navid (1994): Die Affäre Abu Zaid: Eine Kritik am religiösen Diskurs und ihre Folgen. In: Orient 35: 25–49.
Kermani, Navid (1996): Offenbarung als Kommunikation: Das Konzept *wahy* in Nasr Hamid Abu Zayds *Mafhum an-nass*. Frankfurt a. M.
Thielmann, Jörn (2003): Nasr Hamid Abu Zaid und die wiedererfundene *hisba: Shari'a* und *Qanun* im heutigen Ägypten. Würzburg.
Wild, Stefan (1993): Die andere Seite des Textes: Nasr Hamid Abu Zaid und der Koran. In: Die Welt des Islams 33: 256–261.

Muhammad Schahrûr: Für ein zeitgenössisches Koran- und Islamverständnis

Loay Mudhoon

„Der Islam ist", so die renommierte Berliner Islamwissenschaftlerin Gudrun Krämer, „überspitzt ausgedrückt, weitgehend das, was Muslime an einem bestimmten Ort und zu einer bestimmten Zeit als islamisch definieren und praktizieren" (GAT 25). Dieser pointierten Feststellung würde der syrische Ingenieur und „islamische Denker" Muhammad Schahrûr zustimmen; denn er plädiert seit Beginn seiner reformatorischen Arbeit vor knapp 15 Jahren lautstark dafür, dass die Muslime sich ohne „Unterwürfigkeit gegenüber der Autorität der historisch entstandenen islamischen Jurisprudenz *(fiqh)*" am Wortlaut der Offenbarungsschrift selbst als eigentlichem Kriterium der Wahrheit orientieren mögen (ALG).

Im makropolitischen Kontext geht Schahrûr einen Schritt weiter und fordert auf der Grundlage seiner Gegenwartsdiagnose eine fundamentale Kritik der islamischen Kultur und Religion, denn seiner Meinung nach gibt es keine politischen Reformen ohne tief greifende religiöse Reformen: Der Islam sei faktisch die dominierende normative Kraft in der arabischen Welt. „Das religiöse Erbe muss kritisch neu gelesen und interpretiert werden." Die islamischen Rechtsgelehrten fungierten seit dem Abbasidenreich im 7. Jahrhundert lediglich als Mittel der politischen Herrschaft. „Diese religiöse Interpretation ist für den heutigen Zustand verantwortlich. Das despotische Denken konnte sich durch dieses Islamverständnis – nicht durch den Islam selbst! – bis heute erhalten" (ANH).

Wer ist dieser couragierte Reformdenker und Aufklärer, der es wagt, sich dem mächtigen Establishment der traditionellen Islamgelehrten entgegenzustellen und kräftig an den Grundpfeilern des traditionellen islamischen Diskurses zu rütteln und der nicht weniger als eine radikale Neubetrachtung der offenbarten Schrift anstrebt – „Zu neuen Grundlagen einer islamischen Jurisprudenz hin" (ZNG), wie sein aktueller Buchtitel verheißt?

Der kollektive Bewusstseinsschock als Auslöser

Muhammad Schahrûr wurde am 11. April 1938 in Damaskus geboren. Er studierte Bauwesen in Moskau und promovierte 1972 in Dublin. Doch obwohl er zahlreiche Fachbücher auf seinem technischen Gebiet verfasste und bis zum Jahr 2000 Bauwesen an der Universität von Damaskus lehrte, stellte er seine akademische Arbeit gänzlich ein, um sich Überlegungen zur Koranexegese und dem islamischen Rechtssystem zu widmen. Für Schahrûr war der Bewusstseinsschock der arabischen Welt nach der verheerenden Niederlage im Sechstagekrieg der Auslöser, über den Zustand der arabischen Kultur nachzudenken und nach Auswegen aus der offensichtlich gewordenen wirtschaftlichen wie ethisch-intellektuellen Krise zu suchen. In der Einleitung seines im Jahre 1990 erschienenen Standardwerks *Al-kitâb wal-Qur'ân. Qirâ'a mu'âsira* („Die Schrift und der Koran. Eine zeitgenössische Lesung"), an dem er mehr als zwanzig Jahre arbeitete, nennt er die zentralen Probleme des traditionellen islamischen Diskurses beim Namen – vom Fehlen eines wissenschaftlichen Zugangs zum göttlichen Text und der Fixierung der Rechtsgelehrten auf apologetische Reflexe bis hin zur Unfähigkeit, ein epistemologisches System islamisch zu begründen. Jedenfalls stand für ihn frühzeitig fest: Das herrschende Islamverständnis steht im eklatanten Widerspruch zum wahren Geist der göttlichen Offenbarung (ALK 30ff.).

Obwohl Schahrûr darauf hingewiesen hat, dass es sich bei seinem „Reformwerk" nicht „um eine Koraninterpretation oder ein Jurisprudenz-Buch, sondern um eine zeitgenössische Lesung des offenbarten Textes" handelt, mit dem erklärten

Ziel, eine „islamische Theorie der Göttlichkeit zu formulieren, die human und universal zugleich ist", reagierte die erstarrte Orthodoxie auf seine reformatorischen Ansätze mit massiven Diffamierungsversuchen (ALK 45 ff.).[29] Natürlich schwang man die „Apostasie-Keule" gegen ihn, und manche forderten in den arabischen Massenmedien, ihn wegen Herabsetzung der Person des Propheten vor Gericht zu stellen. Mindestens 13 Bücher wurden bislang als Erwiderung auf *Al-kitâb wal-Qur'ân* publiziert, von unzähligen Artikeln und Medienbeiträgen ganz zu schweigen (PRO). Warum reagiert die etablierte Geistlichkeit so aggressiv auf Ideen eines angeblichen Außenseiters? Was veranlasst sie dazu, ihm „Abweichung von den Normen und unbestreitbaren Konstanten der islamischen Lehre" vorzuwerfen, um ihn somit vom innerislamischen Diskurs auszuschließen?

Erkenntnis wächst oft am Rande

Schahrûr hat gestützt auf Annahmen der modernen Sprachwissenschaft für zentrale Begriffe des Islam wie *al-kitâb* (die Schrift) und *al-qur'ân* (der Koran), die im Koran bisher als synonym galten, eine jeweils spezifische Bedeutung aufgedeckt. Dies führte ihn zu der Erkenntnis, dass eine zeitgemäße Lesung im Koran zwischen der „Prophetie" *(nubûwa)* und der „Botschaft" *(risâla)* zu unterscheiden habe (ALK 101 ff.). Die Prophetie beschreibe die göttlichen und deshalb objektiven und absolut gültigen Naturgesetze, während die Botschaft normative Bestimmungen enthalte, die insofern nur subjektive Geltung hätten, als der Mensch die Wahl habe, sie zu befolgen oder nicht (IM 28). Für den grundlegenden Begriff „Muslim" liest Schahrûr aus dem Koran heraus, dass darunter ein Mensch zu verstehen sei, der an Gott und das Jüngste Gericht glaubt und gute Taten vollbringt. Im Klartext heißt das: Es gibt keine qualitativen Unterschiede zwischen den monotheistischen Botschaften; Juden, Christen und Muslime sind vor Gott gleich. Nach seiner Auffassung bewirkt die individuelle Beziehung des Menschen zu Gott Unterschiede wohl nur noch im Jenseits. Man kann ahnen, welche Sprengkraft diese These hat, vor allem für das in Damaskus regierende säkulare Baath-Regime, das Anfang der 90er Jahre eine Liaison mit dem islamischen Establishment einging, um das fragile Gleichgewicht innerhalb der multiethnischen und multireligiösen syrischen Bevölkerung mit Hilfe eines installierten „Staatsislam" aufrechtzuerhalten. Die Angst der sunnitischen Geistlichkeit vor Autoritätsverlust dürfte sie dazu veranlasst haben, Schahrûrs Werke mit allen Mitteln aus dem Verkehr zu ziehen.[30]

Sein und Werden

Schahrûr entwickelt in *Al-kitâb wal-Qur'ân* eine auf dem koranischen Wortlaut aufbauende Philosophie, die von Ansichten des britischen Mathematikers und Philosophen Alfred North Whitehead über den Entwicklungsprozess des Menschen beeinflusst wurde. Für Schahrûr gibt es zwei fundamentalen Kategorien: „Sein" *(kainûna)* und „Werden" *(sairûra)*. Erstes ist göttlich und absolut, zweites ist menschlich und relativ. Das Sein wird durch das Gotteswort repräsentiert, das er Muhammad in der Offenbarung zuteil werden ließ und das im Koran niedergeschrieben ist. Die Schrift Gottes stellt „Sein in sich selbst" dar, während alles andere „Werden" ist. Auch das Verständnis des göttlichen Textes ist daher ein beständiges Werden. Schahrûr spricht deshalb „von der Fixiertheit des Textes und der Beweglichkeit des Inhalts", von der Dialektik zwischen Text und Inhalt. Für Schahrûr ist der koranische Text in sich abgeschlossen und genügt sich selbst. Ferner hält er alles, was über den koranischen Text gesagt oder geschrieben wurde, einschließlich der Äußerungen des Propheten Muhammad, für geschichtlich verortet. Der Text des Koran selbst ist jedoch nicht geschichtlich. Allerdings müsse man in den Koranversen zwischen Anweisung und Gesetzgebung unterscheiden. Und immer, wo der Korantext Anweisungen enthalte und keine Gesetzgebung, sei es angebracht, von der Geschichtlichkeit des Textes zu sprechen (MSM).

Schahrûrs Beschreibung der Funktion des Koran unterscheidet sich von der herrschenden Meinung der islamischen Gelehrten nicht. Demnach stelle der Koran das „Siegel der Bücher" dar, enthalte also die letzte und endgültige der drei Offenbarungsreligionen. Der Koran beinhalte die absolute Wahrheit Gottes; diese könne allerdings vom Menschen nur relativ verstanden werden. Daher könne das jeweilige Koranverständnis einer bestimmten Zeit nur für diese Zeit gelten (ALK 36). Das gelte auch für das Koranverständnis des Propheten. Denn Muhammad habe zwar eine besondere Nähe zu Gott gehabt, sei aber ein normaler Mensch gewesen, der von der arabischen Kultur des 7. Jahrhundert und ihrem Erkenntnisstand geprägt worden sei (ALK 246ff.).

Auf diese Weise gerät Schahrûr unweigerlich in einen heftigen Konflikt mit der islamischen Jurisprudenz, welche die Sunna, also das Vorbild des Propheten, als zweite Quelle des islamischen Rechts betrachtet. Nach Ansicht Schahrûrs wurden hier „Sein" und „Werden" miteinander verwechselt, denn der *Fiqh*-Begründer Muhammad asch-Schâfi'î machte die im 7. Jahrhundert fixierten Berichte von den Worten und Taten des Propheten zur Grundlage der islamischen Rechtsprechung. Statt diese Hadithe zu hinterfragen, habe asch-Schâfi'î das Zeitalter des Propheten und der vier rechtgeleiteten Kalifen idealisiert und sie auf diese Weise als sakrale Normsetzung anerkannt.[31] Die historische Dokumentation der Sunna habe politischer Macht eine Basis verschafft und zu einer bis heute andauernden Erstarrung der islamischen Jurisprudenz und ihrer Verwandlung in ein jeden freien Gedanken erschlagendes Schwert geführt (ALK 569). Schahrûr plädiert daher dafür, die Sunna neu zu definieren – als Methode der Anwendung der koranischen Gebote (ALK 549).

Auch auf andere Weise geriet die Scharia ins Kreuzfeuer von Schahrûrs Kritik, nämlich durch das, was Schahrûr zu deren primärer Quelle, dem Koran, anmerkt. Hier vertritt er beharrlich die These, dass alle bis dato als normativ geltenden Aussagen im Koran als zeitbedingt aufzufassen sind. Unter dieser Prämisse formulierte er eine „Theorie der Grenzen" *(nazarîyat al-hudûd)* als universelle Lösung für den Umgang mit göttlichen Handlungsnormen. Schahrûr versteht den Begriff der Grenzen nicht wie die traditionelle Leseart als „Gebote" Gottes, sondern vielmehr als die von ihm gesetzten Grenzen. Nach Schahrûrs Ansicht statuiert der Islam kein Recht, sondern stellt nur Grenzen auf, innerhalb derer der Mensch die größtmögliche Freiheit bei der Rechtsfindung genießen müsse. Die Starrheit der islamischen Jurisprudenz widerspreche der Elastizität des Koran (ALG 440, 724 ff.) Demnach hat Gott für alle im Koran erwähnten menschlichen Handlungen eine obere und eine untere Grenze gesetzt, wobei die untere Grenze das Minimum und die obere Grenze das Maximum dessen darstellt, was das göttliche Gesetz in einem speziellen Falle vorschreibt. Durch die graduelle Abstufung der Bestrafung wird die Scharia weitgehend flexibilisiert und zum Beispiel das reale Strafmaß letztlich nach menschlichem Ermessen festgelegt (MSM). Als Beispiel sei die Strafe für Diebstahl erwähnt: Laut Schahrûrs Verständnis von Koran-Vers 5:38 ist das Abhacken der Hand die höchste, nicht die einzig mögliche Strafe. Die Richter können den Täter nach Schahrûrs Auffassung auch zu ehrenamtlicher Arbeit verurteilen.

Mit seiner „Theorie der Grenzen" macht Schahrûr die Scharia mit den universellen Vorstellungen von Demokratie und Menschenrechten vereinbar. Denn die Strafgesetzgebung, die sich ja zwischen den beiden Grenzen befindet, liegt in der Entscheidungskompetenz der demokratisch gewählten Parlamente. Schahrûr sieht durch sein Verständnis der Gebote Gottes als Grenzen „Hunderte von Millionen an Möglichkeiten" für die Gesetzgebung eröffnet (ALK 449). Hinzu kommt, dass er die völlige Entpolitisierung des Islam fordert, indem er die Notwenigkeit der Trennung zwischen Staat und Religion betont. Damit vertritt der „Aufklärer" Schahrûr eine dem politischen Islamismus diametral entgegengesetzte Position. Seiner Ansicht nach ist die Rechtsprechung im Namen Gottes eine Farce im Dienste politischer Machtkalküle.

Kritik an der Unfähigkeit des Islam-Establishments

Was den Terrorismus betrifft, so geht Schahrûr hart mit den Fatwas (religiöse Rechtsgutachten), die Terror legitimieren, ins Gericht und sieht den Nährboden für den Terrorismus keinesfalls im Islam selbst, sondern im tradierten islamischen Rechtsverständnis, d. h. der Fehlinterpretation der überlieferten Schriften durch die Rechtsgelehrten (WBD). Dazu sagte er neulich: „Ich glaube, dass die islamischen Rechtgelehrten immer noch eine negative Rolle spielen, denn bis jetzt sehe ich keinen gemäßigten muslimischen Rechtsgelehrten, der mit einem der Anhänger Usama Bin Ladens im Fernsehen diskutiert hätte und ihm Beweise aus der Scharia vorgelegt hätte. Ich habe das bis jetzt nicht gesehen, obwohl das doch ein Leichtes wäre. Diskutieren Sie doch mit ihnen!" Und weiter: „Es gibt derzeit ein Problem in der islamischen Welt, nämlich das Problem von *walâ'* und *barâ'*. [A. d. Ü.: *walâ'* ist die Pflicht eines jeden Muslims, die Muslime zu unterstützen, und *barâ'* die Pflicht, keinen Kontakt zu Nichtmuslimen zu pflegen, besonders im Kriegsfall.] Dieses müssen die islamischen Rechtsgelehrten neu überdenken. Diejenigen, die die Anschläge in England verübten, waren Engländer, die in England geboren worden waren. Das bedeutet aber, dass ihre Loyalität nicht Großbritannien galt. Und unter denjenigen, die die Anschläge von Sharm el-Sheikh verübten, waren auch Ägypter, aber ihre Loyalität galt nicht Ägypten. Al-Qaida benutzt das Konzept von *wala'* und *bara'*, um neue Reihen zu formieren. Und ich glaube, dass sie immer mehr junge Leute mit diesem Konzept mobilisieren. Es gibt eine Schizophrenie der Loyalität. Das müssen die Rechtsgelehrten klären" (DIS).

Schahrûrs Werk ist der „umfassendste Versuch, die Religion des Islam mit moderner Philosophie ebenso in Einklang zu bringen wie mit dem rationalen, naturwissenschaftlichen Weltbild" (IM 315). Bemerkenswert an seiner Argumentation ist die Tatsache, dass er die Notwendigkeit der historischen Relativität des Verständnisses der Rechtsquellen nicht in erster Linie mit Sachzwängen begründet, sondern vielmehr aus der islamischen Theologie heraus (IM 315).

Im Gegensatz zu vielen lauten „anti-islamistischen Hasspredigern" der Gegenwart in den Medien – vom indifferenten „Islamofaschismus"-Propagandisten (Josef Joffe) bis zum eurozentrisch bornierten Liberalo-Fanatiker (Leon de Winter) –, die den Islam als neuen Feind auserkoren haben, liefert Schahrûr mit seiner islamisch begründeten, fundamentalen Kritik den besten Beweis dafür, dass die schärfste, aber auch die fruchtbarste Kritik fast immer systemimmanent ist.

Averroes' Botschaft wiederbeleben

Auch wenn Schahrûrs Thesen und sein Bemühen um eine neue Grundlegung bzw. Neuinterpretation dieser Weltreligion überambitioniert wirken und zur Zeit nur ein begrenztes, überwiegend intellektuell versiertes Publikum erreichen, dürften sie aufgrund seiner klaren Positionen zu mehr Belebung des innerislamischen Diskurses beitragen und unter günstigen Bedingungen sogar zu einer Art religiös-intellektueller Stütze auf dem Weg zu mehr Demokratie in der arabischen Welt avancieren.

Als der einflussreiche Dauergast beim Satelliten-Fernsehsender Al-Jazeera, Scheich Yûsuf al-Qaradâwî, nach den Werken Schahrûrs und deren Bedeutung gefragt wurde, antwortete er lapidar und dennoch vielsagend: „Das ist eine neue Religion!".[32] Dabei möchte Schahrûr gewiss keine neue Religion begründen; vielmehr strebt er die Wiederbelebung der zeitlosen Botschaft des Ibn Ruschd (Averroes) an: dass Offenbarung und Vernunft sich nicht widersprechen, sondern ergänzen. Die Ruhe und die Erhabenheit, mit der Muhammad Schahrûr auf die verletzenden Angriffe auf seine Person reagiert, erinnern an den Schluss von Youssef Chahines Film *Das Schicksal* über Ibn Ruschd: Als seine Freunde ihm die frohe Kunde aus Kairo bringen: „Deine Bücher sind gerettet und nicht verbrannt", verabschiedet sich Ibn Ruschd mit großer Geste, bedankt sich bei ihnen und wirft ein Buch ins Feuer: „Gedanken haben Flügel, niemand hält sie auf!"

Literaturhinweise

Es liegen keine Schriften von Muhammad Schahrûr in deutscher Übersetzung vor. Die Zitate in diesem Beitrag sind, soweit nicht anders angegeben, Übersetzungen des Verfassers aus dem Arabischen.

Christmann, Andreas (2005): 73 Proofs of Dilettantism: The Construction of Norm and Deviancy in the Responses to Mohamed Shahrour's Book *Al-Kitab wa al'-Quran: Qira'a Mu'asira.* In: Die Welt des Islam 44/2: 21–73 (= PRO).

Krämer, Gudrun (1999): Gottesstaat als Republik: Reflexionen zeitgenössischer Muslime zu Islam, Menschenrechte und Demokratie. Baden Baden (= GAT).

Müller, Lorenz (1996): Islam und Menschenrechte: Sunnitische Muslime zwischen Islamismus, Säkularismus und Modernismus. Hamburg (= IM).

Nabielek, Rainer (2000): Muhammad Schahrur, ein „Martin Luther" des Islam. In: INAMO 23/24 (Herbst/Winter): 73–79 (= MSM).

Schahrûr, Muhammad (1990): *Al-kitâb wa al-Qur'ân. Qirâ'a muʿâsira.* Damaskus (= ALK).

Schahrûr, Muhammad (2000): *Nahwa usûl dschadîda lil-fiqh al-islâmî.* Damaskus (= ZNG).

Schahrûr, Muhammad (2002): „Religiöse Reformen sind unabdingbare Voraussetzungen für politische Reformen". In: An-Nahâr (11. November) (= ANA).

Schahrûr, Muhammad (2005): „Aus meinen Ideen werden politische Reformströmungen entstehen". In: Al-Ghad (8. April) (= ALG).

Schahrûr, Muhammad (2005): Wir brauchen dringend eine religiöse Reform. Gespräch mit Ahmad Hissou (http://www.qantara.de/webcom/show_article.php?wc_c=578&wc_id=11&wc_p=1) (abgerufen am 8.4.2005) (= WBD).

Schahrûr, Muhammad (2005): „Die Trennung zwischen Staat und Reli-

gion ist notwendig, damit sie als politisches Mittel nicht instrumentalisiert wird". In: Ar-Râya (27. April) (= ALR).
Schahrûr, Muhammad (2005): Die islamischen Rechtsgelehrten in der Kritik. Gespräch mit Ahmad Hissou vom 12. August (http://www.qantara.de/webcom/show_article.php/_c-469/_nr-372/i.html) (abgerufen am 12. 8. 2005) (= DIS).

Farid Esack: Eine islamische Theologie der Befreiung

Stefan Fix

Apartheid und christlicher Aktivismus als prägende Erfahrungen

„Ohne Kontext ist ein Text wertlos“ (OBM 63). Dieses Diktum Farid Esacks gilt auch für sein eigenes Werk. Um seine Gedanken verstehen zu können, ist es daher erforderlich, sich ihren biographischen Kontext zu vergegenwärtigen. Esack wurde 1957 in Kapstadt geboren. Seine Familie galt dem Apartheid-Regime aufgrund indischer und indonesischer Vorfahren als „farbig“ und war Opfer rassistischer Maßnahmen wie der Zwangsumsiedlung in ein Township 1961. Dort wuchs Esack in ärmlichen Verhältnissen auf und war gezwungen, mit seinen Brüdern um Brot zu betteln. Durch diese Erfahrung entwickelte Esack eine starke Sehnsucht nach allumfassender Gerechtigkeit. Das Leiden seiner Familie wurde durch die Solidarität und Menschlichkeit der christlichen und jüdischen Nachbarn erträglich gemacht. Das ließ in Esack früh Argwohn gegenüber allen religiösen Ideen keimen, die Rettung ausschließlich für sich selbst beanspruchen. Ihn durchdrang ein tiefes Bewusstsein vom Eigenwert des religiös Anderen. Das schwächte ihn jedoch nicht in seinem Glauben. Die Moschee des Townships war der Mittelpunkt seiner Jugend. Bereits als Schüler avancierte er zum Sekretär der Moschee und gar zum Lehrer der angeschlossenen Koranschule und trat der *Tablîghî Dschamâʿat* bei, einer konservativen, buchstabengläubigen islamischen Erweckungsbewegung.

Als Farbigem war Esack in Südafrika der Weg zu höherer Bildung versperrt. Daher nahm er das Angebot eines Stipendiums der *Tablîghî Dschamâʿat* an und ging nach Pakistan an die *Dschâmi'a Binnûrîya* in Karatschi. Diese religiöse Hochschule brachte Führer der afghanischen Taliban hervor; das Beispiel Esacks zeigt jedoch, dass man auch einen gänzlich anderen Weg einschlagen konnte. In seinem Herkunftsland gehörte er als Muslim einer religiösen Minderheit an; nun war es ihm nicht möglich, die Augen vor der Unterdrückung christlicher und hinduistischer Minderheiten in Pakistan zu verschließen. Neben seiner Mitgliedschaft im muslimischen Studentenverband engagierte sich Esack daher auch in der christlichen Studentenbewegung und beteiligte sich an Alphabetisierungsprogrammen und humanitärer Arbeit in den Slums der Hindus und Christen. Die Kameradschaft mit den christlichen Freunden habe einen starken Beitrag dazu geleistet, seinen Glauben als Muslim zu bewahren, so Esack (OBM 4). Zugleich führten ihm muslimische Kommilitonen vor Augen, wie sich Menschen dem Islam verpflichtet fühlen können, ohne dass er sie in ihrem tiefsten Inneren berührt. Esack erkannte eine Kluft zwischen der konservativen Theologie, mit der er aufgewachsen war, und der progressiven Praxis, zu der er sich angetrieben fühlte. Er sah sich gezwungen, die soziale Relevanz seines Glaubens zu überprüfen.[33] Esack schloss sein Theologiestudium mit Auszeichnung ab und beendete seine Mitgliedschaft in der *Tablîghî Dschamâ'at*, deren ausgrenzende Einstellung nicht mehr mit seinem Wunsch vereinbar war, in seiner Theologie Raum für den religiös Anderen zu schaffen.

Seine Rückkehr nach Südafrika versetzte ihn wieder in die Situation des Unterdrückten und Angehörigen einer religiösen Minderheit (2 % Muslime). Doch er hatte nunmehr einige Lektionen gelernt, wie Glaube und Praxis verschmolzen werden können. Das Bemühen so vieler junger Christen, ihren Glauben an konkreten Fragen der Gerechtigkeit zu bewähren, und die Beteiligung des Klerus an Befreiungsbewegungen in Lateinamerika und anderswo hatten Esack inspiriert. Zusammen mit Gleichgesinnten gründete er 1984 die Bewegung *Call of Islam*, die sich der religiös-politischen Mission verschrieb, auf Befreiung von der Apartheid, Gleichberechtigung der Geschlechter und religiösen Pluralismus hinzuwirken.

Call of Islam war eine Zweigorganisation der *United Democratic Front*, einer multireligiösen Anti-Apartheid-Bewegung, und wurde bald zur aktivsten muslimischen Befreiungsbewegung Südafrikas. Das Verteilen von Flugblättern und die Organisation öffentlicher Massenproteste und Boykotte führten mehrfach zur Verhaftung Esacks.

Kritik am Stillhalten der Religionsgelehrten

Dass Esack und seine Mitstreiter einen interventionistischen Islam nicht nur forderten, sondern praktizierten, stieß bei konservativen muslimischen Gelehrten auf Missfallen. Man behauptete, dass auf diese Weise Chaos *(fitna)* herbeigeführt werde, und zog es vor, dem Apartheid-Regime botmäßig zu sein. Zudem lehnte man die Zusammenarbeit mit Organisationen ab, die Demokratie im Namen tragen, denn diese sei dem Islam fremd und führe zu Vielgötterei *(schirk)*. Auch die Zusammenarbeit mit Ungläubigen *(kuffâr)* war den Konservativen ein Dorn im Auge. Esack kritisiert diese Haltung des etablierten Klerus als Quietismus, der am Bestehenden festhalte und den Islam auf Rituale beschränke, um seinen Einfluss auf die Gläubigen zu bewahren. Diese Anpassungstheologie habe sich im Angesicht der Unterdrückung der Sünde des Schweigens schuldig gemacht (QLP 110). Der Status-quo-Ideologie jener Religionsgelehrten setzte Esack daher eine Theologie der Befreiung entgegen, eine progressive und kontextuelle Theologie der Tat. Es ist eben dieser eingangs erwähnte Kontext, der für islamische Befreiungstheologen im Vordergrund steht und von dem aus sie sich dem Koran nähern, denn das Leben des Menschen sei nicht so sehr von einem Text gestaltet wie von einem Kontext. Esack argumentiert, dass sowohl Traditionalismus als auch Fundamentalismus jeglichen persönlichen und historischen Referenzrahmen leugneten. Doch es gebe keine unschuldige Interpretation und keinen unschuldigen Text. Der absolute und unbestrittene Bezugspunkt für Muslime sei zwar der Koran und, für Sunniten, die Sunna des Propheten. Doch der unvermeidbare Ausgangspunkt, von dem aus man sich diesen Kriterien nähere, sei man selbst und die Umstände, in denen dieses Selbst sich befinde (OBM 172).

Für eine Theologie der befreienden Tat

Selbst liberale Gelehrte wie Fazlur Rahman oder Muhammad Arkoun gingen fälschlicherweise davon aus, dass es einem Interpreten möglich sei, über sich hinauszugehen und bei einer absoluten und objektiven Bedeutung der Offenbarung anzulangen. Wer kontextunabhängiges Wissen suche und die Bedeutung eines Textes für die gegenwärtige Situation und für gläubige Menschen ignoriere, der positioniere sich in einer kleinen Gruppe „objektiver" Intellektueller außerhalb der großen Mehrheit von Gläubigen, für die der Text ein lebendiges, realitätsbezogenes Dokument sei, so Esack. Dies könne eine Option sein, die ein Gelehrter wähle, der in der Antarktis lebe. Für diejenigen, die im Kontext der Apartheid lebten, sei es keine Option gewesen, bei der man seine Integrität als menschliches Wesen hätte bewahren können (QLP 73). Es sei verwerflich, angesichts sozialer Probleme untätig zu verharren und lediglich zu theologisieren. Durch eine solche Haltung werde man selbst zu einem Teil des Problems (OBM 101). Praxis als eine Quelle des Wissens sei in islamischer Gelehrsamkeit immer weitgehend anerkannt worden. Der Koran selbst verleihe der Ansicht Ausdruck, dass Theorie auf Praxis basieren kann: „*Und diejenigen, welche sich für Uns kräftig einsetzen, werden Wir auf Unseren Weg leiten; siehe, Allah ist wahrlich mit denen, die Gutes tun*" (Q 29:69). Menschliches Leben sei im Wesentlichen praktisch, Theologie habe daher der Praxis zu folgen, so Esack. Hierin sieht er sich auch einig mit Gustavo Gutiérrez, dem Begründer der christlichen Befreiungstheologie. Ihm zufolge müsse Theologie, die in einer Welt von Gewalt und Hoffnung, Nachdenken und Aktion, Geistigkeit und Politik existiere, immer der zweite Schritt sein (QLP 111).[34]

In der Praxis sieht Esack einen Weg, eine selbstgenügsame Theologie zu überwinden. Esack lehnt keineswegs Theologie an sich ab, wohl aber eine Theologie, die im Elfenbeinturm ersonnen wird und die konkreten Probleme der Menschen unbeantwortet lässt. Wenn die Probleme der Menschen so schwer wögen wie während der Apartheid, dann könne die Praxis als Schlüssel zum theologischen Verständnis dienen. In einer Apartheid-Gesellschaft, in der große Teile der Bevölkerung Hunger leiden, sei es nicht sinnvoll, lediglich auf der dritten Säule des Islam, dem Almosengeben, zu beharren, denn Almosen allein linderten zwar vielleicht die Not, rührten aber nicht an ihrer Wurzel, sondern trügen letztlich zur Bewahrung ungerechter Strukturen bei. Das Ziel der Befreiungstheologie ist es daher, ungerechte Strukturen zu zerstören und so die Menschen zu befreien. Der Erfolg scheint Esack und seinen Mitstreitern Recht zu geben. Progressive Muslime haben einen bedeutenden Beitrag zur Befreiung von der Apartheid geleistet. Esacks führende Rolle innerhalb der muslimischen Opposition wurde denn auch im Post-Apartheid-Südafrika gewürdigt. So berief ihn sowohl die Regierung Mandela als auch die Regierung Mbeki zum Berater in Menschenrechtsfragen.

Mit Verbitterung nimmt Esack zur Kenntnis, dass ausgerechnet jene muslimischen Gelehrten, die angesichts der Apartheid geschwiegen haben, nun die Demokratie bekämpfen. Diese reaktionären Kleriker würden sich zu Wortführern eines Islam aufschwingen, der nicht viel mehr zu bieten habe als bornierte Moralansichten. Esack äußert Zweifel daran, ob die Menschheit moralische Lektionen von Muslimen benötige, die sich auf die Themen Sex, Abtreibung und Alkohol beschränkten und zu weitaus drängenderen Problemen wie Armut und Hunger schwiegen (OBM 166). Es sei an der Zeit, sich von einer Mentalität zu verabschieden, die sich Gedanken über die Länge von Bärten mache, während alles um einen herum in Flammen stehe (QLP 215). Dabei stellt sich Esack auch den jüngsten Problemen, der starken Zunahme von Kriminalität, Prostitution, Drogenhandel und Aids, und führt sie auf die weiterhin ungelösten alten Probleme wie Armut, Hunger und Ausbeutung zurück. Die islamische Theologie der Befreiung in ihrem Drang nach Gerechtigkeit habe also nicht ausgedient.

Esack ist daher aktiver denn je. Nach dem Studium der biblischen Hermeneutik in Frankfurt a. M. promovierte er 1996 an der Universität Birmingham über koranische Hermeneutik. Seither lehrt er als Gastprofessor an Universitäten in Europa und den USA und vollzieht, aus den Erfahrungen der Befreiungspraxis schöpfend, den theoretischen zweiten Schritt, nämlich die Formulierung einer islamischen Theologie der Befreiung und des Pluralismus. In seinem Buch *Qur'an, Liberation & Pluralism* unterzieht er Koran und Sunna einer am Kontext der Unterdrückung orientierten Prüfung. Hierbei macht er es sich nicht etwa leicht, indem er nur die Textstellen heranzöge, die sich offensichtlich dazu eignen, seine Ideen von Befreiungspraxis, Pluralismus, Gleichberechtigung und Solidarität zu untermauern. Stattdessen setzt er sich auch mit genau jenen Passagen auseinander, die dieser Auffassung auf den ersten Blick zu widersprechen scheinen und daher von konservativen Theologen immer wieder als Belege dafür angeführt werden, dass der Koran Pluralismus und Widerstand selbst gegen eine ungerechte Obrigkeit untersage. Dabei geht Esack davon aus, dass der Koran situativen und kontextuellen Charakter habe und seine Offenbarung progressiv verlaufen sei. Der Koran sei einer tribalen Gesellschaft offenbart worden und müsse in diesem Kontext verstanden werden. Unterschiede zwischen mekkanischen und medinensischen Suren trügen einem sich bereits während des Offenbarungszeitraums verändernden gesellschaftlichen Kontext Rechnung. Diese im Koran angelegte schrittweise Anpassung an sich ändernde Rahmenbedingungen beinhalte für jeden Muslim die Pflicht, aus seinem eigenen Kontext heraus die Offenbarung neu zu interpretieren. Den religiös Anderen betreffend stellt Esack heraus, dass dem Islam während seiner Entstehung einzelne christliche, jüdische und andere Gruppen feindlich gegenüberstanden, wohlgemerkt nicht alle. Diesem Kontext seien Koranpassagen geschuldet, die ausgrenzenden Charakter haben. Derartige Passagen wendeten sich daher ausschließlich gegen solche Nicht-Muslime, die den Islam aktiv bekämpfen. In anderen Kontexten werde aber deutlich, dass Gott die religiöse Vielfalt sogar befürworte: *„Jedem von euch gaben Wir ein Gesetz und einen Weg. Wenn Allah gewollt hätte, hätte Er euch zu einer einzigen Gemeinde gemacht. Doch Er will euch in dem prüfen, was Er euch gegeben hat. Wetteifert darum im Guten"* (Q 5:48). In der kontextuellen Abwägung sich scheinbar widersprechender Suren kommt Esack zu dem Schluss, dass der Koran einen pluralistischen Grundtenor habe. Demnach zähle weniger der Name der Religion, der man angehöre, als das Wetteifern um Gerechtigkeit.

Gerechtigkeit und das Recht auf Widerstand gegen Unterdrückung

Im Streben nach Gerechtigkeit sieht Esack einen weiteren Grundtenor des Koran. Dies beinhalte das Recht und die Pflicht, ungerechte Herrscher zu bekämpfen wie Moses, der sich für die unterdrückten Israeliten einsetzte und sie schließlich aus der Gewalt des ungerechten Pharaos befreite. Zugleich sei das aus der Bibel aufgegriffene Exodus-Thema beispielhaft für die koranische Idee des Pluralismus. Unabhängig davon, dass die Israeliten zunächst Polytheisten, also Ungläubige waren, habe Gott sich durch Moses mit ihnen solidarisiert. Der Koran fordere somit die Solidarität mit allen Unterdrückten, unabhängig von ihrem Glauben. Auch die Sunna liefere Beispiele für die Solidarität mit den Armen und Unterdrückten. So führt Esack wiederholt den Prophetengenossen Abû Dharr an, der die Eliten und insbesondere den Kalifen Muʿâwîya in Frage gestellt und sich mit den Armen solidarisiert habe.[35]

Was nun die Gleichberechtigung von Frauen betrifft, so nähert sich Esack auch hier dem Koran kontextuell und berücksichtigt die darin angelegte Dynamik. Gemessen an den vorislamischen Verhältnissen auf der arabischen Halbinsel habe die Offenbarung die Situation der Frauen zum Beispiel im Erbrecht verbessert. Doch was der Koran in Bezug auf Frauen festlege, sei keineswegs als Schlusspunkt zu verstehen. Archaische Gebräuche der Stammesgesellschaft, die Frauen oder Sklaven ungleich behandelten, hätten nur nicht alle auf einmal verändert werden können, ohne die Gesellschaft zu destabilisieren. Auch hier sei die vom Koran ins Werk gesetzte schrittweise Anpassung an neue Kontexte durch neue Generationen fortzusetzen, immer Gerechtigkeit und Pluralismus als Grundwerte des Koran vor Augen.

Dass sich Esack mit solcherlei Gedanken nicht nur Freunde macht, wird kaum überraschen. Die Kritik kommt aus dem konservativen muslimischen Lager, von Fundamentalisten und nicht zuletzt von einzelnen Reformern. So wird Esack der Vorwurf des alles relativierenden Postmodernismus gemacht, bei dem am Ende gar keine Regeln mehr gälten. Als 1994 unter Mitverantwortung Esacks in seiner Moschee in Kapstadt erstmals eine Frau die Freitagspredigt hielt und Frauen zusammen mit Männern in einem Raum beteten, waren Morddrohungen auch gegen ihn die Folge. Als die von der Regierung eingesetzte *Commission for Gender Equality*, in der Esack mitarbeitete, ein Sendeverbot für einen islamischen Radiosender erwirkte, der Frauen gänzlich aus seinem Programm ausschloss, warf man Esack vor, Mitglied des *Jewish Board of Deputies* zu sein, und legte ihm nahe, die Religion zu wechseln. Doch solche Kritik hält Esack mitnichten von seinem Engagement für die an den Rand der Gesellschaft Gedrängten ab. Bestes Beispiel dafür ist die von ihm mitbegründete Organisation *Positive Muslims*, die sich um HIV-infizierte Muslime kümmert, die von vielen konservativen Gemeinden geächtet werden. Wenn ein solches Engagement als Nestbeschmutzung angesehen wird, nimmt Esack dies in Kauf.

Literaturhinweise und Webseiten

Esack, Farid (2002): Qur'an, Liberation & Pluralism: An Islamic Perspective of Interreligious Solidarity against Oppression. 4. Auflage. Oxford (= QLP).

Esack, Farid (2002): On Being a Muslim: Finding a Religious Path in the World Today. 4. Auflage. Oxford (= OBM).

Esack, Farid (2003): In Search of a Progressive Islamic Response to 9/11. In: Omid Safi (Hg.): Progressive Muslims: On Justice, Gender, and Pluralism. Oxford.
Esack, Farid (2004): The Qur'an: A Short Introduction. 3. Auflage. Oxford (= QSI).
Esack, Farid (2005): The Qur'an: A User's Guide. Oxford.
Gätje, Helmut (1971): Koran und Koranexegese. Zürich/Stuttgart.
Gutiérrez, Gustavo (1992): Theologie der Befreiung. Mainz.
Boff, Leonardo/Boff, Clodovis (1986): Wie treibt man Theologie der Befreiung? Düsseldorf.
Rahman, Fazlur (1982): Islam and Modernity: Transformation of an Intellectual Tradition. Chicago.
Arkoun, Mohammed (1994): Rethinking Islam: Common Questions, Uncommon Answers. Boulder.

http://uk.geocities.com/faridesack/ (Homepage Farid Esack)
http://www.positivemuslims.org.za/ (Homepage „Positive Muslims")

Mehmet Paçacı: Der Koran und ich – Geschichte jetzt

Felix Körner

„Bist du intelligent? Oder bist du religiös?" Dass türkische Studenten gelegentlich ihre Gesprächspartner nach diesem Muster abklopfen, zeigt: Es ist schwer vorstellbar, wie ein gläubiger Mensch auf der Höhe der Zeit sein kann.

I

Gerade der Islam hat hier tatsächlich ein Problem. Denn sein Allerheiligstes auf Erden ist ein Text. Der Koran ist Gottes endgültige Offenbarung – wer das nicht glaubt, kann sich schwerlich Muslim nennen. Wenn mir meine Offenbarung aber aufträgt: „Tötet die Ungläubigen, wo immer ihr sie findet" (Q 2:191), dann kann ich doch nicht ernsthaft sagen, ich sei für Religionsfreiheit. Wenn der Koran Gottes Wort ist, dann gibt's nichts zu deuteln am Text, dann muss getan werden, was dasteht. Dann gibt's nur entweder intelligent, aufgeklärt, demokratisch, dialogbereit, gewaltfrei, gleichberechtigt – oder religiös.

Es gibt aber Muslime, die sich mit dieser platten Alternative nicht zufrieden geben. Sie wollen den Koran ernst nehmen *und* die Moderne. Wer das widerspruchsfrei zu denken versucht – und nur wo solide argumentiert wird, kann das Denken damit rechnen, sich dauerhaft durchzusetzen –, landet unweigerlich bei dem Zauberwort: den Koran historisch lesen. Die historische Auslegung ist der Schlüssel zu einem Islam, der sich dem koranischen Gotteswort stellt, ohne sich von ihm radikalisieren zu lassen. Die Alternative „intelligent oder religiös" ist fatal. Denn religiös wird das 21. Jahrhundert allen Anzeichen nach sein; wenn es dabei nicht intelligent sein *kann,* dann sollten wir uns auf ein Jahrhundert der Religionskriege gefasst machen. Vielleicht stellt sich jedoch eine andere Alternative: aufgeklärt oder militant, historisch oder fundamentalistisch?

In der Türkei, heißt es, sei das inzwischen auf hohem Niveau möglich: historische Koranauslegung. Dabei fällt auch in deutschen Medien der Name Mehmet Paçacı (PGE, AA). Das Etikett ist leicht vergeben. Aber ist die Koranauslegung eines Paçacı überzeugend historisch? Und bleibt er dabei überzeugend Muslim? Wenn nicht, sind wir ja doch nur wieder bei: intelligent statt religiös...

II

An Mehmet Paçacı lässt sich die Geschichte moderner Koranauslegung ablesen. Geboren ist er 1961, er hat in Ankara Theologie und später auch Philosophie sowie in Manchester Neues Testament studiert. Mittlerweile ist er Professor für Koranexegese in Ankara. Ankara ist die universitäre Hochburg türkisch-islamischen Neudenkens. Ein Jahrzehnt nach dem Tode Atatürks, im Jahre 1948, wurde das kemalistische Reformprogramm – Europäisierung von oben – auch auf die damals daniederliegende akademische Theologie angewandt. Auf Parlamentsbeschluss entwickelte der Senat der Universität Ankara die Vision einer „Theologie wie im Westen". Empirische und vergleichende Forschung sollte neben den traditionellen Disziplinen ihren Platz haben. Die erste, 1949 nach diesem Modell gegründete Fakultät ist die der Universität Ankara. Inzwischen gibt es zwei Dutzend theologische Fakultäten in der Türkei. Die dort arbeitenden Theologinnen und Theologen haben von Staats wegen die Aufgabe, die öffentlich verordnete Aufklärung in den Islam einzuführen. In den 90er Jahren hat sich eine Gruppe von jüngeren Theologen zur „Ankaraner Schule" formiert. Sie sind weder Elfenbeinturmgelehrte noch Geächtete. Sie unterrichten jedes Semester hunderte von zukünftigen Imamen, Religionslehrerinnen und -lehrern sowie von Nachwuchskräften der Religionsbehörde und der theologischen Wissenschaft.

Die Größen der „Ankaraner Schule“ haben allesamt eine Zeit in Europa oder Nordamerika verbracht, um dort Islamwissenschaft oder christliche Theologie zu studieren. Einige von ihnen haben sich gründlich mit europäischer Philosophie, insbesondere mit der Theorie der Interpretation auseinandergesetzt. Die Initialzündung für das neue Denken waren die Veröffentlichungen und Türkeibesuche Fazlur Rahmans. Der 1919 im heutigen Pakistan geborene muslimische Theologe lehrte bis zu seinem Tode im Jahr 1988 an der University of Chicago islamisches Denken. Seine Methodik der Koranauslegung muss, da sie auch Paçacıs Ausgangspunkt ist, kurz skizziert werden.

Fazlur Rahmans Einstiegsfrage war: Wie kann man den Koran als Offenbarung ernst nehmen, ohne seine doch zum Teil offenkundig veralteten Vorschriften heute anwenden zu müssen? Seine Antwort lautete: indem man den Koran als Handbuch der Ethik sieht, das nicht Einzelanweisungen, sondern Prinzipien bietet. Die Prinzipien stehen aber nicht so im Koran, dass man sie nachschlagen könnte. Vielmehr ist der Koran das Buch der Beispiele. An Einzelfällen führt der Koran vor, wie die Prinzipien anzuwenden sind. Folglich konnte Fazlur Rahman ein dreischrittiges Auslegen vorschlagen. Um den Koran zu verstehen, müsse man ihn im Kontext der Zeit Muhammads verstehen. Der erste Schritt ist also die Rückkehr in die Offenbarungszeit. Aus dem so Verstandenen sind die den Einzelregelungen zugrunde liegenden allgemein gültigen ethischen Prinzipien zu destillieren. Der zweite Schritt lautet also: vom Geschichtlich-Einzelnen zum Allgemein-Prinzipiellen. Das so gewonnene Destillat sei nun in jeder Zeit neu aufzugießen. Drittens also folgt der Schritt zurück ins Jetzt.

Dieses Dreischritt-Modell konnte bis zu den Neuansätzen der „Ankaraner Schule“ als der neueste Stand muslimischer Auslegungsreflexion gelten. Es ist jedoch nicht unproblematisch. Kann ich denn so sicher auf das Vergangene zugreifen? Kann ich denn so sicher wissen, welche Norm sich hinter dieser oder jener koranischen Anweisung verbirgt? Kann ich denn sicher sagen, dass die koranische Norm heute so und nicht anders anzuwenden ist? Und kann ich denn so sicher wissen, dass die Normen, die der Koran mir vorträgt, gut sind?

III

Hier jedenfalls war der Forschungsstand angelangt, als sich die jungen Ankaraner Theologen in die Debatte einschalteten. 1996 legt Mehmet Paçacı seinen Ansatz in einem Grundsatzartikel mit dem pfiffigen Titel „Der Koran und ich – wie geschichtlich sind wir?“ (KB) dar. Paçacı übernimmt Fazlur Rahmans Charakterisierung des Koran als ethisches Handbuch und sein Dreischrittmodell Ursprungskontext – Universalnorm – Jetztanwendung. Er kann deshalb ausdrücklich zwischen koranischem Wortlaut und koranisch Gemeintem unterscheiden. Über Fazlur Rahman hinaus kommt nun aber die Situation des Interpreten in Paçacıs Blick. So erkennt er, dass man nur bei korrekter Kenntnis der Gegenwart auch von korrekter Jetztanwendung sprechen kann. Jeder Leser aber steckt in einer bestimmten geschichtlichen und daher beschränkten Situation, kann also die Gegenwart nicht vollkommen kennen. Interpretation ist damit ein Abenteuer, aber ein notwendiges. Den Muslimen wirft Paçacı vor, sich größtenteils aus der Geschichtlichkeit hinauszustehlen, indem sie die Gegenwart für unkoranisch, den Koran damit für unanwendbar und den Islam folglich für derzeit nicht angesagt erklären. Mehmet Paçacı hat hier den Begriff „Geschichtlichkeit“ kreativ angewandt. Geschichtlich sind für Paçacı nicht nur der Text und die Lese-Situation, sondern auch die Rolle, die der Leser in der Welt heute zu übernehmen hat. Nach einigen streng philologischen Untersuchungen untersucht Paçacı in einem Artikel (CD 2003) die islamische Wissenschaftsgeschichte. Er nimmt die Theologie der islamischen Moderne unter die Lupe und attestiert ihr eine Besessenheit vom Prinzip der *sola scriptura*, weil sie einzig die heilige Schrift als Autorität gelten lasse. Gleich den Reformatoren im Christentum habe die moderne islamische

Theologie vor einem Jahrhundert ihre lebendige Tradition verworfen und sei „textualistisch" geworden: Theologie sei nach westlich-wissenschaftlichem Vorbild verkommen zu bloßen „Es steht geschrieben!"-Statements. Zu einem „Ich aber sage euch!" fehle jedoch die Kraft. Neue Dynamik könne die „islamische Kultur" nicht mittels eines exegetischen Textbezugs gewinnen. Der bleibe immer bloß deskriptiv. Vielmehr müsse der Islam es wieder wagen, normativ zu sprechen, und zwar durch seine traditionell etablierten Institutionen: die systematische Theologie und die islamische Jurisprudenz. Paçacı, der westlich geschulte Neudenker, will also die Moderne als lähmende westliche Krankheit entlarven und ruft nach einer neuen islamischen Klassik. Ist das historische Koranauslegung? Es lassen sich neun Kriterien für historische Exegese formulieren. Mit ihnen lässt sich überprüfen, wie historisch die Lektüre Paçacıs ist:

Ist sich die Auslegung der Situationsbezogenheit der einzelnen Textstellen bewusst – denn ein Textstück bezieht sich stets auf einen Einzelabschnitt der Geschichte? Dass die einzelnen koranischen Verfügungen situationsbezogen sind, gibt Paçacı nicht nur zu. Vielmehr hält er dies für eine Stärke des Koran im Vergleich zum seiner Einschätzung nach abstrakteren Neuen Testament. Er gibt dem koranexegetischen Blick auch dadurch eine neue Perspektive, dass er das koranische Vokabular vor den Hintergrund des biblischen und apokryphen Materials hält.

Ist sich die Auslegung der situationsbedingten Beschränktheit von Formulierungen bewusst – denn jede sprachliche Mitteilung geschieht innerhalb der Zeitschranken geschichtlicher Existenz? Dass die jeweilige Einzelanweisung im Koran situativ beschränkt ist, sieht Paçacı. Das dadurch entstehende Problem, dass dann ja der Koran selbst nur von beschränkter Gültigkeit sein könnte, löst Paçacı, indem er erklärt: Tatsächlicher Offenbarungsinhalt ist die zu erschließende Norm; die Einzelanweisung expliziert die Norm nur.

Ist sich die Auslegung ihrer eigenen spezifischen Situiertheit bewusst – denn Interpretation hat einen bestimmten, das „Vorverständnis" prägenden und beschränkenden Ort in der Geschichte? Paçacı nur zu bestätigen, er sei sich des Vorverständnisses bewusst, mit dem jeder Interpret notgedrungen an seinen Text geht, wäre zu wenig. Paçacı hat vielmehr den Begriff „Vorverständnis" und damit die Problematik der Gegenwartssituation jeder Lektüre überhaupt erst in die Methodik der Koranauslegung eingeführt. Im Unterschied zu Fazlur Rahman, der einen objektiven Zugriff auf die Geschichte für möglich hält, kann Mehmet Paçacı die Perspektivität eines jeden derartigen Zugriffs feststellen. Auch sein Gedanke, dass geschichtliche Auslegung bedeutet, die eigene Rolle in der Geschichte wahrzunehmen, ist eine Spielart des Bewusstseins von der Perspektivität des Interpretenstandpunkts.

Ist sich die Auslegung des Einflusses von Text und Tradition auf dieses Vorverständnis bewusst – denn Interpretation steht schon in der „Wirkungsgeschichte" des Textes? Um wirkungsgeschichtliches Bewusstsein hat sich Paçacı in seinem Aufsatz gegen das Prinzip der *sola scriptura* besonders bemüht. Im Sinne der Erkenntnis, wie sehr der Text und die aus ihm erwachsende Tradition selbst das eigene Vorverständnis schon geprägt haben, fehlt Mehmet Paçacı jedoch noch ein ausgeprägtes wirkungsgeschichtliches Bewusstsein, und zwar an einem entscheidenden Punkt. Paçacı reduziert den Koran auf das Ethisch-Rechtliche. Was der Koran über Gott, den Menschen und das Jüngste Gericht sagt, kann Paçacı nur als Abstützungen der koranischen Handlungsanweisungen gelten lassen. Hier steht er in der bis in die Gegenwart hinein ungebrochenen Tradition eines ethischen Reduktionismus der Koranauslegung. Sie ist im Koran selbst verankert. Denn der Koran bezeichnet sich häufig als „Rechtleitung" (z. B. Q 2:2), was man als „Handlungsweisung" versteht. In einer Perspektive, die sich noch radikaler der Wirkungsgeschichte bewusst ist, könnten sich jedoch auch Muslime von der Übermacht der ethischen Fragestellung befreien und beginnen, das breitere theologische Potential des Koran freizulegen.

Ist sich die Auslegung des Abstandes zwischen Text und Ausleger bewusst – denn Geschichte trennt? Dass Paçacı den Abstand zwischen Text und Ausleger sieht, sagt er schon, wenn er eingesteht, dass der Gehalt des Koran ins Heute übertragen werden muss. Weiterhin belegen Mehmet Paçacıs subtile historische Wortforschungen Abstandsbewusstsein. Er zeigt damit, dass er nicht davon ausgeht, dass der Koran heutiges Arabisch spräche.

Ist sich die Auslegung bewusst, dass Ausleger und Text grundsätzlich dieselbe Wirklichkeit vor sich haben – denn beide befinden sich innerhalb der einen Geschichte? Ein Verständnis dafür, dass Text und Ausleger grundsätzlich beide Zugriff auf dieselbe Wirklichkeit haben, was dann eine „Horizontverschmelzung" ermöglicht, hat Paçacı nicht. Dies wäre auch eine große Herausforderung an den islamischen Offenbarungsbegriff.[36]

Ist sich die Auslegung bewusst, dass der Abstand zwischen Text und Ausleger für das Verstehen hilfreich sein kann – denn die spätere Perspektive sieht bereits einen weiteren Geschichtsverlauf, der frühere Geltungsansprüche klären kann? Die Produktivität des zeitlichen Abstandes zwischen Interpretation und Text ist Paçacı nicht bewusst. Sie hängt ja auch an der Selbständigkeit des heutigen Blicks, die Paçacı gegenüber der Offenbarung nicht zugibt. Vielmehr plädiert er mit Fazlur Rahman ausschließlich für eine Überwindung des Abstandes durch Rückgang zu den Verkündigungssituationen. Er hat aber den Begriff der Geschichtlichkeit über die bisherige philosophische Reflexion hinaus weitergeführt. Geschichtlichkeit ist für Paçacı „Wahrnehmen der heutigen Aufgabe". Das ist ein kreativer Transfer. So hat er faktisch, aber ohne dies zu benennen, den Zeitenabstand fruchtbar gemacht – allerdings nicht im Bezug auf den Korantext, sondern auf die Philosophiegeschichte.[37]

Ist sich die Auslegung bewusst, dass der Text tatsächliches Geschehen zu bezeugen hat – denn wenn ein Text beansprucht, göttliche Wahrheit zu verkünden, dürfen die berichteten Ereignisse nicht dem historisch Nachweisbaren widersprechen? An tatsächlich Geschehenem ist Paçacıs Koranauslegung bisher nur marginal interessiert. Sein ethischer Reduktionismus enthebt ihn auch der Pflicht, die Historizität von Bezeugtem nachzuweisen.

Ist sich die Auslegung bewusst, dass sie den Text auch im

Gesamt der Religionsgeschichte und der Geschichte der Geschichtsdeutungen zu situieren hat – denn dass der Text heute bedeutsam sein soll, lässt sich nur innerhalb einer Deutung der Menschheitsgeschichte begründen? Wenn Mehmet Paçacı die Muslime daran erinnert, dass sie eine entscheidende geschichtliche Rolle zu übernehmen haben, so ist dies implizit geschichtstheologisch. Dennoch wollte er bisher offenbar keine Geschichtstheologie vorlegen. Im historisch Einzelnen zur Zeit Muhammads ereignete sich laut Paçacı nur insofern göttliches Handeln, als die Einzelnorm beispielhafte Anwendung einer göttlichen Norm ist. Wie aber lässt sich sicherstellen, dass ein heutiger Rückschluss von der speziellen Bestimmung auf eine ihr zugrunde liegende und durch sie zu offenbarende universale Norm nicht fehlschlägt? Dass dieser Rückschluss kein unumstrittenes Ergebnis zeitigt, zeigen die innerislamischen Diskussionen beispielsweise in der Kopftuchfrage.

Kann man Paçacıs Arbeit nun als historische Koranexegese bezeichnen? An manchen Stellen – hinsichtlich des „ethischen Reduktionismus" sowie der Offenbarungs- und der Geschichtstheologie – ist sein historischer Blick noch von traditionellen Voraussetzungen eingeengt. Dennoch verdient sein Ansatz das Etikett „historisch" – und zwar in einem Maße, wie es wenige andere Muslime verdienen. Dabei nimmt er dem Koran nicht die Funktion, Offenbarung zu sein. Für ihn sagt der Koran durch historisch Einzelnes universal Gültiges. Paçacı als historisch-kritischen Muslim zu bezeichnen ist damit kein Etikettenschwindel. Also steht man als Muslim nicht vor der fatalen Alternative, nur entweder religiös oder intelligent sein zu können. Wenn sein Denken auch weiter ausbaubedürftig ist, so führt Paçacı doch überzeugend vor: Historische Koranexegese ist möglich, ja notwendig.

Literaturhinweise

Eine ausführlichere Version dieses Artikels ist: Felix Körner: „Können Muslime den Koran historisch erforschen? Türkische Neuansätze", in: Theologische Zeitschrift (2005) 365–376.

Görlach, Alexander (2005): Die Aufklärer von Ankara. An der Theologischen Fakultät ringen die türkischen Professoren um eine moderne Deutung des Islam. In: Süddeutsche Zeitung vom 22. August: 10 (= AA).

Hermann, Rainer (2004): Pacaci – Gülen – Erdogan. Ebenen des aufgeklärten Islam in der Türkei. In: Frankfurter Allgemeine Zeitung vom 15. Dezember (= PGE).

Körner, Felix (2005): Revisionist Koran Hermeneutics in Contemporary Turkish University Theology: Rethinking Islam, Würzburg.

Körner, Felix (Übers.): Alter Text – neuer Kontext. Koranhermeneutik in der Türkei heute (im Druck).

Paçacı, Mehmet (2000): Kur'an ve Ben Ne Kadar Tarihseliz? Ankara (= KB).

Paçacı, Mehmet (2003): Çağdaş Dönemde Kur'an'a ve Tefsire Ne Oldu? In: İslâmiyât 4: 85–104 (= CD).

Rahman, Fazlur (1982): Islam and Modernity: Transformation of an Intellectual Tradition, Chicago.

Wielandt, Rotraud (2002): Interpretation of the Qur'ân: Early Modern and Contemporary. In: McAuliffe, Jane D. (Hg.): Encyclopaedia of the Qur'ân, Band 2: 124–142. Leiden.

Islam und Moderne: Reformdenken im türkischen Islam heute. Tagung des Heidelberger Centrums für Euroasiatische Studien HECEAS vom 25. Juni 2005 mit führenden türkischen Reformtheologen (Anfragen an heceas@heceas.org).

Gamâl al-Bannâ': Gerechtigkeit für alle

Ivesa Lübben

Ein Bruder Hasan al-Bannâ's im Mao-Look

Am 18. März 2005 leitete, wie es schien zum ersten Mal in der Geschichte des Islam, eine Frau in einer Moschee ein Freitagsgebet, an dem auch Männer teilnahmen, nämlich die Amerikanerin, Muslimin und Professorin für islamische Theologie Amina Wadud. Kurz danach traf ich Gamâl al-Bannâ' in seiner Wohnung im Kairoer Stadtteil Abbasiya. Dass sich eine Frau in Manhattan zur Vorbeterin machte, hatte im islamischen Establishment Ägyptens einen Schrei der Entrüstung ausgelöst. Azhar-Schaikh Tantawi erklärte das Gebet im fernen Amerika wütend gleich drei Mal für nichtig. Auch der Mufti der Republik warnte, dass Gott die Gebete der Gläubigen, die hinter einer Frau beten, nicht anerkennen würde. Das sei alles völliger Unsinn, meinte demgegenüber Gamâl al-Bannâ'. Es gebe im Islam nur ein einziges Kriterium für die Wahl eines Imams: das theologische Wissen und die Frömmigkeit. Im Koran stehe ganz deutlich: „Diejenigen unter Euch werden von Gott am meisten geschätzt, die am frommsten sind." Gott mache keinen Unterschied zwischen Mann und Frau, Arm und Reich oder Menschen verschiedener Abstammung.[38] Warum sollten dann nicht auch Musliminnen ihre Gemeinde führen, wenn sie die theologischen Voraussetzungen haben?

Genau dies sei die Quintessenz eines Buches, an dem er zurzeit arbeite, fasst Gamâl al-Bannâ' seine Position zusammen. Dabei droht der alte Herr, der immer einen Anzug im Mao-Schnitt trägt, hinter den Bergen von Büchern, die sich auf seinem Schreibtisch türmen, fast zu verschwinden. Der Anzug ist so etwas wie ein persönliches Markenzeichen. Anfang der 50er Jahre war Gamâl al-Bannâ' Vorsitzender des

Ägyptischen Vereins zum Schutz der politischen Gefangenen. Einmal besuchte er Scharif Hatata, den späteren Mann der Feministin Nawal Saadawi, im Gefängnis. Dieser war nach der Machtübernahme des Nasserregimes wie so viele andere Kommunisten verhaftet worden. Hatata trug einen Anzug nach chinesischem Schnitt. Das war damals Mode unter den Linken. Der Anzug gefiel dem jungen al-Bannâ', er entsprach seinem Lebensgefühl: Er symbolisierte die sozialrevolutionären Aufbrüche der Zeit, setzte sich sowohl vom traditionellen Anzug und Tarbusch des aufsteigenden Bürgertums wie auch der Galabîya der Traditionalisten ab, er war einfach, bescheiden und trotzdem ordentlich. Bis heute trägt Gamâl al-Bannâ' nach diesem Schnitt gefertigte Anzüge.

Die Wohnung in Abbasiya, einem inzwischen etwas verstaubten und heruntergekommenen ehemaligen Villenviertel, ist zugleich Büro, Bibliothek und Zentrum der von ihm gegründeten Fauzîya-und-Gamâl-al-Bannâ'-Stiftung, die sich für islamische Erneuerung und interreligiösen Dialog stark macht. Die Bibliothek ist stille Zeugin der verschiedenen Stationen seines Lebens: Hier finden sich schon von Holzwürmern angenagte alte Hadith-Sammlungen und islamische Rechtsmonographien aus der Bibliothek des Vaters, der es sich zu einer Lebensaufgabe gemacht hatte, die Hadith-Sammlung des Rechtstheoretikers Ibn Hanbal neu zu redigieren. Hier finden sich auch alte Zeitschriften und Dokumente der Muslimbruderschaft, die 1928 von dem legendären ältesten Bruder Gamâl al-Bannâ's, dem 1949 ermordeten Hasan al-Bannâ', gegründet wurde. Dazwischen stehen hunderte von Büchern über die Russische Revolution, die Weimarer Republik und die englische und französische Arbeiterbewegung.

Gott macht keinen Unterschied zwischen Mann und Frau

Hier schreibt der inzwischen 85-Jährige, der die Wohnung nur noch für Seminare und Diskussionen verlässt, ein Buch nach dem anderen, so als wolle er in der ihm noch verbleibenden Zeit keine Minute verlieren, um den Islam – so wie er ihn versteht – von all den Fesseln zu befreien, die ihm vierzehn Jahrhunderte islamische Theologie und Jurisprudenz, gesellschaftliche Traditionen und theologisches und staatliches Establishment auferlegt haben. Die Themen reichen von dem Versuch der Begründung einer islamischen Arbeiterideologie über Fragen der Meinungs- und Religionsfreiheit bis zu Fragen der Demokratie und Staatsform. Und immer wieder thematisiert er die Frauenfrage: Er polemisiert gegen Schleier, Geschlechtertrennung und die Bevormundung der Frau durch die männlichen Familienmitglieder. Erst kürzlich veröffentlichte er ein Buch, in dem er die in Ägypten praktizierte und von Azhar-Gelehrten gerechtfertigte Frauenbeschneidung als Kapitalverbrechen brandmarkte. Mit dem Islam habe diese barbarische Praxis absolut gar nichts zu tun.

Immer wieder kommt er auf dieselbe Grundthese zurück. Der Islam habe die Befreiung und die Gleichberechtigung der Frau gewollt und nicht ihre Unterdrückung. Er habe die Frau überhaupt erst zu einem gesellschaftlichen Subjekt gemacht in einer Gesellschaft, in der sie als rechtloses Eigentum ihres Mannes galt. Im Koran stehe geschrieben, Mann und Frau seien aus einem *nafs*, einer Seele, geschaffen worden, um sich gegenseitig im anderen zu erkennen. Immer wieder habe Gott im Koran sein Wort ausdrücklich an die gläubigen Frauen und die gläubigen Männer gerichtet, er habe die Frauen zu Schwestern der Männer erklärt und Männer und Frauen aufgerufen, sich gegenseitig zu führen, um das Gute zu tun und das Schlechte zu verbieten. Dies würde im Klartext bedeuten, dass Gott eben keinen Unterschied zwischen Mann und Frau gemacht hätte. Nicht umsonst seien die ersten Anhänger des Propheten Muhammad Frauen gewesen.[39]

Der Prophet als Gentleman und die frauenfeindlichen Rechtsgelehrten

Die Problematik der Frauenfrage in den islamischen Gesellschaften besteht nach Gamâl al-Bannâ' darin, dass der Koran in einem extrem patriarchalischen Umfeld offenbart worden sei. Das gelte gleichermaßen für die arabische Stammesgesellschaft wie für die damaligen Hochzivilisationen des Nahen und Mittleren Ostens, Byzanz und Persien. Mit der Entstehung der islamischen Staaten und der Institutionalisierung des Islam in Rechtsschulen haben sich die frauenfeindlichen Traditionen wieder regenerieren können. Diese seien durch die Rechtsgelehrten mittels diskursiver Entstellungen des Koran, Umdeutung von Begriffen, Fehlinterpretationen und Hinzuziehung von zweifelhaften Aussprüchen des Propheten islamisch legitimiert worden. Selbst unter den engsten Vertrauten sei Muhammad – gerade was seine Haltung gegenüber den Frauen betraf – immer wieder auf Ablehnung gestoßen. Um das zu untermauern, beruft sich al-Bannâ' auf eine Geschichte aus den Prophetenüberlieferungen. Als sich die Frauen seiner Gefährten bei Muhammad darüber beschwerten, dass sie von ihren Männern geschlagen würden, empfahl ihnen dieser, nach alter Stammestradition Gleiches mit Gleichem zu vergelten. Daraufhin reagierten die Gefährten derartig empört, dass Gott persönlich intervenieren musste, um zu verhindern, dass sie wieder vom neuen Glauben abfielen. Er räumte ein, dass sie ihre Frauen sanft züchtigen dürften, aber erst nachdem alle anderen Überzeugungsversuche gescheitert seien. Dem habe Muhammad mit dem Satz nachgegeben: „Wir wollten etwas, aber Gott wollte es anders, und was Gott will, ist gut."

In seinen Büchern beschreibt Gamâl al-Bannâ' den Propheten Muhammad als den einsamen Gentleman in einer verrohten, frauenverachtenden Stammesgesellschaft. Beim Lesen fragt man sich stellenweise, ob es al-Bannâ' um eine von reaktionären Überlieferungen bereinigte historische Rekonstruktion der Persönlichkeit des Propheten geht oder ob er versucht, über die Beschreibung Muhammads auch ein Stück seiner selbst zu beschreiben oder zumindest ein Stück Geistesverbundenheit aufzudecken. Es waren Frauen, die sich nach dem Tod der Eltern des kleinen Muhammad angenommen hatten: seine Amme Halima, Umm Aiman und seine erste, sehr viel ältere Frau Khadîdscha, die erste Konvertitin und bis zu ihrem Tod seine engste Vertraute. Muhammad war beeindruckt von der Treue, Zuverlässigkeit und der Zuneigung seiner ersten Anhängerinnen, respektierte sie und bekannte sich öffentlich dazu. Und sie ihrerseits zogen mit ihm in die Schlachten und fungierten als seine politischen Beraterinnen.

Aber was al-Bannâ' am meisten beeindruckt, ist der Sinn des Propheten für die Liebe und die weibliche Ästhetik. Denn Muhammad pflegte zu sagen: „Gott ist schön und liebt das Schöne." Liebesgedichte, die *ghazal*, waren zwar zu der Zeit sehr verbreitet, aber sie besangen meistens die unerreichbare, die abstrakte Liebe oder die Schönheit des weiblichen Körpers, während eine Liebesbezeugung der eigenen Frau gegenüber als männliche Schwäche ausgelegt wurde. Muhammad jedoch antwortete auf die Frage, was er am meisten liebe: Aischa, eine seiner Frauen. Auch scheute er sich nicht, in aller Öffentlichkeit mit seinen Frauen Zärtlichkeiten auszutauschen, erzählt uns al-Bannâ'. Muhammad habe Sinn gehabt für die weibliche Ästhetik, die mehr umfasst als einen schönen weiblichen Körper, nämlich auch die Schönheit ihres Charakters und ihres menschlichen Wesens. Und er habe das Recht der Frau auf Liebe respektiert. Erst später hätten die Rechtsgelehrten die Frauen zu bloßen Sexualobjekten reduziert, die man zum Schutz der Gesellschaft und zur Bewahrung der Ehre des Mannes im Harem wegsperren oder unter einem schwarzen Umhang verstecken müsse, der dann als *hidschâb* bezeichnet wurde. Dabei spreche der Koran gar nicht von dem *hidschâb* als Kleidungsstück, sondern von einem Schleier, der auf dem Herzen liege und verhindere, dass das Herz sich für Gottes Botschaft öffne, ein *hidschâb*, der niedergerissen und nicht errichtet werden müsse. Der *hidschâb* der Rechtsgelehrten habe jedoch nicht nur die Frauen ihrer Freiheit beraubt, sondern gleichzeitig zu einer emotionalen und ästhetischen Verarmung der Gesellschaft und in der Konsequenz zur Verteufelung aller schönen Künste wie Gesang, Theater und Tanz geführt.[40]

Und trotzdem bleibt die Frage, was gerade ihn, Gamâl al-Bannâ', der in dem kleinen Flecken Mahmûdîya irgendwo im Nildelta, weit entfernt von den intellektuellen Zirkeln der ägyptischen Hauptstadt, geboren wurde, dazu bewog, sich so intensiv mit der Frauenfrage auseinanderzusetzen. Auch er ist Kind einer patriarchalischen Gesellschaft. Als er 1920 geboren wurde, durften Frauen noch nicht wählen. Seine älteste Schwester Fatima ging noch nicht einmal in die Schule. Das war damals auf dem Land nicht üblich, da Mädchen früh verheiratet wurden. Vielleicht war es die Tatsache, dass er so oft sich selbst überlassen war. Um die Erziehung seines Bruders Hasan, der der älteste der sieben Geschwister war, kümmerte sich der Vater, der als Uhrmacher sein Geld verdiente und sich in seiner Freizeit als Laien-Rechtsgelehrter und Imam betätigte, noch höchstpersönlich. Hasan konnte schon als Kind den Koran auswendig zitieren. Als Hasan die Schule beendet hatte, zog die Familie seinetwegen nach Kairo, damit er die Universität besuchen konnte. Der Vater war inzwischen mit seinem Lebenswerk, der Neuausgabe der Hadith-Sammlung des Ibn Hanbal, beschäftigt und kaum noch zu Hause. Da war Gamâl gerade vier. Er wuchs in den Gassen der Altstadt auf und ging auf eine normale Staatsschule, wo wenig von Religion die Rede war. Und dann war da seine jüngste Schwester Fauzîya, die beiden waren die Nachkömmlinge der Familie. Gamâl und Fauzîya waren unzertrennlich. „Sie war meine Kollegin und Freundin und viel schlauer als ich. Wenn sie die Chancen gehabt hätte, wäre sie sicher Professorin geworden." Aber weil es damals nicht üblich war, studierte sie nicht, sondern heiratete, sobald sie volljährig wurde, und ging mit ihrem Mann nach Saudi-Arabien, wo sie trotz aller Restriktionen der saudischen Gesellschaft in der Mädchenbildung aktiv wurde. Durch sie bekam er ein Gespür dafür, welchen Ungerechtigkeiten ägyptische Mädchen in dieser Zeit unterworfen waren.

Und dann hatte er eine Leidenschaft: die Bücher. In der Großstadt konnte man nicht so gut draußen spielen wie in Mahmûdîya. Und wenn er nicht gerade mit Fauzîya spielte, las er alles, was er in die Hand bekam: die Fortsetzungsromane in den Illustrierten, Geschichtsbücher, Bücher über den Islam. Ihn faszinierte besonders die britische Arbeiterbewegung. Sie hat gekämpft, zwar manchmal militant, aber im Prinzip mit friedlichen Mitteln, und dadurch viel erreicht, vor allem in Fragen der Arbeitermitbestimmung, der Kollektivverträge, der sozialen Gerechtigkeit. Für ihn war die Arbeiterbewegung damit die Avantgarde der demokratischen Bewegung und der Schlüssel jeder gesellschaftlichen Renaissance. Er hatte auch gewisse Sympathien für die Muslimbrüder, die vor dem Putsch der Freien Offiziere zur wahrscheinlich größten Massenbewegung Ägyptens geworden waren, aber anders als seine älteren Brüdern Abdalbasît, Abdarrahmân und Muhammad wurde er nie Mitglied der Bewegung. Gamâl war ein Rebell, einer, dem die Muslimbrüder zu kleinbürgerlich waren, wobei er das französische Wort *petit-bourgeois* betont in die Länge zieht.[41]

Gegen das Islamverständnis vieler Muslimbrüder und des Establishments

Jeder Diskussion mit seinem Bruder Hasan über die Frauenfrage ging er aus dem Weg. Hasan wusste, dass Gamâl gerade, was die Frauenfrage betrifft, die größten Differenzen mit den Muslimbrüdern hatte. Gamal seinerseits fühlte, dass sein Bruder Hasan ihn dennoch verstand. Und er wiederum verstand, welchen Sachzwängen der große Bruder ausgesetzt war: „Er sah mich immer schmunzelnd an, wenn er mich hat lesen sehen. Er wusste, was ich las, und wusste, was ich dachte. Wenn ich dann doch einmal meine Meinung sagte, dann lächelte er, aber gesagt hat er nie etwas. Er hat mir weder zugestimmt noch hat er meine Positionen zurückgewiesen", erinnert sich Gamâl al-Bannâ'. „In seinem Herzen war Hasan al-Bannâ' liberal. Aber selbst wenn er ganz im Geheimen daran geglaubt hätte, dass die Frau mehr Recht erhalten sollte oder dass der *hidschâb* nicht verpflichtend sei, so hätte er dies niemals zum Programm erheben könne. Seine Anhänger waren sehr rückschrittlich.[42]

Immer wieder geriet Gamâl al-Bannâ' mit Vertretern des islamischen Establishments in Konflikt. In gewisser Weise macht er es diesem mit seinen Thesen auch schwerer als andere Kritiker. Er argumentiert streng islamisch, so dass man ihm nicht einfach vorhalten kann, er bediene sich der Methoden positivistischer Wissenschaft, wie ein Nasr Hamid Abu Zaid, oder sei sowieso ein Feind der Religion, wie Salman Rushdie. Im Gegenteil hält Gamâl al-Bannâ' der Azhar den Koran als Spiegel vor und weist umgekehrt den Traditionalisten Abweichungen vom Urtext nach. Zweitens ist er Verfechter eines Laien-Islam, der die Autorität des islamischen Establishments untergräbt. Der Koran sei so geschrieben, dass jeder ihn verstehen könne, und sei außerdem viel fortschrittlicher als der Islam der Rechtsschulen. Die Frauenfrage sei ein wichtiges Beispiel. Und drittens genießt er aufgrund seiner Familiengeschichte eine gewisse Narrenfreiheit unter den islamischen Organisationen. Auch wenn manche führende Muslimbrüder im Privatgespräch diskret darauf hinweisen, dass es bezüglich der Thesen Gamâl al-Bannâ's Diskussionsbedarf gebe, würden sie ihn niemals öffentlich attackieren. Gerade unter vielen jüngeren Mitgliedern, aber auch unter einigen der Muslimbruderschaft nahe stehenden Rechtsgelehrten genießt er Sympathie und Respekt.

Auch wenn Gamâl al-Bannâ' öffentlich seinen Ärger über die Angriffe aus den Reihen der Azhar-Universität zum Ausdruck bringt, macht er nicht den Eindruck des Opfers. Sein etwas überlegen wirkendes Lächeln sagt, dass er diesen Konflikt will. Er ist überzeugt davon, dass er nicht nur unter lebenspragmatischen und moralischen, sondern auch im streng islamischen Sinne über die besseren Argumente verfügt und dass jeder Konflikt mit der Azhar die Diskussion über seine Thesen vorantreibt.[43]

Anmerkung zum ersten Satz

Der von den Medien verbreitete Eindruck, es habe sich um das allererste Mal gehandelt, könnte täuschen – vergleiche das von einer Frau geleitete gemischte Freitagsgebet in Kapstadt 1994, hier S. 153.

Bannâ', Gamâl al- (o. J.): Dimûqrâtîya dschadîda [Neue Demokratie]. Kairo.

Bannâ', Gamâl al- (o. J.): Safha maṭwîya fî al-khidma al-idschtimâ'îya – takwîn al-dschâmi'a al-misrîya li-ri'âya al-masdschûnîn wa usarihim min 1953–1955 [Eine unbekannte Seite der Sozialarbeit – Gründung des ägyptischen Vereins zur Betreuung der Gefangenen und ihrer Familien von 1953–1955]. Kairo.

Bannâ', Gamâl al- (1995): Mas'ûlîya faschal ad-daula al-islâmîya [Die Verantwortung für das Scheitern des islamischen Staates]. Kairo.

Bannâ', Gamâl al- (1998): Al-imra'a al-muslima bain tahrîr al-qur'ân wa taqyîn al-fuqahâ' [Die muslimische Frau zwischen der Befreiung durch den Koran und die Beschränkungen durch die Rechtsgelehrten]. Kairo.

Bannâ', Gamâl al- (2002): Al-hidschâb [Der Schleier]. Kairo.

Bannâ', Gamâl al- (2005): Khitân al-banât – laisa sunna wa lâ makrama wa lâkin dscharîma [Die Beschneidung der Mädchen – weder eine Tradition, noch eine edle Tat, sondern ein Verbrechen]. Kairo.

Nadia Yassine: Als Islamaktivistin moderat an die Macht?

Sonja Hegasy

Sie ist eine begnadete PR-Frau: Nadia Yassine, inoffizielle Sprecherin der wohl mitgliederstärksten, aber illegalen islamistischen Bewegung Marokkos, *Gerechtigkeit und Wohlfahrt (al-ʿadl wal-ihsân)*, und Tochter ihres greisen Gründers Abdessalam Yassine. 1974 war ihr Vater in die Psychiatrie eingewiesen worden, nachdem er König Hasan II., der seine Abstammung auf den Propheten zurückführt, in einem offenen Brief respektlos mit den Worten „Lieber Enkel des Propheten" angesprochen hatte. Unter dem Titel *Der Islam oder die Sintflut* sprach er der marokkanischen Monarchie hier die Legitimität ab. Nach Jahren im Gefängnis wurde Abdessalam Yassine 1990 entlassen, allerdings nur in den Hausarrest. Von seinem Haus in Salé aus dirigiert er seitdem seine Organisation. Im Mai 2000 hob der neue König Mohammed VI. schließlich den Hausarrest auf. Seitdem steigt die Popularität von Vater und Tochter Yassine weiter. Nadia Yassine folgt der Lehre ihres Vaters, der die Forderung nach „Modernisierung des Islam" mit dem Aufruf zur „Islamisierung der Moderne" konterte. Viele sagen, dass sie das Format habe, seine Nachfolgerin zu werden. Aber eine Frau an der Spitze einer islamistischen Organisation? Das ist schwer vorstellbar, auch wenn sie alle Fähigkeiten dazu besitzt.

Zu Besuch bei der Politik- und Kulturwissenschaftlerin

Nadia Yassine, geboren 1958, ist die Älteste von sechs Kindern Abdessalam Yassines und stammt aus seiner ersten Ehe. Sie hat selbst vier Töchter und ist mit Anfang vierzig schon Großmutter. Als Politik- und Kulturwissenschaftlerin weiß sie, wie man sich auf internationalem Parkett bewegt und

Sympathien gewinnt. Englisch und Französisch spricht sie perfekt. Ausländische Journalisten bestellt sie für ein Treffen gerne zum Gefängnis von Salé. Das riecht nach Opposition und Untergrund. Schon bekommt der Besucher das betörende Gefühl, den inneren Kreis der Eingeweihten zu betreten. Aber dann kommen zwei kichernde Mädchen vorbei, die eine im Spaghettiträgerkleid und die andere mit Kopftuch. Sie ist die jüngste Tochter der Familie Yassine. Sie soll mich zu ihrer Mutter bringen. Nadia Yassine wohnt einfach nur im unauffälligen Neubauviertel neben dem Gefängnis von Salé. Die Hausherrin empfängt – ohne Kopftuch! – in einer gemütlichen Wohnung. Sie fragt ihren Ehemann, ob er sich zu uns setzen möchte, aber der winkt freundlich lächelnd ab. Ganz die perfekte Gastgeberin, serviert Nadia Yassine grünen Tee mit Minze und geröstete Mandeln.

Während unseres Treffens im Sommer 2003 ist die Lage gespannt. Kurz zuvor hatten radikale Islamisten in Casablanca fünf Attentate verübt und dabei 38 Menschen mit in den Tod gerissen. Der Schock in der Gesellschaft saß tief. Fast eine halbe Million Menschen gingen auf die Straße, um für ein friedliches Zusammenleben zu demonstrieren. Die marokkanische Gesellschaft protestierte gegen den Terror und die Politisierung ihrer Religion. Auch gemäßigte Islamisten, für die Nadia Yassine steht, wurden nach den Anschlägen unter Generalverdacht gestellt. Deswegen setzen die Moderaten, wie die Mitglieder von *Gerechtigkeit und Wohlfahrt*, alles daran, sich von den radikalen Terroristen abzusetzen. Trotzdem werden in dieser Zeit Männer, die einen langen Bart tragen, in Marokko auf offener Straße mit Tomaten beworfen. In einem Interview kurz nach den Attentaten in New York sagte Nadia Yassine: „Wenn Bin Laden den Angriff ausgeführt hat, dann hat er uns einen Bärendienst erwiesen. Von nun an ist jeder Islamist, der die USA kritisiert, ein Bin Laden." Nach dem 11. September und insbesondere nach den Anschlägen in Casablanca wird in Marokko Jagd auf Islamisten gemacht. Menschenrechtsvereine prangern an, dass es nun wieder zu Folter und ungeklärten Todesfällen in den Gefängnissen kommt. Die Opfer seien nicht mehr linke Oppositionelle, wie in den Siebzigern und Achtzigern, sondern Islamisten.

Nadia Yassine ist nicht nur die weltgewandte, frankophone Politikwissenschaftlerin. Sie kommt auch in den Armenvierteln von Marokko gut an. Hier hilft sie Frauen, die ihren Rat suchen – sei es, weil der Ehemann sie verlassen hat oder die Familie die Kinder nicht mehr ernähren kann. *Gerechtigkeit und Wohlfahrt* hat ein weit verzweigtes Netzwerk. Die Armen und die Analphabeten sind die Klientel der Islamisten. Nadia Yassine erzählt mir, dass sie das Gefühl der Benachteiligung, das bei vielen Muslimen herrscht, für andere verstehbar machen möchte. „Seit dreißig Jahren rufen wir zur Gewaltfreiheit auf. Und trotzdem sind wir für niemanden politischer Ansprechpartner."

Am 10. Dezember 2001, dem 51. Jahrestag der Proklamation der UN-Menschenrechte, knüppeln Sicherheitskräfte friedlich Demonstrierende der islamistischen Bewegung in acht großen Städten Marokkos schonungslos nieder. Spektakuläre Filmaufnahmen von Kamil Yassine, Nadias Bruder, dokumentieren dies. Nadia Yassine, ihre Brüder und Abdessalam Yassines Ehefrau werden verhaftet. Nadia Yassine wird zu einer Haftstrafe auf Bewährung und einer Geldstrafe verurteilt. Sie kokettiert ein bisschen mit der Illegalität ihrer Bewegung und betont, dass sie nicht vom Regime vereinnahmt werden wolle: „Unsere Bewegung ist *semi-clandestin*, und das wollen wir auch bleiben", sagt sie im Gespräch.

Die mystisch-islamistische Bewegung Gerechtigkeit und Wohlfahrt

2002 enden die marokkanischen Parlamentswahlen mit einer Überraschung: Die gemäßigt islamistische *Partei der Gerechtigkeit und Entwicklung* (PJD), die von einigen als verlängerter Arm von *Gerechtigkeit und Wohlfahrt* betrachtet wird, verdreifacht ihre Sitze auf 42, darunter vier Frauen, und wird stärkste Oppositionskraft im Parlament. Auf Druck des Innenministeriums stellte die Partei daraufhin bei den Kommunalwahlen im September 2003 nur in einem Fünftel der Wahlbezirke überhaupt Kandidaten auf. Jetzt sind nur noch 2,5 % der Gemeindevertreter Mitglieder der PJD. Allerdings bleibt sie in den Großstädten wie Casablanca oder Tetouan drittstärkste Kraft. *Nicht auffallen* lautet der gemeinsame Nenner der gemäßigten Islamisten. Mit Blick auf die blutigen Auseinandersetzungen zwischen dem Staat und den Islamisten in Algerien wollen sie alles vermeiden, was zu einer Spaltung der Gesellschaft führen könnte. In kaum einem Land ist der zehnjährige algerische Konflikt mit dem Islamismus so präsent wie in Marokko.

In dieser Situation wartet jeder darauf, wie sich die Bewegung von Nadia Yassine positioniert. Ihre Botschaft an mich lautet: „Wir sind eine mystische Bruderschaft, deren Aktivitäten zu 80 % spiritueller Natur sind und nur zu 20 % politisch-sozialen Charakter haben. Wir konzentrieren uns auf die mystische Tradition meines Vaters, und wir organisieren Sozialarbeit und Alphabetisierungskurse im ganzen Land." Der Islam verbreite sich vor allem durch die Herzen und nicht durch den Intellekt. „Aber viele unserer Anhängerinnen sagen nicht, dass sie Mitglied sind, denn sie befürchten, im Gefängnis vergewaltigt zu werden." Trotz Verfolgung hat die Bewegung nie zu einem gewalttätigen Umsturz der Monarchie aufgerufen. *Gerechtigkeit und Wohlfahrt* versteht sich als eine mystische Erneuerungsbewegung. Daher übersetzt der britische Nahosthistoriker Michael Willis *ihsân* auch nicht mit „Wohlfahrt", sondern mit „Spiritualität". Der Islamwissenschaftler Valentin Coenen weist auf die Interpretationsbedürftigkeit des Begriffs „Wohlfahrt" hin, „da er anders als der Begriff der Gerechtigkeit bei Islamisten im Allgemeinen eine untergeordnete Rolle spielt und damit auf eine Besonderheit im islamistischen Diskurs Yassines verweist. Bei dieser Besonderheit handelt es sich um die Integration sufischer Vorstellungen in das Konzept des islamischen Aktivismus."

Sozial engagierter Neo-Sufismus

Die islamische Mystik, die sich aus der Politik heraushält, hat den 1928 geborenen Abdessalam Yassine stark beeinflusst. Noch heute ziehen sich die männlichen Mitglieder regelmäßig für 40 Tage zum Beten und Meditieren zurück. Nadia Yassine lädt mich ein, an einem solchen Konvent der Frauen, der zehn Tage dauert, teilzunehmen. Sozial engagierten Neo-Sufismus könnte man die ideologische Richtung von *Gerechtigkeit und Wohlfahrt* nennen. Die Organisation weist immer wieder auf die sozialen Unterschiede und Probleme im Land hin. Marokko ist für sie keine Monarchie, sondern eine Kleptokratie. Nur eine Umverteilung des Reichtums könne das Land voranbringen. In seinem ersten Memorandum an Mohammed VI. hat Abdessalam Yassine schon 1999 kurz nach dessen Thronbesteigung die Repatriierung des königlichen Privatvermögens gefordert, um die staatlichen Schulden zu begleichen. Und das verlangt auch Nadia Yassine. Sie kritisiert, dass einige Wenige im Luxus und die Mehrheit unter der Armutsgrenze von einem US-Dollar pro Tag leben. Aber ein präzises Gegenprogramm will sie nicht aufstellen, mit der Begründung, dass dafür genaue Zahlen notwendig wären, die nicht einmal der Premierminister habe. „Wenn die Alternative für junge Menschen nur heißt, im Mittelmeer zu ertrinken oder bei Attentaten zu sterben, dann soll man sich nicht wundern, wohin das Land treibt."

Zwei Drittel der marokkanischen Bevölkerung sind unter 35 Jahre. Sie bemitleidet den jungen König. „Die Situation, die er geerbt hat, ist zu schwer für ihn." Zudem hält sie ihn für unfähig, die nötigen Reformen durchzusetzen. Ihre Opposition gegen eine liberale Reform des Familienrechts führte 2001 dazu, dass Nadia Yassine der Mitgliedschaft in einer verbotenen Organisation angeklagt wurde. Sie erhielt eine viermonatige Bewährungsstrafe. Unter dem neuen Antiterrorismusgesetz befürchtet sie, dass daraus auch vier Jahre werden könnten.

Widersprüchliche Frauenpolitik

Für die säkulare Frauenbewegung Marokkos verkörpert Nadia Yassine sozusagen die Rückwärtsgewandtheit im Schafspelz. An einer Konferenz über die Rechte der Frau in der arabischen Welt würden linke Feministinnen gar nicht teilnehmen, wenn sie mit ihnen auf dem Podium säße. Dabei betreibt *Gerechtigkeit und Wohlfahrt* eine aktive Frauenförderungspolitik. Ohne Quote sitzen in ihren Führungsgremien nach eigenen Angaben 20 % Frauen. Auf der einen Seite ist Nadia Yassine eine der aktivsten politischen Persönlichkeiten im Land; auf der anderen Seite protestiert sie dagegen, dass Polygamie verboten wird, Frauen nach der Scheidung die Hälfte des Besitzes erhalten und bei Wiederheirat das Sorgerecht für ihre Kinder nicht verlieren. Warum tut sie das? Eigenständigkeit und kulturelle Identität sind die Schlüsselworte, um eine solche Haltung zu verstehen. Man will modernisieren, man will demokratisieren, aber man will nach allem, was es an „Kontakten" mit dem Westen gab, diesen in gar keinem Fall imitieren und dabei auch noch gegängelt werden.

Nadia Yassine hat einen Teil ihrer Ausbildung am französischen Gymnasium *Descartes* in Rabat erhalten und profitiert heute davon. Die *Partei der Gerechtigkeit und Entwicklung* wollte dagegen Abgängern dieser Schule vor kurzem sogar die marokkanische Staatsbürgerschaft entziehen, weil sie zu verwestlicht seien. Das sind Auswüchse einer leidenschaftlichen Identitätsdebatte, in der sich Muslime um jeden Preis selbst definieren wollen.

Kritik am Westen

Nadia Yassines erstes Buch kreist um das Verhältnis zwischen christlicher und muslimischer Welt. Erstaunlicherweise erschien es Anfang 2003 in dem feministischen Verlag *Le Fennec*. Die mutige Verlegerin Laila Chaouni hat dafür viel Kritik geerntet, denn bisher ist *Le Fennec* der Hausverlag der marokkanischen Linken gewesen. Auch Fatima Mernissi verlegt hier ihre Bücher. Mit dem fast 400-seitigen Buch *Alle Segel hoch* sucht Nadia Yassine nach den Ursachen für das ewige Unverständnis zwischen Okzident und Orient. Der französische Originaltitel spielt mit der Doppelbedeutung von Segel und Schleier. Sie will „ihr Maul aufmachen" und bezieht sich dabei explizit auf ein Interview von Pierre Bourdieu mit Günter Grass. Sie vertritt eine moderate Mehrheitsmeinung in der arabischen Welt: „Ich bin weder für die USA noch gegen sie. Ich bin für die Vernunft und die Ausgewogenheit, und ich glaube nicht, dass gerade sie [die USA] ihre Politik auf diesen beiden Konzepten aufbauen. Selbst mit dem nötigen Grad an Zynismus und Realpolitik, den man wohl jeder Politik zusprechen muss, überschreiten sie doch jede Norm bei weitem. Die in jeder politischen Beziehung gerechtfertigte Kälte friert hier jeglichen Humanismus ein und kündigt einen ungekannten Imperialismus an." Typisches Argumentationsmuster ist dabei der Verweis auf den materialistischen Westen, der seine Seele (d. h. die Religion) verloren hat. Auf Anraten ihres Vaters hat sie einen Roman, den sie noch vor Erscheinen ihres Buches zum 11. September verfasst hat, bisher nicht veröffentlicht, weil sie nicht auf die Rolle der Schriftstellerin festgelegt werden will. Der einzige zeitgenössische muslimische Intellektuelle, dem sie Respekt zollt, ist der in der Schweiz lebende ägyptische Reformdenker Tariq Ramadan.

Kritik an der marokkanischen Monarchie

Im Sommer 2005 landet Nadia Yassine ihren nächsten Coup: Auf einer Konferenz über Demokratie und Islam an der Berkeley University erklärt sie, dass Marokko eine Republik werden solle. Das zieht noch keine Konsequenzen nach sich, denn die marokkanische Monarchie achtet weniger darauf, was im Ausland gesagt wird. Aber dann wiederholt sie diese Forderung in der arabischen Wochenzeitung *al-Usbûʿîya al-dschadîda*. Darauf hin wird Nadia Yassine im Juni 2005 wegen „Angriffs auf die Monarchie" vor Gericht gestellt. Ihr drohen drei bis fünf Jahre Gefängnis. Mehrere hundert ihrer Anhänger protestieren gewaltlos vor dem Gericht für ihre Heldin. Öffentlichkeitswirksam klebt sie sich ein rotes Kreuz über den Mund, um für Redefreiheit zu demonstrieren. Zum ersten Mal in der Geschichte des Gerichts wird ein Prozess auf unbestimmte Zeit verschoben. Bis auf weiteres darf sie das Land derzeit nicht verlassen. Einige Zeitungen melden, dass dieser Verlauf des Prozesses der Intervention des amerikanischen Botschafters zu verdanken sei. Nach Berichten von *Telquel* soll Michael Riley dem Justizminister Mohamed Bouzoubaâ deutlich gesagt haben, dass der amerikanische Kongress Marokko nicht als Modell für Demokratie unterstützen könne, wenn es einen Prozess gebe, der die Redefreiheit von Nadia Yassine einschränke. Eine neue Allianz zwischen den USA und moderaten Islamisten bahnt sich an. Bei den Äußerungen von Nadia Yassine mag dabei auch der Versuch eine Rolle spielen, ihrem Vater an Radikalität nicht nachzustehen.

Die einflussreichste Frau Marokkos?

Allerdings ist Nadia Yassine keine große Intellektuelle oder Schriftgelehrte. Im Gegensatz zu ihrem Vater, der vierzehn Bücher über den Islam in der Moderne geschrieben hat, hat sie bislang nur ein Buch als Reaktion auf den 11. September vorgelegt. Sie betreibt Identitätspolitik, die in der arabischen Welt gut ankommt. Aber sie kennt den Rest der Welt und die internationalen Debatten gut genug, um auch hier politischen Einfluss gewinnen zu können. Wenn Nadia Yassine den Islam reformieren sollte, dann durch die Tat, nicht durch das Wort. Für sie ist der Prophet Mohammed feministisches Vorbild. Die von ihm ausgehende Verbesserung der Situation der Frau im 7. Jahrhundert war ihrer Auffassung nach revolutionär. So kann sie auch heute für eine Anwendung der Scharia plädieren. Das aber ist genau der Punkt, weswegen sie von säkularen arabischen Intellektuellen, wie dem tunesischen Historiker Mohammed Talbi, vehement angegriffen wird. Nie fordere sie eine Reform der Scharia im Namen des Koran.

Der Bruder und der Ehemann von Nadia Yassine sind ebenfalls in der Organisation *Gerechtigkeit und Wohlfahrt* politisch aktiv, aber Nadia Yassine steht im Zentrum der Spekulationen über die Nachfolge des 74-jährigen Scheichs. Damit würde zum ersten Mal in der Geschichte eine Frau an der Spitze einer islamistischen Organisation stehen. Kenner der marokkanischen Islamistenszene bezweifeln einerseits, dass es zu einer solchen Kulturrevolution kommt, aber auf der anderen Seite sprechen sie gerade ihr Charisma, Organisationstalent, Machtinstinkt und einen starken Willen zu. Ausländische Journalisten nannten sie schon die „vielleicht einflussreichste Frau Marokkos". Der renommierte marokkanische Politologe Mohammed Tozy aber meint, dass sie bei allen Fähigkeiten, die ihr niemand abspricht, doch immer nur die Tochter des Chefs bleiben werde.

Literaturhinweise und Webseiten

Coenen, Valentin (2004): Abdassalam Yasin: Ein islamischer Aktivist in Marokko. Magisterarbeit an der FU Berlin (Download: www.zmo.de).

Hegasy, Sonja (2005): Marokko – eine islamische Monarchie im Wandel? In: Zehetmair, Hans (Hg.), Der Islam im Spannungsfeld von Konflikt und Dialog. Wiesbaden: 136–145.

Mattes, Hanspeter (2002): „Modernisierung des Islam" oder „Islamisierung der Moderne"? Zwei nordafrikanische Vertreter der innerislamischen Debatte. Hamburg (www.menavision2010.org/dokumente/tp5-aspekte-zwei.pdf).

Talbi, Mohamed (2003): Une Oriana Fallaci islamiste. In: Jeune Afrique vom 23. November (zitiert und diskutiert unter www.bladi.net/modules/newbb/sujet-11994–6-nadia-yassine-une-fallaci-islamiste.html).

Tozy, Mohamed (1999): Monarchie et islam politique au Maroc. Paris.

Vermeren, Pierre (2002): Le Maroc en transition. Paris.

Yassine; Abdessalam (1998): Islamiser la modernité. o. O.

Yassine, Nadia (2003): Toutes voiles dehors. Casablanca.

www.nadiayassine.net

Gihan al-Halafâwî: Eine Frau als Kandidatin der Muslimbrüder

Julia Gerlach

Gihan al-Halafâwî verdient Aufmerksamkeit, wiewohl sie keine Frauenrechtlerin ist. Denn Gihan al-Halafâwî ist ein Symbol. Ihr Name steht für das neue Gesicht der Muslimbruderschaft. Im Jahr 2000 kandidierte sie als erste Frau, die jemals von der konservativ islamistischen Bruderschaft für eine Wahl aufgestellt wurde, für das ägyptische Parlament. Das brachte Bewegung in die arabische Diskussion, welche Rolle der muslimischen Frau in der Politik und im öffentlichen Leben zukommt. Als nach mehr als zehn Jahren zähen Ringens im Sommer 2005 in Kuwait das Frauenwahlrecht eingeführt wurde, führte dies zu heftigen Protesten von Seiten der islamistischen Opposition. Bei der Amtseinführung der Ministerin für Planung – der ersten Frau in der kuwaitischen Regierung – buhten die Männer im Plenum. Angeführt wurde der Widerstand von Anhängern der Muslimbruderschaft. Gihan al-Halafâwî zeigte mit ihrer Kandidatur, dass nicht nur der Islamismus viele Gesichter hat. Selbst innerhalb der Muslimbruderschaft gibt es unterschiedliche Strömungen. Gihan al-Halafâwî ist keine Frauenrechtsaktivistin, sie ist keine Theoretikerin und hat auch keinen einflussreichen Posten in der Bruderschaft. Sie hatte vor ihrer Kandidatur keine politischen Erfahrungen und zog sich nach ihrer Niederlage wieder aus der Politik zurück, um sich wie zuvor für die Belange ihrer Moscheegemeinde und in begrenztem Maße für Frauenbelange in der Bruderschaft zu engagieren. Ansonsten widmet sie sich ihrer Familie. Zu den Parlamentswahlen 2005 trat sie nicht wieder an. Doch ihr Name ist weiter präsent. Wenn in Zeitungsartikeln, Talkshows und auf Podien der Einfluss der Frau in der islamistischen Bewegung und ihre Rolle in der Politik diskutiert werden, fällt mit großer Wahrscheinlichkeit ihr Name.

Zu Beginn ihres Wahlkampfes hatte Gihan al-Halafâwî kaum eigenes Profil. Für viele Beobachter war sie in erster Linie die Frau ihres Mannes: Ibrâhîm az-Zafarânî, Generalsekretär des Ärzteverbandes in Alexandria und Mitglied des den Führer beratenden Schura-Gremiums der Bruderschaft. Doch wäre es vermutlich kaum einer anderen Frau möglich gewesen, im Namen der Bruderschaft anzutreten. Die Kandidatin brauchte die Rückendeckung durch ihren Mann und über ihn auch durch weite Kreise der Führerschaft der Organisation. Zudem verkörpert Gihan al-Halafâwî geradezu idealtypisch das islamistische Frauenbild: Sie ist eine gläubige Frau, die ihre Rolle als Ehefrau und Mutter in den Mittelpunkt stellt und sich in der verbleibenden Zeit gesellschaftlich engagiert. Der Wahlvorgang zog sich in al-Halafâwîs Wahlkreis über knapp zwei Jahre hin, und der Kandidatin wurden alle erdenklichen Hürden in den Weg gelegt. Dass sie zäh weiterkämpfte, obwohl ihr Wahlkampfteam und ihr Ehemann verhaftet wurden, überzeugte viele Kritiker, die ihr zuvor keine eigene Persönlichkeit zugetraut hatten. Ihr Mut brachte ihr auch außerhalb des islamistischen Spektrums Respekt ein.

Zu Besuch bei Gihan al-Halafâwî

„Sehen Sie, das hier ist mein Wahlplakat", sagt Gihan al-Halafâwî und zieht vorsichtig ein weißes Blatt mit hellblauer Schrift aus einer Mappe. Oktober 2000. Noch zwei Wochen, dann wird in ihrem Wahlkreis gewählt. Sie empfängt ihren Besuch im Wohnzimmer ihrer Wohnung. Die Tür zum Flur ist angelehnt. Kinderstimmen flüstern. Die Mutter arbeitet und darf nicht gestört werden. Gihan al-Halafâwî, Jahrgang 1952, hat nach ihrem Studium einige Jahre als Buchhalterin gearbeitet, dann heiratete sie und kümmerte sich um ihre sechs Kinder. Als sie etwas Zeit hatte, belegte sie Kurse in islamischem Recht an der Azhar-Universität.

In einer Nische, die durch einen Vorhang vom Wohnzimmer abgetrennt ist, hat sich Gihan al-Halafâwî ein kleines Büro eingerichtet. Von hier aus führt sie ihren Wahlkampf.

„Der Islam ist die Lösung" steht oben auf ihrem Wahlplakat. Darunter ist ein mattes Foto von einer Frau mit strengem Kopftuch zu sehen. Es sieht ihr nicht ähnlich: „Wir haben mein Foto am Computer bearbeitet", erklärt Gihan al-Halafâwî. „Es soll nicht so deutlich sein, und es ist wichtig, dass mein Kopftuch ganz korrekt ist. Für viele der Wähler hier in Alexandria ist meine Kandidatur bereits eine große Verunsicherung. Ich will sie nicht noch durch das Plakat unnötig provozieren", sagt sie. Gihan al-Halafâwî strahlt Ruhe und Bodenständigkeit aus. Sie weiß, was sie tut. „Die Entscheidung zu kandidieren habe ich selber getroffen. Sie wurde nicht von der Organisation an mich herangetragen", erklärt sie. Sie sehe es als Pflicht jedes Mannes und jeder Frau, sich im Rahmen ihrer Möglichkeiten für die Gemeinschaft zu engagieren und Aufgaben zu übernehmen. „Und ich habe das Gefühl, ich kann da etwas leisten. Das hilft mir natürlich sehr, denn die Organisation hat einen guten Ruf und ist bekannt für ihre vielen nützlichen Aktivitäten", sagt sie. In der Moschee ganz in der Nähe werden beispielsweise gratis Medikamente verteilt. Gerade die Mauer der Moschee neben der Krankenstation ist mit ihren Wahlplakaten überzogen.

„Es gibt keine Stelle im Koran, die den Frauen die Teilnahme an der Politik verbietet", sagt sie und erinnert an Khadîdscha, die erste Frau des Propheten, und an Aischa, die auch Recht gesprochen habe. Das Wahlprogramm von Gihan al-Halafâwî ist dünn. Wenn sie gewählt wird, möchte sie sich im Parlament besonders für die Belange der Frauen einsetzten, für Bildung und gegen Analphabetismus. „Mit diesem Programm stehe ich eigentlich nicht in Opposition zur Regierung", sagt sie. Doch bei ihrer Kandidatur geht es weniger um ein konkretes Programm: Sie tritt für die in Ägypten verbotene Muslimbruderschaft an, und die steht für die Errichtung einer islamischen Gesellschaft, in der alle Bereiche des Lebens, der Wirtschaft und auch der Politik nach islamischen Prinzipien gestaltet werden sollen. Was genau darunter zu verstehen ist, darüber lässt die Bruderschaft, die als wichtigste Oppositionskraft in Ägypten gilt, ihre Mitbürger weitgehend im Unklaren. Insofern ist die Kandidatur al-Halafâwîs zugleich ein Bekenntnis der Organisation. Sie steht dafür, dass sich die Bruderschaft um ein moderateres Bild bemüht. Damit ist al-Halafâwî für die Regierung eine Herausforderung erster Güte, auch wenn sich ihre konkreten politischen Forderungen anhören, als kämen sie aus dem Mund der Präsidentengattin Susanne Mubarak.

„Ich hoffe, dass die Wahlen sauber verlaufen. Sie sollen ja zum ersten Mal von Richtern überwacht werden. Andererseits hat der Parlamentspräsident gesagt, dass er keinen von den Muslimbrüdern im Parlament haben will. Das lässt nichts Gutes ahnen", sagt sie. Zum Abschied lacht sie und sagt: „Natürlich werde ich gewählt!"

Die Wahl

Und so war es auch. Im ersten Wahlgang am 18. Oktober 2000 gewann Gihan al-Halafâwî die Mehrheit, jedoch nicht die absolute Mehrheit der Stimmen, und es hätte zu einer Stichwahl zwischen ihr und dem Kandidaten der nationaldemokratischen Regierungspartei, Sami ʿAbdalhamîd al-Gindî, kommen müssen. Das Wahlergebnis wurde jedoch vom Innenministerium für ungültig erklärt. Ein neuer Wahltermin wurde nicht festgelegt. Gihan al-Halafâwî selbst hatte vorher bei Gericht die Aussetzung der Wahlen beantragt. Ihr Wahlkampf sei durch die Verhaftung ihrer Mitarbeiter so beeinträchtigt, dass es keine fairen Wahlen geben könne. Ihrer Klage wurde rechtzeitig stattgegeben, doch der erste Wahlgang fand trotzdem statt. Anschließend berief sich das Innenministerium auf dieses Urteil und erklärte die Wahl für nichtig. Ein halbes Jahr später ging Gihan al-Halafâwî wiederum vor Gericht. Diesmal klagte sie gegen den Präsidenten der Republik, den Innenminister und der Leiter der Wahlkommission – und wieder bekam sie Recht. Am 28. Juni 2002, nachdem die beiden Sitze des Wahlkreises Ramleh von Alexandria also fast zwei Jahre unbesetzt waren, fand die Nachwahl statt. Dieses Mal verlor Gihan al-Halafâwî haushoch. Das Viertel glich einer Kriegszone. Die Sicherheitskräfte rückten mit mehreren Hundertschaften an, die Wahlbüros wurden umstellt, Wähler abgewiesen. Die Wahlen wurden zwar, wie angekündigt, von Richtern überwacht. Diese waren jedoch nur für das Geschehen in den Wahllokalen zuständig und nicht für das, was davor passierte. Es wurden über 150 Anhänger der islamistischen Kandidatin festgenommen. Die Regierung setzte alles daran, den Einzug von Gihan al-Halafâwî ins Parlament zu verhindern. Schon ohne sie stellte die Bruderschaft im neuen Parlament die größte Oppositionsgruppe. Die Kandidaten der Bruderschaft waren als unabhängige Kandidaten angetreten. Die Muslimbrüder sind als Organisation seit 1954 verboten, ihre Aktivitäten werden jedoch im gewissen Maß geduldet. Die Tatsache, dass 17 Kandidaten der Organisation über Wahlen ins Parlament gelangten, wurde als Schritt zu mehr Demokratie in Ägypten gewertet. Allerdings wurden kurz nach den Wahlen 15 führende Muslimbrüder von einem Militärgericht verurteilt. Das wurde als Warnung verstanden: Die Abgeordneten der Bruderschaft sollten keine Fraktion bilden. Der Einzug einer islamistischen Frau ins Parlament wäre ein Imageerfolg für die Bruderschaft gewesen. Den wusste die Regierung zu verhindern. Gihan al-Halafâwî wurde auf diese Weise nicht nur zum Symbol für eine Öffnung des Diskurses der Bruderschaft. Ihr Wahlkampf hat gezeigt, dass von Demokratisierung und freien Wahlen in Ägypten noch nicht die Rede sein kann. Sie konnte den Vorwurf, die Muslimbrüder seien undemokratisch und frauenfeindlich – zumindest vordergründig – widerlegen.

Die Diskussion

„Wie kann es sein, dass die Muslimbruderschaft eine Frau als Kandidatin nominiert, während doch Frauen innerhalb der Bruderschaft keine Rolle spielen? Müssen wir Ihre Kandidatur nicht als taktisches Spiel der Organisation verstehen, die damit ihr Bild verbessern will?“ (J1) Der Al-Jazeera-Korrespondent Husain ‘Abdalghanî fixiert seinen Studiogast. Natürlich war Gihan al-Halafâwî, nachdem sie 2000 ihre Kandidatur verkündet hatte, ein Star der Medien. Sie gibt Interviews, geht zu Talkshows bei den Satellitensendern vom Golf. Die meisten Journalisten versuchen so wie der Al-Jazeera-Korrespondent, sie als Marionette darzustellen. Doch Gihan al-Halafâwî, auch wenn sie bei diesem Auftritt unsicher wirkt, weiß, was sie tut und was sie will. „Nein, ich habe die Entscheidung zu kandidieren selbst getroffen, wie kann es dann eine Taktik der Organisation sein?", erwidert sie. „Wie kommt es, dass die Muslimbrüder nach 70 Jahren ihrer Existenz plötzlich eine Frau aufstellen? Hat sich die Politik der Organisation geändert?", bohrt Husain ʿAbdalghanî weiter. „Nein, es war noch nie die Position der Organisation, dass es Frauen verboten ist, politische Ämter zu übernehmen", sagt Gihan al-Halafâwî und bringt mit ihrem ruhigen Blick den Journalisten zum Kochen. „Aber wie kommt es dann, dass es bei den Muslimbrüdern keine Frauen in Führungspositionen gibt? Selbst die Frauenabteilung Ihrer Organisation wird noch von einem Mann geleitet", hält er dagegen, und die Argumente, die Gihan al-Halafâwî daraufhin vorbringt, sind dünn. Es gebe durchaus Frauen in der Bruderschaft, und sie erwähnt Zainab al-Ghazâlî, Weggefährtin des Gründers der Bruderschaft, Hasan al-Bannâʾ. Die große Dame der islamistischen Bewegung ließ sich von ihrem ersten Mann scheiden, da er ihr die Politik verbieten wollte. Doch Zainab al-Ghazâlî selbst ist stolz darauf, Ausnahmefrau zu sein: „Es gibt eine unter einer Million Frauen, die geeignet ist für diese Rolle", sagte sie in einem Interview. Die Rolle der Mehrheit ihrer Geschlechtsgenossinnen sieht Zainab al-Ghazâlî in der Familie und im Sozialen.

Gihan al-Halafâwî ist die Symbolfigur der Reformer innerhalb des islamistischen Lagers. Allerdings wird auch die Diskussion um die Rolle der Frau in der Politik, von wenigen Ausnahmen abgesehen, fast ausschließlich von Männern geführt.[44]

„Theoretische Entscheidungen sollten auch in die Praxis umgesetzt werden", erklärt Essam al-Erian (*Al-Ahram Weekly* vom 31.8.2000). Er ist Mitglied des Führungsbüros der Bruderschaft. Die Kandidatur von Gihan al-Halafâwî sei die praktische Umsetzung eines Grundlagenpapiers der Bruderschaft von 1994, das Frauen gleiche politische Rechte, also das aktive und passive Wahlrecht, zugestand und betonte, dass jeder Muslim verpflichtet sei, sich für das Wohl der

Umma zu engagieren. Essam al-Erian soll maßgeblich an der Ausarbeitung des Papiers beteiligt gewesen sein. Er verbrachte dann fünf Jahre im Gefängnis und wurde Anfang 2000 entlassen (*Cairo Times* vom 9.3.2000). Der über 50-Jährige gehört wie Gihan al-Halafâwîs Ehemann Ibrâhîm az-Zafarânî zur Generation der Mitte. Sie haben ihre politische Karriere in den 70er Jahren an den Universitäten begonnen und fordern inzwischen zunehmend die Autorität der Patriarchen heraus. Ihr – im Vergleich zu den älteren Muslimbrüdern – etwas gleichberechtigteres Verhältnis zum anderen Geschlecht erklären sie selbst mit ihrer Zeit in der Studentenbewegung: Da engagierten sich Frauen ebenso wie Männer. Die Generation steht darüber hinaus für mehr Transparenz, gleiche Rechte für Christen und für ein klareres Bekenntnis zum Mehrparteiensystem. Insofern kann in Gihan al-Halafâwîs Kandidatur auch ein Symbol des wachsenden Einflusses dieser reformorientierten Strömung in der Muslimbruderschaft gesehen werden. Der neue Führer der Bruderschaft, Ma'mûn al-Hudaibî, sagte nach seiner Wahl, dass es keine Hindernisse gebe, Frauen auch in Führungspositionen innerhalb der Bewegung aufsteigen zu lassen. „Allerdings wollen wir unsere Schwestern nicht dem Druck der Sicherheitskräfte aussetzen. Sie sollen nicht verhaftet, nicht vor Gericht gestellt und nicht ins Gefängnis gesperrt werden", begründet er, weshalb er noch keine Frau ernannt hat. Gerade im Bereich der Sozialarbeit leisteten die Frauen die Hauptarbeit zum Wohle der Gemeinschaft und zum Wohle der Bewegung. „Denn in Zeiten des Krieges gegen den Terror sind auch unsere wohltätigen Organisationen unter Druck geraten", sagt Gihan al-Halafâwî und schlägt den großen Bogen: von der gläubigen Frau, die in der Krankenstation aushilft, zur Solidarität mit Palästina und zur Kritik an der amerikanischen Nahost-Politik (*Al-Bayân* vom 29.10.2003).

Am Ende ist Gihan al-Halafâwî doch eine Taktikerin. Ihr bescheidenes Auftreten und das Betonen der Wichtigkeit der Rolle der Frau in der Familie eröffnet ihr den Zugang zum Diskurs der Bruderschaft. Ihre Ansprachen und Briefe zum Beginn des Ramadans etwa, in denen sie für eine stärkere Beteiligung der Frauen in der Politik plädiert, lassen sich an prominenter Stelle auf der Homepage der Bewegung (www.ikhwanonline.com) nachlesen. Sie bringt Bewegung in die Debatte. Zwar wird immer noch in jedem Zeitungsartikel erwähnt, dass sie mit dem führenden Muslimbruder Ibrâhîm az-Zafarânî verheiratet ist. Jedoch schreiben die Zeitungen, wenn es um ihn geht, inzwischen auch, dass er der Ehemann der Kandidatin von Alexandria sei.

Literaturhinweise

„Gihan al-Halafâwî [...] Frau von den Muslimbrüdern bei der Wahl". Gastgeber der Sendung: Husain ʿAbdalghanî, gesendet am 18.9.2000 auf *Al-Jazeera* (J1).

„Die Eignung der Politik für die Frau" aus dem Programm „Die Scharia und das Leben". Gastgeberin der Sendung: Khadîdscha bint Kîna, Gast: Yûsuf al-Qaradâwî, gesendet am 20.3.2005 auf *Al-Jazeera* (J2).

„Die Situation der Frauen in der islamistischen Bewegung" aus dem Programm „Nur für Frauen". Gastgeberin der Sendung: Lûna Schâmil, gesendet am 26.4.2004 auf *Al-Jazeera* (J3).

Dufner, Ulrike (1998): Islam ist nicht gleich Islam: Die türkische Wohlfahrtspartei und die ägyptische Muslimbruderschaft: Ein Vergleich. Opladen.

Endres, Jürgen (1997): Zwischen Gewalt und Gewaltlosigkeit: Muslimbruderschaft und militante Islamisten in Ägypten. Hamburg.

Fawsi, Essam (2002): Die Muslimbrüder: Zwischen Gefängnis und Parlament. In: INAMO 31.

Kreile, Renate (2005): Politischer Islam, Geschlechterverhältnisse und Staat im Vorderen Orient. In: Feministische Studien 1.

Kristianasen, Wendy (2000): Die Muslimbrüder orientieren sich neu. In: Le Monde Diplomatique.

Lübben, Ivesa/Fawsi, Issam (2000): Ein neuer islamischer Parteienpluralismus in Ägypten? Hizb al-Wasat, Hizb al-Shari'a und Hizb al-Islah als Fallbeispiele. In Orient 41.

Schirin Ebadi: Mit dem Koran für gleiche Rechte

Katajun Amirpur

„Das Elend der Frauen und ihre Diskriminierung haben ihre Wurzeln nicht im Islam." So Schirin Ebadi mit Nachdruck in ihrer Dankesrede anlässlich der Verleihung des Friedensnobelpreises. Am 10. Dezember 2003 hat das Nobelpreiskomitee als erste Muslimin die iranische Menschenrechtlerin mit dem Friedensnobelpreis ausgezeichnet.

Biographie

Schirin Ebadi wurde 1947 in der Stadt Hamadan geboren. Schon bald zog die Familie nach Teheran. Ebadi wuchs in einer religiösen Familie der Mittelschicht auf. Ihre Erziehung beschreibt sie als eher streng, aber nicht im negativen Sinne – wie sie gleich anfügt. Ebadi studierte Jura. 1969 wurde sie als erste Frau zur Richterin berufen und im Jahre 1975 zur Präsidentin der iranischen Richtervereinigung gewählt. Im gleichen Jahr heiratete sie den Bauingenieur Dschavâd Tawâsulian, mit dem sie zwei Töchter hat. Nach der Revolution von 1978/79 musste Ebadi von beiden Posten zurücktreten: Frauen gelten gemäß einer konservativen Islamdeutung als zu sensibel für dieses Amt. Sie bekam einen Job in der Verwaltung, von dem sie sich im Jahre 1984 pensionieren ließ – weil er ihr zu langweilig geworden war: Ebadi beantragte eine Lizenz als Anwältin. Als Anwältin setzte sie sich vor allem für Frauen ein – in einem Rechtssystem, das Frauen massiv benachteiligt. Ein Beispiel: Nach geltendem iranischem Recht werden Kinder nach der Scheidung automatisch dem Vater zugesprochen. Außerdem haben Frauen nur unter schwierigsten Bedingungen die Möglichkeit, sich scheiden zu lassen: wenn der Mann einverstanden ist oder ihr vorher in einem Ehevertrag das Recht zur Scheidung übertragen hat. Gegen diese Benachteiligungen hat Ebadi in zahlreichen Aufsehen erregenden Prozessen gekämpft.

Auch auf anderen Ebenen engagiert sie sich nachhaltig: etwa indem sie den internationalen Frauentag in Iran ausrichtet oder auf Kundgebungen gegen das iranische Familienrecht demonstriert. Außerdem widmete sich Ebadi der Forschung. Sie schrieb mehrere Bücher über Kinderrechte und verfasste eine *Geschichte und Dokumentation der Menschenrechte in Iran.* Im Jahre 1994 gründete sie dann eine Organisation zum Schutz von Kindern.

Im Ausland trat Ebadi auf internationalen Konferenzen häufig als Berichterstatterin zur Lage von Frauen- und Menschenrechten auf. Bereits im Jahre 1996 wurde sie von der Organisation *Human Rights Watch* mit einem Preis ausgezeichnet, und auch den norwegischen Menschenrechtspreis, den *Rafto Award*, hat sie erhalten. In Iran hingegen erlangte sie Berühmtheit, weil sie in den letzten Jahren einige brisante Fälle übernommen hat – Fälle, an denen sich niemand sonst die Finger verbrennen wollte. Sie vertrat die Mutter des kleinen Ârian, der infolge des Missbrauches durch Vater und Stiefmutter gestorben war. Und sie übernahm den der Laila Fathahi, die von drei Männern vergewaltigt und ermordet worden war – sowie zahlreiche politische Fälle, darunter den von Faradsch Sarkuhi, der im Jahre 1996 vom iranischen Geheimdienst verschleppt worden war und inzwischen in Deutschland im Exil lebt. Außerdem ist sie Anwältin des Sohnes von Zahrâ Kâzemi. Dessen Mutter, eine iranisch-kanadische Fotojournalistin, starb im Sommer 2003 in einem iranischen Gefängnis – wahrscheinlich infolge von Schlägen auf den Kopf bei einem Verhör durch die Untersuchungsbeamten. Und sie vertritt Akbar Gandschi, einen der namhaftesten Intellektuellen Irans, der im Sommer 2005 die Weltöffentlichkeit durch einen fast sechzig Tage währenden Hungerstreik aufschreckte.

Ebadi steht zudem immer im Zentrum der öffentlichen Debatte, wenn es um Frauenrechte geht. Ein Beispiel ist die Diskussion über den Beitritt zur UN-Konvention gegen jede Art der Diskriminierung von Frauen: Das iranische Parlament beschloss, ihr beizutreten. Doch der Wächterrat, das Gremium, das alle Beschlüsse des Parlaments genehmigen muss, legte ein Veto ein und begründete es damit, dass Artikel 28 der UN-Konvention alle Gesetze ablehnt, die den Grundsätzen sowie dem Geist der Konvention widersprechen. Dies würde bedeuten, dass man die Konvention höher bewerten müsste als das islamische Recht, was für einen islamischen Staat unakzeptabel sei. Ebadi argumentierte daraufhin, die Ablehnung der UN-Konvention könne nicht mit dem Islam begründet werden, denn es sei die herrschende patriarchalische Kultur, die die Gleichberechtigung von Frauen und Männern verhindere. Der Islam sei dafür nur ein Vorwand.

Grundsätzlich ist Ebadi überzeugt, dass der Islam nicht im Widerspruch zu Menschenrechten und Demokratie steht. Deshalb will sie eine Neuinterpretation und die Durchsetzung dieser Reformidee in der Politik. Weil sie um das Ansehen der Religion fürchtet und mit Schrecken erlebt, wie sich die Menschen in einem System, das angeblich den wahren islamischen Staat verwirklicht, von der Religion abwenden, fordert sie eine andere, liberale Sicht des Islam. Dass Frauen heutzutage nicht gleichberechtigt sind, liegt für sie eben nicht am Koran, sondern daran, dass bisher nur Männer den Koran interpretiert und ihn ausschließlich zu ihren eigenen Gunsten ausgelegt haben. „Der Islam hat mit der Unterdrückung der Frauen nichts zu tun. Der Islam ist ein Glaube der Gerechtigkeit und Gleichberechtigung." Doch „die Herren an der Macht" hätten es über die Jahrhunderte vorgezogen, den Islam für ihre eigenen Interessen zu missbrauchen. Durch eine richtige Interpretation des Islam würde es in Iran eine völlige Gleichberechtigung der Geschlechter geben. Laut Ebadi ist der Koran an sich so frauenfreundlich oder -feindlich wie jede andere Offenbarungsschrift auch. Es komme einzig darauf an, wie man ihn interpretiert. Und es gelte hier wie überall: Rechte werden einem nicht gegeben, man muss sie sich nehmen. Ebadi weiß, dass sie mit ihrer Aussage, der Islam an sich sei nicht frauenfeindlich, bei westlichen Journalisten auf Unglauben stößt: „Ist der Islam wirklich nicht frauenfeindlich?", fragen die meisten nach. Schließlich heißt es im Koran doch ganz eindeutig, dass die Aussage eines männlichen Zeugen das Gewicht von zwei weiblichen hat. Und auch finanziell ist der Wert des Mannes laut Koran doppelt so groß wie der der Frau. Ebadi lacht dann und verneint: „Es ist nach wie vor meine Meinung, dass wir einfach nur eine neue Interpretation solcher Aussagen brauchen."

Kritiker wie Ebadi sind für die konservativen Geistlichen weit gefährlicher als säkulare Intellektuelle, denn hier werden sie mit ihren eigenen Waffen geschlagen. Ebadi benutzt genuin islamische Argumente, um Forderungen durchzusetzen, die in ihrer Konsequenz denen der säkular argumentierenden Frauen kaum nachstehen. Ihr Begehren kann jedoch nicht von vornherein mit dem Vorwurf abgeschmettert werden, sie argumentiere areligiös. Deshalb interpretieren heute die iranischen Frauen den Koran selber. In einer islamisch geprägten Gesellschaft liegt ihre einzige Hoffnung auf Emanzipation darin, am theologisch-juristischen Diskurs teilzunehmen und selbst festzulegen, was essentiell islamisch ist und was nicht, welche Gesetze dem Wandel unterliegen und welche nicht. Die Zeiten haben sich geändert, und auch die Auslegung des Koran muss sich ändern: Dies ist der einfache, aber programmatische Slogan der neuen Bewegung islamischer Frauenrechtlerinnen.

Obschon sie sich besonders im Bereich der Frauenrechte engagiert, lässt sich Ebadi nicht gerne als Feministin bezeichnen – aus einem besonderen Grund: Sie will nicht kategorisiert werden – und wenn doch, dann möchte sie sich lieber als Verteidigerin der Menschenrechte bezeichnen lassen. Denn Menschenrechtler setzten sich auch für Gleichheit und Gerechtigkeit unter den Geschlechtern ein – und ebenso unter den Religionen, den Rassen usw. Als Menschenrechtsverteidiger befürworte man ohnehin die gesetzliche Gleichberechtigung der Geschlechter, argumentiert sie.

Aus dieser Haltung – als Verteidigerin der Menschenrechte – resultiert auch ihre Position zum Kopftuch. Sie lehnt den in Iran herrschenden Kopftuchzwang ab, denn es müsse die freie Entscheidung der Frauen sein, ob sie ein Kopftuch tragen wollen oder nicht. Andererseits sagt sie, die Präsenz von Frauen in den verschiedensten Sphären der iranischen Gesellschaft belege, dass Kopftuch und gesellschaftliche Aktivität keine unüberwindbaren Gegensätze seien. Sie wird nicht müde zu verneinen, was alle Fragenden immer wieder unterstellen: dass das Kopftuch für den Ausschluss der Frauen aus der Gesellschaft stehe. Iran sei dafür ein gutes Gegenbeispiel, und außerdem lägen die wesentlichen Probleme der Frauen im rechtlichen Bereich. Zu viel Symbolcharakter solle man dem Kopftuch daher nicht beimessen.

Als Menschenrechtlerin kritisiert sie aber auch die europäische Kopftuchdebatte: Jeder Frau, die das Kopftuch aus freien Stücken tragen möchte, solle dies gestattet sein. „Wenn sie nicht missionieren will, sollte sie das dürfen. Genau so wie man das Recht haben sollte, mit Hut spazieren zu gehen. Oder nackt." Und sie findet, europäische Staaten sollten sich nicht mit dem iranischen Gottesstaat gemein machen, indem auch sie den Frauen vorschreiben, wie sie sich zu kleiden haben. Die Menschen müssten die Freiheit haben, so zu leben, wie sie es wollen. Wenn aber bestimmte Länder das Kopftuch für Schülerinnen und Lehrerinnen verbieten, verstoße dies gegen die Freiheit.

Langsame Reform

Ebadi befürwortet langsame Reformen und ist, was die Möglichkeit ihrer Verwirklichung in Iran betrifft, vorsichtig optimistisch. Ihrer Meinung nach führt der richtige Weg, Reformen voranzubringen, über das Parlament. Ob sich dieser Weg denn nicht als Sackgasse erwiesen habe, wurde sie in vielen Interviews gefragt: „Nein, wenn mehr und mehr Menschen etwas wollen, wird es einfacher, dieses Ziel zu erreichen." Der Hoffnung, sie selber werde Demonstrationen für die Demokratie anführen, hat sie eine Absage erteilt, obschon sie als Anwältin jene Studenten vertreten hat, die 1999 für eine Reform und sogar Abschaffung der Islamischen Republik demonstriert hatten. Sie sei nicht die Heldin, die viele in ihr sehen wollen. Ohnedies sollten die Iraner nicht auf Helden hoffen, damit sie den Wandel herbeiführen, denn: „Helden sterben, Helden fallen oder werden letztlich besiegt, Helden begehen Verrat. Wartet nicht auf eine Heldin!"

Damit machte sie sich nicht gerade beliebt unter jenen Oppositionellen, die eine vollkommene Abschaffung des gegenwärtigen iranischen Systems fordern. Welche Regierungsform sie sich selber für Iran wünscht, sagt sie nicht direkt: „Ich bin für die Regierungsform, die vom iranischen Volk gewählt wird." Wenn die Iraner ein laizistisches Land mit Trennung von Staat und Religion wollten, sei sie damit einverstanden; wenn die Iraner eine islamische Republik mit demokratischen Institutionen wollten, sei das für sie auch in Ordnung. Sie sagt: „Wir sollten niemandem die Möglichkeit geben, anderen seine persönliche Auffassung von der Religion aufzuzwingen, durch Unterdrückung, Druck, Gewalt. Die Leute müssen aufhören, den Islam zu instrumentalisieren." Viele würden von einer „islamischen" Mentalität sprechen, um zu begründen, dass Frauen schwach und unsicher seien und unfähig, eine Entscheidung zu treffen. Sie sprächen von einer „islamischen" Wirtschaft, um ihre Ausbeutung der nationalen Ressourcen zu rechtfertigen. Und sie sprächen von einer „islamischen" Erziehung, damit sie ihre Politik der Gehirnwäsche von jungen Leuten und Kindern rechtfertigen könnten. Sie sprächen von „islamischem" Gesetz, damit sie semantische Spielchen spielen können, die ihren Zielen dienten. Das lehnt Ebadi ab. Sie hält die gegenwärtige Islamische Republik ohnehin nicht für ein religiöses Regime: „Es gibt da einige Verwirrung bei dieser Sache. Was wir heute in Iran haben, ist kein religiöses Regime, sondern ein Regime, in dem die Leute, die die Macht innehaben, die Religion instrumentalisieren, um an der Macht zu bleiben. Wenn das gegenwärtige Regime den Weg, den es eingeschlagen hat, nicht aufgibt und nicht den Willen des Volkes reflektiert, wird es scheitern."

Verständlich, dass sie sich mit solchen Worten auch unter

den iranischen Konservativen keine Freunde gemacht hat. Sie klagt die herrschende konservative Clique, die versucht, der iranischen Bevölkerung bis ins Detail vorzuschreiben, wie sie ihren Glauben zu leben hat, direkt und unverblümt an und hinterfragt das Monopol auf die einzig wahre Deutung des Islam, das die Konservativen als Interpreten des göttlichen Willens für sich beanspruchen. „Im Islam gibt es keine Kirche und keine Priester", sagt Ebadi. Muslime seien allein verantwortlich für ihr Tun und hätten sich erst am Jüngsten Tag und nur vor Gott zu rechtfertigen. Dass die konservative Geistlichkeit sich nicht über Ebadis Friedensnobelpreis freute und versuchte, sie in einer Kampagne zu diffamieren, muss daher nicht erstaunen. Den Konservativen gelten die Menschenrechte, für die sie kämpft, als „Sammlung korrupter Normen, die sich die Zionisten ausgedacht haben, um alle wahren Religionen zu zerstören". So hat es der Staatsgründer Chomeini einst formuliert.

Ebadis Kritik an der amerikanischen Politik

Doch Ebadi ist niemand, den der Westen für sich vereinnahmen könnte: In ihrer Nobelpreisrede ging sie nicht nur mit dem iranischen Regime, das die Menschenrechte mit Füßen trete, hart ins Gericht, sondern ebenso mit den Vereinigten Staaten. Ebadi nutzte die Gelegenheit, vor der Weltöffentlichkeit zu sprechen, um ihre umfassende Kritik an den Menschenrechtsverletzungen in der Welt zum Ausdruck zu bringen. In einem Rundumschlag beklagte sie, dass nicht nur die „bekannten Gegner", d. h. viele muslimische Staaten, gegen die Menschenrechte verstoßen – unter dem Vorwand, sie seien unvereinbar mit ihrer Kultur. Auch in westlichen Demokratien würden die Menschenrechte verletzt – von Ländern, die selbst zu den ursprünglichen Unterzeichnern der Charta der Vereinten Nationen und der Allgemeinen Erklärung der Menschenrechte gehören. Hunderte von bei militärischen Konflikten verhafteten Menschen würden, so prangerte sie an, monatelang in Guantanamo festgehalten, ohne von den Rechten Gebrauch machen zu können, die ihnen gemäß dem internationalen Genfer Abkommen, der Allgemeinen Erklärung der Menschenrechte und dem internationalen Übereinkommen der Vereinten Nationen zustehen. Außerdem kritisierte sie, dass gewisse Entscheidungen und Resolutionen des Sicherheitsrates der Vereinten Nationen von den westlichen Staaten durchgesetzt würden, während dies für andere Resolutionen nicht gelte. Warum, so fragte sie, werden seit 35 Jahren Dutzende von Resolutionen zur Besetzung der palästinensischen Gebiete durch den Staat Israel nicht sofort durchgesetzt, während die irakische Bevölkerung in den letzten zwölf Jahren auf Empfehlung des Sicherheitsrates der Vereinten Nationen wirtschaftlichen Sanktionen unterlag.

Auch der amerikanischen Iran-Politik steht sie kritisch gegenüber – vor allem der Option einer militärischen Intervention. Sie mahnt, dass es nicht gut wäre für Iran, wenn sich das System ausgerechnet auf Drängen und Betreiben der Amerikaner wandeln würde. Das müsse man schon selber schaffen.

Folgen des Nobelpreises

Abgesehen von der Tatsache, dass Schirin Ebadi nun noch mehr als bisher auf der internationalen Bühne als wichtige Berichterstatterin zur Situation in Iran fungiert, hat dieser Nobelpreis viele Frauen in Iran inspiriert und motiviert, für die Durchsetzung ihrer Rechte zu kämpfen. Ebadi erklärte, dass die Entscheidung des Nobelkomitees, ihr diesen Preis zu verleihen – als erster Frau aus Iran und als erster Frau aus einem islamischen Land – Millionen von Iranern und Bürgern islamischer Staaten die Hoffnung gebe, dass sie bei dem Ringen um die Verwirklichung der Menschenrechte auf die Unterstützung der internationalen Gemeinschaft zählen könnten. Und sie fügte hinzu: „Dieser Preis gehört dem iranischen Volk. Er gehört der Bevölkerung der islamischen Staaten.“ Tatsächlich sind in Iran seither hunderte von Frauenvereinigungen ins Leben gerufen worden; die Frauen bekräftigen immer wieder, welchen Mut ihnen dieser Preis gemacht habe. Nun hätten sie das Gefühl, ihre Stimme, ihr Wunsch nach

Gleichberechtigung werde in der Welt gehört. Und sie stünden nicht alleine da.

Literaturhinweise

Ebadi, Shirin/Moaveni, Azadeh: A Memoir of Revolution and Hope (im Druck).

Sayad, Parviz: Shirin Ebadi: Nobel Prize Winner 2003 (im Druck).

Amirpur, Katajun (2003): Gott ist mit den Furchtlosen. Schirin Ebadi und der Kampf um die Zukunft Irans. Freiburg.

Der Islam, die Moderne als Pfand, die geteilte Welt

Patrick Haenni

Die Auseinandersetzung über die Modernität der islamischen Welt bezieht sich kaum auf die tatsächlichen Gesellschaften. Zur Debatte steht immer nur die Modernität „des Islam" als eines Korpus von normativen Schriften.[1] Die Perspektiven haben darum meist das abstrakte Modell eines säkularisierten und verweltlichten Islam zum Fluchtpunkt – jenes alte Traumbild eines Okzidents, der in der geistigen Welt seines muslimischen *alter ego* nach einem Zwillingsbruder sucht. Vorbild bleibt, ob von nah oder fern, die laizistische französische Aufklärung, sprich: das dem Religiösen abgeneigteste *Enlightenment*. Es gibt jedoch Entwürfe von Modernität, die dem Religiösen weniger feindlich gegenüberstehen und daher mit dem muslimischen Realitäten leichter zu vereinbaren sind: die englische Moralphilosphie, die amerikanische „Politik der Freiheit" (Himmelfarb) und die deutsche Aufklärung. Sie alle brachten eine philosophische Erneuerung hervor, die weder im Gegensatz zum Religiösen steht noch den Weg über irgendein „aufgeklärtes Christentum" nahm, also eine theologische Reform, die das Religiöse aus dem öffentlichen Raum zu verstoßen hätte. Das ist es nämlich, was systematisch von „dem Islam" gefordert wird. Ausgerechnet im Namen des Laizismus wird der Blick dann oft völlig theozentrisch – von der innerislamischen Debatte zum Wiederöffnen der Tore des *idschtihâd* bis hin zur Suche nach den „neuen Denkern des Islam" (NP), nicht zu vergessen die jüngsten amerikanischen Projekte eines *„religion building"*.[2] Die islamische Modernität wird so zur Geisel des

---

[1] Ich unterscheide zwischen „islamisch", was sich auf Texte bezieht, und „muslimisch" als Beschreibung soziologischer Realitäten.

[2] Cheryl Benard: Civil Democratic Islam: Partners, Resources, and Strate-

ausweglosen Gegensatzes von modernistischen Intellektuellen einerseits, die einen „aufgeklärten Islam" (MI) nach laizistischem Geschmack, doch ohne Rückhalt in der Wirklichkeit vertreten (ausgenommen Südostasien und Iran), und den vor Ort präsenten Islamisten andererseits, die sich obsessiv der Reinerhaltung des Eigenen widmen und mit allem Modernen gebrochen haben.

All dies trägt den jüngsten Entwicklungen der tatsächlichen Gesellschaften nicht Rechnung. Islamisierungsdynamiken, die einst vom klassischen islamistischen Diskurs des Eigenen beherrscht wurden, öffnen sich heute mehr und mehr kulturellen Anregungen von außen. Realpolitische Zwänge wie auch das ideologische Filtern modernistischer Thesen haben dazu geführt, dass eine neue Herrschaft des Wissens im Austausch mit dem Religiösen danach strebt, sich vom Ideal der ursprünglichen Reinheit zu befreien und in ein klares Verhältnis zur Welt zu treten. Indem sie erneut Anteil an der Welt nehmen, suchen sich diese neuen ideologischen Werke und neuen Formen von Frömmigkeit an einem Modell von Modernität auszurichten, das allen Anzeichen nach eher angelsächsisch als französisch geprägt sein wird.

Die stillschweigende Modernität

Die muslimischen Gesellschaften sind, wenngleich in schwankendem Umfang, modern. Sie sind es faktisch durch den sozialen Wandel, dem sie verschieden stark unterlagen, und nicht durch eine Art kopernikanische Revolution, die ihnen erlaubt oder nahe gelegt hätte, sich von einer traditionellen Metaphysik des Daseins zu befreien. Diese Gesellschaften sind folglich modern nicht durch Annahme einer in sich geschlossenen Struktur, die sich als Modernität identifizieren ließe, sondern bruchstückhaft, durch Einverleiben einzelner ihr zugeschriebener Bestandteile. Das Bild einer unan-

---

gies, Santa Monica 2003; dieser Bericht der Rand Corporation diente als Grundlage für Muslim World Outreach und möchte eine muslimische Politik definieren, die den Aufschwung eines „gemäßigten" Islam begünstigt.

tastbaren und religiös blockierten islamischen Welt zerfällt angesichts einer kurzen, keineswegs erschöpfenden Bestandsaufnahme der „bruchstückhaften Modernität" dieser Gesellschaften und des Religiösen in ihrer Mitte. Erstes Fragment der Modernität sind die Individualisierungsdynamiken: freiere Gestaltung der Lebensläufe, Ende der arrangierten Ehen in städtischen Gebieten, Schwächung der traditionellen Solidaritätsgruppen an der Basis des muslimischen Weltganzen, die das Individuum für immer der Gruppe ausgeliefert hätten,[3] allgemeiner Rückgang der Großfamilie zugunsten der Kernfamilie, drastischer Abfall der Geburtenraten auf europäisches Niveau, Abmilderung des klassischen patriarchalischen Modells sogar im Heiligen: Die Graubärte sind aus der Mode gekommen und wurden von angesagten jungen Predigern wie ʿAmr Khâlid in der arabischen Welt oder Abdullah Gymniastar in Südostasien abgelöst, während – Jugendkult verpflichtet – die meisten islamischen Webseiten einem gewissen Hedonismus huldigen, sich möglichst jung geben und der Halbstarkenkultur schmeicheln. Auf religiösem Gebiet manifestiert sich die Individualisierung auch im autonomen und freien Zugang zum Korpus der religiösen Schriften, oft vermittelt durch die Binnengruppe der jungen Frommen (MS), die Herausforderung der elterlichen Religiosität und den Willen zur Modernität des Glaubens, der sich allerdings oft durch Annahme des islamistischen Credo verkauft.

Zweites Bruchstück der Modernität ist die willentliche Versachlichung der Tradition. „Die Tradition" wird, wiewohl herbeigesehnt, nicht mehr selbstverständlich gelebt. Sie wird zum Gegenstand draußen; die wieder zu entdeckenden Ideale sind zuvor verlorene Ideale. Neologismen wie „religiös werden" (*yatadayyan* auf Arabisch) verraten die Freiwilligkeit des Beitritts, und Figuren wie der religiöse Sucher *(seeker)* und die Verbreitung der Sprache der Reue *(at-tauba)* sind bezeichnend für die Entwicklung einer *Born-again*-Religiosität

---

[3] Mit Blick auf den modernen Aspekt der Reaktivierung von Solidaritätsgruppen in urbanen Gebieten möchte ich auf mein Buch *L'ordre des caïds* (Paris 2005) verweisen, insbesondere das Kapitel „Réseaux et territoires politiques".

wie in den Vereinigten Staaten. Die fragmentarische Modernität übergeht auch die Frauen nicht: langsame, aber handfeste Eroberung von neuen Freiräumen für Frauen, massives Erscheinen in der Arbeitswelt, zunehmend ausgeglichenes Zahlenverhältnis der Geschlechter im Bildungswesen. Auf religiösem Gebiet finden sich die gleichen Dynamiken in der Stärke religiöser Geselligkeit von Frauen wie dem islamischen Salon, dem Auftritt von Predigerinnen in den offiziellen Institutionen der Religion und der Vervielfachung der Frauensektionen in den Moscheen. Schließlich besteht die Modernität der Gesellschaften auch in der Entwicklung einer Massenkultur (MC), der verstärkten Öffnung für kulturelle Anregungen und der sie begleitenden Neigung zur Nostalgie, sprich der Bekräftigung der eigenen Selbstentwürfe durch fantastische, romantische und touristische Vorbilder.

Zum Leidwesen der Puristen lebt die islamische Welt sehr wohl nach dem Kalender der „Weltzeit" und den künftigen individualistischen Werten, die einstimmen auf: Komfort, Hedonismus, Wohlstand, Konsumismus. Und die gegenwärtige Wiederentfaltung des Religiösen ist weit davon entfernt, zwangsläufig eine Gegenreaktion auf diese Dynamiken darzustellen, sie ist vielmehr zugleich ihr Spiegel und ihr Überträger. Statt der konkrete Ausdruck einer modernistischen Theologie zu sein, ist die Modernität der Frömmigkeit zuerst der religiöse Ausdruck der globalen Modernisierung der muslimischen Gesellschaften. Denn gerade wie die muslimischen Gesellschaften selbst und gegen die identitären Ziele des klassischen Islamismus ist die Religiosität im Begriff, sich nach westlichen Mustern neu zu ordnen: Der Hedonismus entwickelt sich trotz der „salafitischen Matrix" (Olivier Roy[4]), die das Bewusstsein weiter beherrscht. Eine konsumistische Orientierung verbreitet sich, besonders im immer

[4] Der Salafismus möchte das Leben der ersten Gefährten des Propheten nachahmen. Ihm zugehörige Bewegungen sind oft pietistisch, so zum Beispiel mehrheitlich die Gruppe *Tablîgh wa Da'wa*, und manchmal radikal, so der dschihadistische Salafismus, dem man al-Qaida zuordnen kann und der die Frömmigkeit mit einer Ideologie des Kampfes verbinden will. Der Salafismus gründet jenseits institutioneller Differenzen auf dem Willen, unduldsame Sittenstrenge zu leben und anderen aufzunötigen.

lockereren und weniger engagierten Verhältnis zum religiösen Angebot, eine Sorge um das Selbst nahe am modernen Individualismus fasst durch die Deinstitutionalisierung und Individualisierung des Verhältnisses zum Heiligen neben den kollektiven Anstrengungen Fuß. Die großen, allumfassenden Sinnstrukturen werden im weiteren Kontext der religiösen Deinstitutionalisierung in Frage gestellt (IM). Das religiöse Feld ist im Begriff, sich rasch zu feminisieren, während sich Synkretismen vom Typus New Age (MB), Heiligung des Reichtums (IE), Hochschätzung des persönlichen Erfolgs (CC), Innovation und der Faszination durch Management-Theorien (DL) vervielfachen.

Dieser Wandel der religiösen Erfahrung wird dennoch nicht von einem ideologischen oder konzeptuellen Aggiornamento begleitet. Im Ganzen wird die „salafitische Matrix" nicht herausgefordert: Man kann, wie Tariq Ramadan, gegen die Körperstrafen sein, aber nur in Form eines Moratoriums – das Prinzip wird nicht für ungültig erklärt, selbst wenn die Praxis suspendiert wird. Es versteht sich von selbst, dass diese „Deckelung" des gesellschaftlich vertretbaren Reformlevels nur wenig mit dem Islam als Korpus normativer Schriften zu tun hat. Sie hängt vielmehr vom aktuellen Stand der Kräfteverhältnisse und den Filterlogiken ab, die den Zugang zu islamischen Öffentlichkeiten kontrollieren: Zensur auf vielen Ebenen, Selbstzensur, Erwartungshaltungen gegenüber Öffentlichkeiten, von denen immer angenommen wird, sie seien konservativ oder wenig aufgeschlossen für intellektuelle Debatten, Vorwegnahme möglicher Sanktionen seitens der Netzwerke von Wissen und Macht, in denen der religiöse Diskurs gefangen ist. So bleiben die reformistischen Diskurse unterm Strich zumindest in den arabischen Öffentlichkeiten auf relativ enge Publikumskreise beschränkt. Gamâl al-Bannâ' gelingt es trotz stattlicher über 100 Schriften nicht, Einfluss auf die öffentliche Meinung zu nehmen, und dies nicht nur, weil er zensiert und von der Azhar-Universität verurteilt wird, sondern auch aufgrund der Logiken des Marktes: Die Volksfrömmigkeit zielt auf persönliche Erbauung, nicht auf den theologischen Diskurs.

Es gibt also Modernisierung ohne Moderneprojekt, das heißt stillschweigende Anpassung der Religiosität an eine Reihe moderner Standards (hier folge ich vor allem Danièle Hervieux-Léger) ohne das Fundament einer theologischen Reform. Das lässt uns die paradoxe Bewegung dieser neuen religiösen Vorstellungswelt besser verstehen, deren schneidigen Forderungen nach Öffnung sich ein ausgeprägter Konservativismus der Sitten beigesellt. Denn die Moral ist das, was den Frommen bleibt, wenn sie den Raum der Utopien und Weltprojekte verlassen haben und es keine Aufklärung gibt oder sie von den Filtern des Zugangs zur Öffentlichkeit in Quarantäne gehalten wird. Das neue Ideal ist also die tugendhafte Globalisierung, die Emanzipation der Frau durch den Schleier und ohne Mischung der Geschlechter, die Jungfräulichkeit und freie Diskussionen über die Selbstbefriedigung, die sportliche und achtbare Kernfamilie, das anständige Kino, Halâl-Schlager und Muslim-Up.

Der Intellektuelle und das ideologische Filtern

Die gesellschaftliche Modernisierung ist mithin der stärkste Vektor einer religiösen Modernisierung, die sich weitgehend der ideologischen Formalisierung enthält. Das setzt die neue Religiosität unter Druck und das hat zwei unmittelbare Folgen: die Flucht nach vorn des *iltizâm*, des religiösen Eifers, und die Radikalisierung des religiösen Suchers. Vor allem Flucht nach vorn durch Eifer: Diese fromme Konfiguration mag die Strenge der salafitischen Vorstellungswelt abmildern (RR), doch weder widersetzt sie sich noch bietet sie „gemäßigte" Alternativen zu den salafitischen Normen. Die neue Religiosität revidiert den Basispreis der Religiosität nach unten, aber sie setzt ihm keine Obergrenze. Da ihm ideologische Geländer vorenthalten sind, wird sich jeder, der durch Eifer glänzen möchte, der Herrschaft salafitischer Normen unterwerfen, ohne dass dies unbedingt eine ideologische Zugehörigkeit zu deren Credo einschließen muss. Das gilt etwa für die fromme Studentin, die den *niqâb*, den kompletten Schleier, trägt, nicht weil sie ihn für das von einer Muslimin geforderte Minimum hielte, wie die Salafiten glauben, sondern schlicht, weil sie sich in der Sittsamkeit verwirklichen möchte, die eine gesellschaftlich geschätzte Norm darstellt. Des Weiteren scheint die Intellektualisierung des Religiösen in diesem Kontext strukturell zu seiner Radikalisierung zu führen. Tatsächlich führt die Individualisierung des Religiösen dazu, dass Sucher *(seeker)* auftreten, die nach Religiosität als Ergebnis einer persönlichen Suche trachten. Die Suche kann sich nicht in Praktiken erschöpfen. Sie geht auch über das Wort, den Text, das Geschriebene, mit anderen Worten die Theologie in welcher Form auch immer, Sammlungen oder Webseiten von Fatwas, kleinere Schriften, Pamphlete und andere religiöse Erbauungsliteratur. Doch dieser Korpus beruht fast gänzlich auf dieser „salafitischen Matrix", an die sich der Sucher verwiesen sieht, obwohl sich die religiöse Praxis ihrer schon teilweise entledigt hat. Die neue Religiosität kann dem Salafitentum zwar Nachwuchs abgraben, indem sie eine „soften", leichter zu praktizierenden Islam bietet, doch kann sie ebenso als Sprungbrett zu strengeren Formen der Religiosität dienen. Das Muster einer Modernisierung ohne Moderneprojekt ist also zutiefst doppeldeutig, da die schwankende Praxis mangels theoretischer Formgebung der ideologischen Fixierung entbehrt.

Und dennoch existiert diese „Fixierung". Sie hat ihre Bahn, ihre Bezugspersonen und ihr konzeptuelles System (NP), und es ist der unschätzbare Beitrag dieses Buches, zu zeigen, dass dieser andere Diskurs nicht zur Gefangenschaft in einem akademischen Universum verurteilt ist, das von den realen Gesellschaften abgeschnitten ist, sondern nun in die gesellschaftlichen Dynamiken einzusickern beginnt. Es gibt nämlich ein Dazwischen, das – ohne zu einer so radikalen Kritik des islamistischen Diskurses auszuholen wie Nasr Hamid Abu Zaid oder Gamâl al-Bannâ' es tun – nicht weniger einschneidende Neuerungen verheißt. Zwei Figuren bestimmen dieses Dazwischen: die „postislamistischen" (IP, PI) Intellektuellen und Kulturvermittler. Ihnen gemeinsam ist, dass sie – ohne auf einen wirklichen Bruch zu zielen – von einer kritischen Haltung zum islamistischen Diskurs ausgehen, und zwar mit der Absicht eines offenen Entwurfs, der sich einer geteilten Welt verschreibt. Damit werden die Konzepte des Anderen nicht länger als grundsätzlich anders und darum für Muslime nicht annehmbar verworfen. Auf der Ebene der Intellektuellen findet man Strömungen wie die „fortschrittlichen Islamisten" in Tunesien (Ihmaid an-Naifar, Salâh ad-Dîn al-Dschurschî), die ägyptischen „unabhängigen Islamisten" (Târiq al-Bischrî, ʿÂdil Husain, ʿAbdalhalîm Abû Schuqqa), die Führer von *Nahdatul Ulama* in Indonesien wie Nurcholish Madjid, die alle daran mitwirken, die Spannungen zwischen den beiden Bezugssystemen, dem islamischen und dem demokratischen, abzubauen. Die iranischen „postislamistischen Intellektuellen" wie Sorusch und Schabestari gehen einigermaßen ausgesöhnt mit der Geschichtlichkeit darüber hinaus und geben der Politik offen ihre Autonomie gegenüber der theologischen Norm zurück. So glaubt Schabestari beispielsweise nicht, dass die Demokratie auf die eine oder andere Weise bereits im Koran enthalten war – während Fethullah Gülen sogar das kemalistische Erbe für sich in Anspruch nimmt: Da sein Tun im Übermaß durch die Politik bestimmt wird, kann sich der Islamismus, dieses paradoxe Vehikel der Säkularisation (EI), auch im Gedanken der Gewaltentrennung einrichten. Manche ägyptischen Muslimbrüder halten es nun für ratsam, den Islam wieder aus der Politik herauszuführen, um deren Autonomie zu wahren, andere – und nicht die Geringsten – sehen in der Politik eine Gefahr für das Religiöse, da es dort den Schrecken schädlicher weltlicher Werte wie Eigeninteressen, Herrschaft, Korruption und Machtgier ausgesetzt sei. Die Bewegung der Anhänger Fethullah Gülens in der Türkei teilt diese Sicht, nach der die Politik zur Korruption des Islam beiträgt. Weit davon entfernt, sich auf den sunnitischen Islam zu beschränken, wurde diese Haltung schon vor Zeiten von einem Teil des iranischen Klerus bei der Debatte über *wilâyat al-faqîh* (ICS) eingenommen, die Herrschaft des Rechtsgelehrten. Auf der Ebene von Personen des Dazwischen können so klassische Islamisten wie Turabi oder Fadlallah politische Strategien verfolgen, die sich manchmal der Waffe bedienen, ohne dass ihre Ideologie darum unbedingt „radikal" oder mit Blick auf die

Verhaltensnormen salafitisch wäre. So hat Turabi 1983 erlaubt, dass Männer der christlichen und jüdischen Schriftbesitzer muslimische Frauen heiraten, und auch die Ansichten von Fadlallah sind eher ein Beispiel für eine Mäßigung salafitischer Normen. Was Gihan al-Halafâwî und Nadia Yassine betrifft, so brechen sie noch ein wenig mehr auf, nicht allein durch ihre bloße Präsenz in den Gefilden der islamistischen Mobilisierung, sondern unweigerlich auch, wiewohl in mitunter vielschichtiger Weise, an einer anderen Front, der feministischen.

Weniger auffällig, doch vielleicht dichter an der gesellschaftlichen Wirklichkeit agiert eine neue Figur des Wissens, die sich dem islamistischen Intellektuellen immer häufiger beigesellt: der Kulturvermittler. Im Gegensatz zum Intellektuellen, der von Weltentwürfen träumt, zielt der Kulturvermittler weniger auf eine globale Alternative als den Import und die islamische Umformung von Bestandteilen der westlichen Kultur – einen islamischen Feminismus, einen islamischen Naturschutz – und möchte sich für die führenden Themen des ideologischen Weltmarkts öffnen: Frauenempowerment, Cyberaktivismus, Selbstentfaltung, Managementliteratur, Dialog der Religionen und nicht zu vergessen den „Altermondialismus" der Globalisierungskritiker. Mit dem Kulturvermittler betreten wir eine neue geistige Welt, die vom Patchwork, kultureller Aufgeschlossenheit, Ablehnung identitärer Vorurteile, Abkehr von globalen Utopien und nicht zuletzt Verweltlichung gekennzeichnet ist, denn in diesem Textkorpus beglaubigt der Verweis noch, aber er strukturiert nicht mehr. Er bietet Legitimität, aber keine Inhalte. Diese verschiedenen Schöpfer eines intellektuellen Korpus, die dem Dilemma islamistisch-fundamentalistisch versus modernistisch-säkularistisch entkommen, bilden ein regelrechtes Netzwerk des Wissens, das keineswegs unbedeutend ist. Sie haben die Öffentlichkeit erobert: *Islamonline*, die größte islamische Webseite, ist in der Hand der „postislamistischen" Kulturvermittler und führt sie in den elektronischen Medien und Think Tanks nach vorn, während die *al-Wasat*-Partei sie mit den jungen Muslimbrüdern verbindet. Ebenso bürgt die *Nahdatul Ulama* dafür, dass ein Intellektueller wie Nurcholish Madjid in Indonesien tatsächlich Rückhalt in der Gesellschaft hat. Und was ist mit Nadia Yassine, die über so mächtige Verstärker verfügt wie den Ruf ihres Namens und das Netzwerk der politisch-frommen Organisation ihres Vaters, *al-ʿAdl wal-Ihsân*? Die iranische Reformbewegung wiederum hätte sich nicht bilden können ohne die ideologische Vorarbeit der postislamistischen Intellektuellen, allen voran Abdolkarim Sorusch. Was sich am Ende des Wegs abzeichnet, ist natürlich die große Frage nach dem Verhältnis der Islamisten zur westlichen politischen Modernität. Hier vermochte das neue Wissenskorpus durch das Filtern auch den Diskurs und die Vorstellungswelt eines Teils der politischen Führer umzuformen, die als Islamisten gelten oder gelten wollen.

Die islamische politische Modernität

Am 14. Mai 2004 rechnete ʿAbd al-Munʿim Abû al-Futûh, ein Wortführer der Muslimbrüder, in den Spalten der Wochenzeitung *al-Qâhira* (CW) endgültig mit dem zweideutigen Verhältnis der Islamisten zur Demokratie ab. Er rief dazu auf, sich zu erneuern und die Kultur der Militanz aus der Mitte der Bruderschaft auszumisten, und empfahl dringend, die Demokratie ohne Vorbehalte als Werkzeug der Machtregulierung anzunehmen. Den Diskurs über eine Anpassung der Demokratie an die islamischen und arabischen Verhältnisse lehnte er ab. Er verteidigte das absolute Prinzip der Volksherrschaft, indem er dem Gedanken von sich wies, dieses Prinzip erfordere einen religiösen Rahmen, wie es die alte Formel „Herrschaft des Volks im Rahmen der göttlichen Gesetzgebung“ *(hukm asch-schaʿb bi-scharʿ Allâh)* vorgab. Er sprach sich auch ohne Einschränkungen dafür aus, das Bürgersein als Grundsatz anzunehmen, und war darum auch bereit, eine koptische Präsidentschaft und die Präsenz von Frauen auf allen Ebenen der Macht zu akzeptieren. Als seine Erklärung kein nennenswertes öffentliches Echo hervorrief, wiewohl sie privat die Unterstützung des Führers der Muslimbruderschaft Muhammad Mahdî ʿÂkif fand, wiederholte

Abû al-Futûh seine Vorschläge in den größten arabischen Medien wie *al-Jazeera*[5] fürs Fernsehen und auf *Islamonline*[6] im Internet. Das ideologische Aggiornamento begann 1989 am Rand der Bruderschaft und nahm erstmals 1994 Gestalt an, als eine Grundsatzerklärung über eine mit dem Bürgersein und politischem Pluralismus versöhnte „islamische" Perspektive erschien.[7] Nun führt der Führer der „demokratischen Strömung" in der Mitte der Muslimbrüder das weiter und greift die Kultur der Heimlichkeit und des Radikalismus an, ein Erbstück der nasseristischen Unterdrückung, als die ideologische Produktion hinter Gittern, mit einem Messer zwischen den Zähnen und in Erwartung des Henkerstricks vonstatten ging.[8] Im Licht der Schriften der 1960er Jahre hat von Marokko über Ägypten bis hin zur Türkei ein beachtlicher Teil der früheren „Integristen" sein demokratisches Lifting vollzogen. Auf dem Papier... Doch noch handelt es sich nicht um eine umfassende ideologische Revolution im Herzen der Bewegung oder die konzeptuelle Fahnenflucht der gesamten Bewegung in den konsensuellen Vorhimmel der liberalen Demokratie. Die Kultur der Heimlichkeit besteht fort, der Vorbehalt gegenüber dem praktischen Vorrang des Bürgerseins ebenso. Daher sind die Meinungen über den Status des demokratischen Idioms auf einem ideologischen Terrain, auf dem es gestern noch verworfen wurde, geteilt: Ist es ein beständiger Teil der islamischen ideologischen Landschaft – oder nur ein Feuerwerk politischer Modernität im vom verstockten Obskurantismus der Anhänger der „Rache Gottes" verdunkelten Himmel? Vier Argumente sollten den „Islamskeptikern" zu denken geben, für die das alles nur Sand-in-die-Augen-Streuen ist, *taqîya*[9] und Doppelzüngigkeit.

---

[5] www.aljazeera.net/nes/archive/archive?ArchiveID=69416

[6] www.islamonline.net/livedialogue/arabic/Browse.asp?hGuestID=4N8gE6

[7] „Unsere Haltung zur Frauenfrage, zu Schura und Pluralismus", Dâr an-Nakhr wat-Tauzîya al-Islâmîya, Kairo 1994.

[8] Ein Denker wie Sayyid Qutb, der Vater des islamistischen Radikalismus, der 1966 gehängt wurde, bleibt ein wichtiger Bezug im Schrifttum der Muslimbrüder.

[9] Die Kunst der politischen Verstellung gestattet gerade zu strategischen

Erstens die Tatsache, dass das demokratische Aggiornamento in Ägypten um einiges vor der Schwächung der Islamisten in der zweiten Hälfte der 1990er Jahre begann. Es entstand Ende der 1980er Jahre als Diskurs einer Generation junger Aktivisten, die politisch nicht in den Kerkern Nassers sozialisiert worden waren, die am Ursprung der Kultur der Heimlichkeit der alten Garde stehen, und als Ergebnis eines für die Bewegung wesentlichen Widerspruchs: dem zwischen der seit dem Ende der 1980er Jahre in Angriff genommenen offenen politischen Aktion, den parlamentarischen Erfahrungen der Islamisten und ihrer Machtübernahme in den Berufsgenossenschaften. Der öffentliche Werdegang von Männern wie Madjid, Sorusch oder Tariq Ramadan, so verschieden sie sein mögen, zeigt dennoch, dass islamistischer Anspruch und demokratische Bezüge sich nicht zwangsläufig widersprechen müssen.

Zweitens drängt sich das demokratische Idiom nicht nur als Zugeständnis an die ideologische Weltordnung auf, sondern auch als interne Forderung einer jungen Generation von Islamisten, denen die intellektuelle Starre, der ideologische Dogmatismus und die hierarchische Schwerfälligkeit der alten Garden und der salafitischen Tendenz unter den Muslimbrüdern widerstrebt. Der ideologische Konflikt zeigt sich in der Debatte über *hâkimîya*, das zentrale Konzept der islamistischen politischen Vision, aber auch als vielstimmiger Streit inmitten des Aktivismus: Islamische Musikgruppen versuchen die Idee einer autonomen Kunst gegen Boykottaufrufe der salafitischen Richtung durchzusetzen, studentische Gruppen setzen sich mit Partizipationsansprüchen von Frauen auseinander, es kommt zu Kritik an der Armut der ideologischen Produktion und Ausgrenzung von Gegnern der alten Garden (wie es den Muslimbrüdern geschah, die die *al-Wasat*-Partei in Ägypten gründen wollten) usw.

Drittens spiegelt das demokratische Idiom über das Ideolo-

Zwecken doppeldeutige Reden. Sie entstammt der schiitischen Doktrin und wird von den sunnitischen *ʿulamâʾ* abgelehnt. Vgl. aber www.answering-islam.org.uk/Index/T/taqiya.html mit Verweis auf die Webseite www.islam-qa.com eines saudischen Gelehrten.

gische und Rhetorische hinaus eine wichtige soziologische Realität in der Organisation: dass der Aktivismus im gelebten Alltag *(ath-thaqâfa al-ikhwânîya)* das bekräftigt, was Nurcholish Madjid eine „zwangfreie Kultur des Zivilen"[10] nennt, in der sich freies Engagement, Relativismus, Desakralisation der Institution und Ablehnung von Hierarchien entwickeln (DH, ER). Tatsächlich mehren sich an der Basis wie auch unter den „verstimmten" islamistischen Intellektuellen die Stimmen gegen die Strenge des Aktivismus, und sie setzen sich für neue, weniger beengende Formen des Engagements ein; so denkt man an Einsätze außerhalb der Institutionen und weniger weltumspannende Strukturen. Kurz, im Aktivismus wie anderswo hat die Stunde des Abspeckens geschlagen.

Viertens hat man die Politisierung des Islam, sie mit Radikalisierung verwechselnd, zu heftig angegriffen – obwohl sie strukturell ein Trumpf zugunsten der Annahme einer politischen, auf dem demokratischen Credo gründenden Modernität ist. Mir scheint, dass die Furcht vor der Politisierung des Islam, verstanden als Instrumentalisierung des Religiösen für politische Zwecke (und jede Instrumentalisierung ist notwendig ein Übel), zu oft dazu geführt hat, die Entpolitisierung des Islam zu beweihräuchern. Zu Unrecht. Denn die Entpolitisierung des Islam entzieht den Islam der öffentlichen Debatte, der Verhandlung, der Entwicklung: Dann sind die religiösen Institutionen oder die salafitisch-pietistischen Bewegungen nie dazu aufgerufen, ihre demokratische Authentizität unter Beweis zu stellen, dann gibt es keine Realpolitik, kein Realitätsprinzip und nichts zu verhandeln. Dann gibt es nur das Dogma, in sich selber kreisend und regressiv. Im anderen Fall ist der Islamist ein Mensch von dieser Welt, der sich mit seiner Umgebung auseinandersetzt und dabei dem Realitätsprinzip unterworfen ist, er ist ein Politiker, der mit dem demokratischen Idiom konfrontiert wird, das obendrein aufgrund der genannten inneren Logik Fortschritte macht. In diesem Zeichen wird er strukturell durch

[10] Zitiert bei Robert W. Hefner: Public Islam and the Problem of Democratisation. In: Sociology of Religions, Winter 2001.

die Einwirkung innerer und äußerer Zwänge, die den Verdacht der Doppelzüngigkeit weitgehend entkräften, zu demokratischen Bezügen getrieben.

In Anbetracht seiner historischen (die 1980er) und soziologischen (die Wandlungen der „Muslimbrüder-Kultur") Tiefe lässt sich das demokratische Idiom unter den Muslimbrüdern nicht auf einen bloßen Ausdruck der Verstellung in einem schwachen Augenblick einer an sich autoritären und kampflustigen Bewegung reduzieren. Es geht also nicht darum zu behaupten, dass der Islamismus demokratisch geworden sei, sondern vielmehr, dass künftig inmitten der islamischen Bewegung eine Auseinandersetzung über Gültigkeit und Inhalte des demokratischen Repertoires stattfinden wird, das im islamistischen Feld unablässig Raum greift.

Die Wahl der Moderne

So geht es letztlich weniger darum zu ergründen, ob der Islam modern ist, modernisierbar oder kompatibel mit der Moderne, als zu verstehen, zu welchem Modell von Moderne der Islam neigen wird, wenn er auf der Ebene alltäglicher Praktiken oder der Theologie den obsessiven Selbstbezug hinter sich lässt, um sich dem Ideal einer geteilten Welt anzuschließen, einer Welt, die zweifellos eher angelsächsisch als französisch geprägt sein wird. Das Szenario, das sich nach dem Beispiel des konservativen Amerika am ehesten aufdrängt, ist das einer Politik der Moral und der guten Werke, die darauf abzielt, das Religiöse in eine Öffentlichkeit wieder einzubürgern, die sich erneut konfessionalisiert und einem staatlichen Interventionismus jakobinischer Prägung unterliegt. Während die klassischen Islamisten das Pech hatten, ihr Schicksal an das des Nationalstaats zu knüpfen, also an eine heute weltweit in Frage gestellte politische Schöpfung des 19. Jahrhunderts, setzen die Protagonisten des Marktislam auf dessen Abdankung. Sie kultivieren die Werte des Privaten und der Frömmigkeit, um eine muslimische Moderne auszubilden, die gleichermaßen die laizistische Hoffnung auf einen privatisierten Islam und das kulturalistische

Szenario einer unüberwindbaren Einzigartigkeit zurückweist: Tatsächlich deutet alles darauf hin, dass die Moderne des Islam weder eine säkularisierende universalistische Theologie noch eine humanistisch eingefärbte arabo-muslimische Besonderheit sein wird. Es wird sich vielmehr um eine Ausrichtung entlang der Thesen des *compassionate conservativism* der amerikanischen Konservativen handeln – und des philosophischen Kampfs, der ihn beflügelt: die Durchsetzung einer neuen Definition von Moderne, befreit vom laizistischen und staatsgläubigen Erbe der französischen Aufklärung!

Aus dem Französischen von Ludwig Ammann

Literaturhinweise

Armbrust, Walter (1996): Mass Culture and Modernism in Egypt. Cambridge. (= MC).

Benard, Cheryl (2003): Civil Democratic Islam: Partners, Resources, and Strategies. Santa Monica.

Benzine, Rachid (2004): Les nouveaux penseurs de l'islam. Paris (= NP).

Boubekeur, Amel (2005): Cool and Competitive. New Islamic Cultures in the West. In: ISIM Newsletter 16 (= CC).

Chebel, Malek (2004): Manifeste pour un islam des lumières. Paris (= MI).

Feillard, Gwenaël (2004): Insuffler l'esprit du capitalisme à l'Umma. La formation d'une éthique islamique du travail en Indonésie. In: Critique Internationale 25 (Oktober).

Haenni, Patrick (2005): L'ordre des caïds. Paris.

Haenni, Patrick (2002): Mondaines spiritualités: Amr Khâlid, *shaykh* branché de la jeunesse dorée cairote. In: Politique Africaine (November) (= MS).

Haenni, Patrick (2005): L'islam de marché, l'autre révolution conservatrice. Paris. (= IM).

Haenni, Patrick (2004): De retour dans les rythmes du monde, une petite histoire du chant (ex-)islamiste. In: Vingtième siècle. Revue d'histoire 82.

Haenni, Patrick (2005): Downsize it for heaven's sake! La démocratie, aphorisme islamique de l'anti-autoritarisme libéral … In: Maghreb-Machreck 181 (= DH).

Haenni, Patrick: L'Égypte au rythme du monde (www.sezame.info/index.php?action=article&id_article=101464) (= ER).

Hervieux-Léger, Danièle (1993): La religion pour mémoire. Paris. (= Religion as a Chain of Memory. New Brunswick 2000).

Howell, Julia (2003): Modernity and the Borderlands of Islamic Spirituality in Indonesia's New Sufi Networks. Vortrag bei der Tagung „Sufism and the ‚modern' in Islam" in Bogor, Indonesien, 4.–6. September 2003 (= MB).

Khosrokhavar, Farhad (1996): Les intellectuels postislamistes en Iran revisités. In: Trimestre du monde (premier semestre) (= IP).

Roussillon, Alain (2005): La pensée islamique contemporaine : Acteurs et penseurs. Paris. (= PI)

Roy, Olivier (1992): L'échec de l'islam politique. Paris (= EI).

Roy, Olivier/Khosrokhavar, Farhad (1999): Iran: Comment sortir d'une révolution religieuse. Paris (= ICS).

Tammam, Husam/Haenni, Patrick (2004): Au diable les losers! La réalisation de soi, nouvel idéal islamiste. In: Revue Mouvements (Oktober) (= DL).

Tammam, Husâm (16. Mai 2004): Le courant *al-Wasat* au sein des Frères musulmans appelle à la suppression de la confrérie et l'annulation de l'organisation internationale. In: al-Qâhira 205 (= CW).

Autorinnen und Autoren

Bekim Agai, geb. 1974, studierte Islamwissenschaften, Geschichte und Psychologie an der Rheinischen Friedrich-Wilhelms-Universität Bonn. Er schrieb seine Doktorarbeit mit dem Titel *Das Bildungsnetzwerk um Fethullah Gülen* (geb. 1938) an der Ruhr-Universität Bochum. Derzeit arbeitet er als wissenschaftlicher Assistent am Orientalischen Seminar der Universität Bonn. E-Mail: bekimagai@web.de.

Mark Bodenstein, geb. 1971, wiss. Mitarbeiter am Lehrstuhl für Islamwissenschaft an der Universität Erfurt und Lehrbeauftragter für „Islamstudien" im Projekt der Bund-Länder-Kommission „Islamischer Religionsunterricht in deutscher Sprache – Wissenschaftliche Weiterbildung für Lehrerinnen und Lehrer". Zurzeit Dissertation zur Etablierung islamischer Religionslehrerausbildung und Theologie an staatlichen Universitäten in Europa. Demnächst erscheint: Reichmuth, Stefan/Bodenstein, Mark/Kiefer, Michael/Väth, Birgit (Hg.): *Staatlicher Islamunterricht in Deutschland. Die Modelle in Niedersachsen und Nordrhein-Westfalen im Vergleich* (2006).

Stefan Benjamin Fix, geb. 1976 in Leipzig, studiert Geschichte und Islamwissenschaft an der Universität Hamburg. E-Mail: filfil@gmx.de

Julia Gerlach, geb.1969, ist Journalistin. Studium der Politikwissenschaften und Ausbildung an der Berliner Journalistenschule. Lebte mehrere Jahre in Kairo und arbeitete dort im ZDF-Studio. Zahlreiche Berichte von Recherche-Reisen in der arabischen Welt. Sie war 2002 Hospitantin beim Satellitensender Al-Jazeera in Qatar und hat 2003 u. a. für das ZDF aus der Krisenregion berichtet. 2004 hat sie gemeinsam mit der Fotografin Bärbel Möllmann ein Kunstprojekt über die arabische Jugend und ihre Sicht des Westens in Dubai begonnen. Lebt und arbeitet in Frankfurt a. M. E-Mail: Gerlach.j@zdf.de.

Bettina Gräf, geb. 1970 in Leipzig, arbeitet seit 2003 als Direktionsassistenz am Zentrum Moderner Orient (ZMO) in Berlin. Sie studierte Islamwissenschaft, Arabistik und Politikwissenschaften. In ihrer Doktorarbeit beschäftigt sie sich mit islamischen Rechtsgutachten und neuen Medien anhand der Medienprojekte des Azhar-Gelehrten Yûsuf al-Qaradâwî. E-Mail: bettinagraef@zett.org; Internet: www.zmo.de.

Patrick Haenni, geb. 1968, ist Politikwissenschaftler. Er lebte 10 Jahre in Ägypten und hat in Ägypten, dem Sudan, Marokko, Afghanistan und den muslimischen Gemeinschaften Europas Forschungen zu Reislamisierungsprozessen und Staatenbildung angestellt. Auch als Berater und Journalist tätig. Hauptwerke: *Le postislamisme* (Paris 1999, zusammen mit Olivier Roy); *L'ordre des caïds* (Paris 2005); *L'islam de marché, l'autre révolution conservatrice* (Paris 2005). E-Mail: patrickhaenni@bluewin.ch

Sonja Hegasy, geb. 1967, studierte Islamwissenschaft in Kairo, Witten/Herdecke, Bochum und New York. Sie promovierte über Staat, Öffentlichkeit und Zivilgesellschaft in Marokko, war Lehrbeauftragte an der Freien Universität Berlin und ist heute Mitglied der Institutsleitung des Zentrums Moderner Orient (ZMO) in Berlin. E-Mail: sonja.hegasy@rz.hu-berlin.de; Internet: www.zmo.de.

Thomas Hildebrandt, geb. 1968 in Hamburg, ist Koordinator des Graduiertenkollegs „Anthropologische Grundlagen und Entwicklungen im Christentum und Islam" der Universität Bamberg. Seine Dissertation hat er zu dem Thema: Neo-Muʿtazilismus? Intention und Kontext im modernen arabischen Umgang mit dem wiederentdeckten rationalistisch-theologischen Erbe des Islam verfasst. E-Mail: thomhilde 68@hotmail.com.

Moussa Khedimellah, geb. 1971, promoviert als Soziologe an der Ecole des Hautes Etudes en Sciences Sociales (EHESS) in Paris über Islam in Europa. Forschungen und Veröffentlichungen zur Tabligh-Bewegung, Einwanderung, Rassismus und Gewalt in den Vorstädten. E-Mail: ehess_mk@yahoo.com, Internet: www.euro-islam.info/pages/phdkhedi.html.

Felix Körner, geb. 1963, gehört zur Ankaraner Jesuitenkommunität. Er hat in München, London, Bamberg und Fribourg Philosophie, Theologie, Islamkunde und Turkologie studiert. Seine islamwissenschaftliche Promotionsarbeit zur türkischen Hochschultheologie ist im Jahre 2005 unter dem Titel *Rethinking Islam* erschienen. Er doziert an der muslimisch-theologischen Fakultät in Ankara und erforscht neue Methoden der Koranauslegung.

Birgit Krawietz, geb. 1962, ist Privatdozentin für Islamwissenschaft an der Universität Tübingen. Sie beschäftigt sich mit islamischer Kulturgeschichte, Scharia-Debatten und medizinischer Ethik. Als Monographien erschienen 1991 *Die Hurma: Schariarechtlicher Schutz vor Eingriffen in die körperliche Unversehrtheit nach arabischen Fatwas des 20. Jahrhunderts* und 2002 *Hierarchie der Rechtsquellen im tradierten sunnitischen Islam*. E-Mail: birgit.krawietz@uni-tuebingen.de; Internet: www.birgit-krawietz.de.

Ivesa Lübben, geb. 1954 in Bremen, Studium der Politik- und Wirtschaftswissenschaften in Marburg und Bremen, Arabischstudium in Damaskus; arbeitet als freie Autorin und Wissenschaftlerin für Medien und Forschungsinstitute und lebt in Kairo und Bremen. Arbeitsschwerpunkt: Reformdiskussion in der arabischen Welt, islamische Bewegungen. E-Mail: iluebben@gmx.de.

Loay Mudhoon, geb.1972, Studium der Politikwissenschaft, Philosophie, Islamwissenschaft und Pädagogik. Übersetzer und Dolmetscher für Arabisch und Deutsch. Dozent für Arabisch in der Erwachsenenbildung. Zurzeit als freiberuflicher

Journalist für deutsche und arabische Medien tätig. E-Mail: l.mudhoon@gmx.net.

Farish A. Noor, geb. 1967, ist Malaysier und als promovierter Politikwissenschaftler am Zentrum Moderner Orient (ZMO) in Berlin tätig. Zu seinen Veröffentlichungen zählen: *Islam Embedded: The Historical Development of the Pan-Malaysian Islamic Party PAS, 1951–2003; The Other Malaysia: Writings on Malaysia's Subaltern History und New Voices of Islam.* Er unterrichtete u. a. am Centre for Civilisational Dialogue an der University of Malaya und am Islamwissenschaftlichen Institut der Freien Universität Berlin. E-Mail: farishahmadnoor@yahoo.co.uk.

Stephan Rosiny, geb. 1962, ist seit Oktober 2000 wissenschaftlicher Assistent am Institut für Islamwissenschaft der FU Berlin. Seine Forschungsschwerpunkte sind: Islamische Bewegungen der Neuzeit, Politik des Nahen Ostens, zeitgenössischer schiitischer Islam im arabischen Raum. E-Mail: rosinys@hotmail.com; Internet: http://userpage.fu-berlin.de/~islamwi/Stephan_Rosiny.html.

Roman Seidel, M. A., geb. 1975, studierte Islamwissenschaft, Iranistik und Philosophie in Mainz, Bochum, Teheran und Berlin. Er war wissenschaftlicher Mitarbeiter am Institut für Islamwissenschaft der FU Berlin und promoviert zurzeit im Graduiertenkolleg „Anthropologische Grundlagen und Entwicklungen in Christentum und Islam" der Universität Bamberg mit einer Arbeit zur islamischen und westlichen Philosophie im zeitgenössischen Iran. E-Mail: Ro-seid-be@web.de.

Levent Tezcan, Dr. rer. soc., geb. 1961 in der Türkei, hat Politik- und Verwaltungswissenschaften in Ankara und Sozialwissenschaften in Bremen studiert und in Bielefeld in Soziologie promoviert. Er ist seit 1995 im Institut für interdisziplinäre Konflikt- und Gewaltforschung an der Universität Bielefeld tätig. Forschungen u. a. zur modernen Türkei und zu den Themen Migration, Islam in Europa sowie Kultur und Konflikt. Wichtigste neuere Publikationen: *Religiöse Strate-*

gien der „machbaren" Gesellschaft. Verwaltete Religion und islamistische Utopie (2003), „Das Islamische in den Studien zu Muslimen in Deutschland". In: *Zeitschrift für Soziologie* 32 (2003). E-Mail: levent.tezcan@uni-bielefeld.de; Internet: www.uni-bielefeld.de/ikg/persoenlich_tezcan.htm.

Die Herausgeber

Katajun Amirpur, Dr. phil., ist Iranistin. Zahlreiche Reisen in den Iran. Publizistische Tätigkeit für überregionale Medien. Bei Herder spektrum: *Gott ist mit den Furchtlosen* – die Biographie der Nobelpreisträgerin Schirin Ebadi; (mit R. Witzke) *Schauplatz Iran.*

Ludwig Ammann, geb. 1961, ist freier Publizist, Filmverleger und Islamwissenschaftler. Forschungen am Kulturwissenschaftlichen Institut in Essen zum Geschichtsdenken von Muslimen und zeitgenössischen islamischen Bewegungen. Zuletzt erschienen *Die Geburt des Islam* (2001), *Cola und Koran* (2004) und *Islam in Sicht* (2004; hg. mit Nilüfer Göle). E-Mail: LudwigAmm@aol.com; Internet: www.ludwig ammann.de.

Islamische Welten

KoranLeseBuch
Texte neu übersetzt und kommentiert von Hartmut Bobzin
Band 5203
Das KoranLeseBuch enthält zentrale Texte des Korans mit knappen sprachlichen Erläuterungen sowie Anmerkungen zu religiöser Praxis und Frömmigkeit, zu Recht und Politik.

Nazih Ayubi
Politischer Islam
Religion und Politik in der arabischen Welt
Band 5279
„Das Standardwerk. Scharf in der Analyse und sorgfältig recherchiert. Ein Buch, das verständlich macht, was die arabische Welt bewegt" (Peter Heine).

Katajun Amirpur
Gott ist mit den Furchtlosen
Schirin Ebadi – die Friedensnobelpreisträgerin und der Kampf um die Zukunft Irans
Band 5469
Schirin Ebadi kämpft mit dem Koran gegen die Unterdrückung der Frauen und für Reformen im iranischen Gottesstaat.

Katajun Amirpur/Reinhard Witzke
Schauplatz Iran
Ein Report
Band 5535
Im Focus: Iran ist der erste Staat, in dem Ernst gemacht wurde mit der Devise „Der Islam ist die Lösung". Kenntnisreich und spannend erzählt.

Ludwig Ammann
Cola und Koran
Das Wagnis einer islamischen Renaissance
Band 5432
Steuert der Islam im Zeitalter der ökonomischen Globalisierung auf eine solche „Modernität mit Unterschieden" zu?

HERDER spektrum

Peter Heine
Kulturknigge für Nichtmuslime
Ein Ratgeber für den Alltag
Band 5144

Informationen über Kultur- und Wertvorstellungen. „Gescheit und kurzweilig zugleich" (Der Spiegel).

Peter Heine
Terror in Allahs Namen
Extremistische Kräfte im Islam
Band 5546

Der islamistische Terror geht weiter. Der Experte in Fragen der Strategien und weltweiten Netzwerke informiert über die aktuelle Situation.

Adel Theodor Khoury/Ludwig Hagemann/Peter Heine
Islam-Lexikon A–Z
Geschichte – Ideen – Gestalten
Band 4753

Dieses Lexikon erschließt die komplexe Welt des Islams. In über 450 Artikeln behandelt es die theologische Lehre, die gesetzlichen Bestimmungen, die kulturellen Ausprägungen, die verschiedenen Bewegungen und die weltpolitischen Zielsetzungen.

Adel Theodor Khoury
Der Islam
Sein Glaube, seine Lebensordnung, sein Anspruch
Band 5246

Muslime leben mitten unter uns. Weltweit ist der Islam im Vormarsch. Was wissen wir über diese vielschichtige Religion?

Die Weltreligionen und die Ethik
Hrsg. von Adel Theodor Khoury
Band 5648

Angesichts einer sich globalisierenden Welt wächst die Erkenntnis: Die Herausforderungen der Gegenwart können nur im Zusammenspiel aller Religionen gemeistert werden.

Hans Küng
Wozu Weltethos?
Religion und Ethik in Zeiten der Globalisierung.
Band 5227

In Zeiten weltweiter Krisen brauchen wir ein verbindliches Ethos. Hans Küng zeigt Perspektiven für die Zukunft der Religionen und der Menschheit.

Fatima Mernissi
Der Harem in uns
Die Furcht vor dem anderen und die Sehnsucht der Frauen
Band 4907

Geschichten über ein Leben in einer Gemeinschaft starker Frauen – wie Heldinnen aus 1001 Nacht.

Fatima Mernissi
Der politische Harem
Mohammed und die Frauen
Band 5280

„Fesselnd, mit großer Sensibilität, einer Mischung aus Zurückhaltung und Kühnheit geschrieben" (Le Figaro).

Fatima Mernissi
Herrscherinnen unter dem Halbmond
Die verdrängte Macht der Frauen im Islam
Band 5478

Fatima Mernissi macht die Sultaninnen für uns wieder lebendig, erzählt farbige und anschauliche Geschichten von Intrigen und politischer Klugheit. Eine faszinierende Lektüre.

Fatima Mernissi
Harem
Westliche Phantasien – östliche Wirklichkeit
Band 5588

Mernissi, selber im Harem aufgewachsen, über Schönheit, weibliches Selbstbewusstsein und die Phantasien von Männern.

Mathias Rohe
Der Islam – Alltagskonflikte und Lösungen
Rechtliche Perspektiven
Band 4942
Droht eine Konfrontation von islamischen und westlichen Rechtsauffassungen? Wo liegen die Lösungen?

Annemarie Schimmel
Auf den Spuren der Muslime
Mein Leben zwischen den Kulturen
Band 5272
Annemarie Schimmel ist wie keine andere westliche Frau Botschafterin des Orients im Westen. Die Friedenspreisträgerin des Deutschen Buchhandels erzählt aus einem faszinierenden Leben.

Feindbild Christentum im Islam
Eine Bestandsaufnahme
Hrsg. von Ursula Spuler-Stegemann
Band 5437
Wie stehen Muslime zum Christentum und zu Grundrechten und Freiheiten in demokratischen Gesellschaften? Aufklärung zu einem wichtigen Zukunftsthema.

Jamal J. Elias
Islam
Band 4824
Die konzise Darstellung des muslimischen Glaubens und seiner Praxis im Lebenskreis der Gläubigen in Geschichte und Gegenwart.

Annemarie Schimmel
Kleine Paradiese
Blumen und Gärten im Islam
Band 5192
Vom Zauber orientalischer Gärten: Die Autorin führt uns durch Gärten der Liebe und Gärten der Erkenntnis, durch Himmelsgärten und den Garten der Welt.